D O C U M E N T O S

I
IMPRENSA DA UNIVERSIDADE DE COIMBRA
COIMBRA UNIVERSITY PRESS
U

EDIÇÃO

Imprensa da Universidade de Coimbra
Email: imprensa@uc.pt
URL: http//www.uc.pt/imprensa_uc
Vendas online: http://livrariadaimprensa.uc.pt

COORDENAÇÃO EDITORIAL

Imprensa da Universidade de Coimbra

CONCEÇÃO GRÁFICA

António Barros

IMAGEM DA CAPA

Cortesia do Arquivo Municipal Alfredo Pimenta, Guimarães

INFOGRAFIA

Linda Redondo

INFOGRAFIA DA CAPA

Mickael Silva

PRINT BY

CreateSpace

ISBN

978-989-26-1150-1

ISBN DIGITAL

978-989-26-1151-8

DOI

http://dx.doi.org/10.14195/978-989-26-1151-8

DEPÓSITO LEGAL

409364/16

CARTAS DE JOAQUIM DE CARVALHO A ALFREDO PIMENTA

1922-36

(Seguidas de quatro cartas a António Sardinha, 1923-24)

Paulo Archer de Carvalho

(apresentação, sumários, trancrição e notas)

IMPRENSA DA UNIVERSIDADE DE COIMBRA
2016

SUMÁRIO

A ÁGUIA E O MOCHO
(sobre as cartas de Joaquim de Carvalho a
Alfredo Pimenta. 1922-1936)

Cartas de Joaquim de Carvalho
a Alfredo Pimenta

Anexo

A ÁGUIA E O MOCHO.

(SOBRE AS CARTAS DE JOAQUIM DE CARVALHO A ALFREDO PIMENTA, 1922-1936)

I

(A QUESTÃO PRÉVIA)

Na ombreira da opacidade e por entre a errante clareza, próprios do olvido, um pequeno círculo de objectos, de representações – e de palavras – encerrados no tempo, livram-se dessa demorada condição de reclusão. Editam-se as cartas de Joaquim de Carvalho, resposta àquelas enviadas por Alfredo Pimenta, publicadas há quase três décadas e com justo fundamento inscritas no III tomo do número especial que a *Revista de História das Ideias* dedicou ao fundador, Prof. J. S. Silva Dias[1], a alma do Instituto de História e Teoria das Ideias da Faculdade de Letras da Universidade de Coimbra.

Com fundamento, se confirma: conquanto se tratasse do mesmíssimo autor, Silva Dias escriturara ao longo dos distintos tempos que na vida conheceu sob duas autorias que entre si foram escavando um evidente dissentimento e, depois, epigonal paradoxa. Numa autoria, nos idos de 1940, jovem jornalista, jurista e publicista, o amanuense público em Lisboa explorara o veio ensaístico sob a explícita invocação de António Sardinha e Jacques Maritain, editorando a opinião em jornais radicais da direita política e da estreita ortodoxia religiosa, tais como *Acção, Estudos, Novidades, Voz*, ou *Correio de Coimbra*. Em outra autoria, a partir da década de 60, é o já amadurecido universitário (que viera a ocupar as regências de Joaquim de Carvalho,

---

[1] Maria do Rosário Azenha e Olga de Freitas da Cunha Ferreira, «Cartas de Alfredo Pimenta a Joaquim de Carvalho», *RHI*, 9, *O Sagrado e o Profano*, t. III, Coimbra, 1987, pp. 937-1016.

muito debilitado pela doença, vindo a falecer em outubro de 1958) que na Faculdade coordena seminários e inquéritos ou produz rigorosos e amplos estudos historiográficos exploratórios, na via heurística e crítica, de problemáticas teóricas que anteriormente lhe eram estranhas. Um fio englobante todavia circunda os «dois» autores atando-os numa única personagem: a mesma sede de saber e aclaração que caracteriza os espíritos inquietos, traduziu-a Silva Dias num desassossego de investigação que se avolumou até ao limiar da contradição que a si própria não se atinge ou da antinomia última que em si mesma não se explica.

Dominado na juventude pelo fogo purificador da doutrina integrista e integralista (*Escândalo da Verdade;* 1943, *O problema da Europa*, editado pelo GAMA, Grupo de Amigos da Monarquia Antiga, 1945) e pela militância de um católico conservador pressentindo mudanças que ele próprio corporizaria (*Humanismo social*, 1949), Silva Dias sistematizaria logo depois em *Portugal e a Cultura Europeia. Séculos XVI a XVIII (Biblos*, 1952), indo no primeiro trilho do rigor metodológico que Joaquim de Carvalho tornara normativo, uma larga exegese que indiciava já as suas obras de referência, uma das quais – *Correntes do sentimento religioso em Portugal. Séculos XVI a XVII*, à qual falha o anunciado II volume, não editado – não eclipsa a *vis* metodológica da indagação das "atitudes e pensamento e das expressões vitais da sensibilidade religiosa, em face dos problemas da vivência e da concepção do Cristianismo nas suas relações com a realização do destino do homem no Cosmos" e, o que lhe parecerá mais relevante, das "suas projecções espirituais num ciclo dado de cultura"[2].

De facto, ecos do legado crítico do mestre figueirense, a um tempo metódico e epistemológico, e cada vez mais ao modo *sapiencial* de Joaquim de Carvalho na busca, porventura ainda mais sistemática

---

[2] J. S. Silva Dias, *passim*, Coimbra, UC, 1960, vol. I, t. I, p. *X*.

e intencional, das possíveis estratificações racionais na determinação de uma arqueologia do saber, melhor foram atendidos em *Portugal e a Cultura Europeia*, quando Silva Dias questionar o que antes tomara por modelar: exemplo maior, será por António de Gouveia representar o expoente mesmo de uma resposta radical ao neoaristotelismo dialéctico (no fundo, anti-aristotélico no que ao *Organon* diz respeito) do Pedro Ramo de *Aristotelicae Animadiversiones*, que se assinalaria a crise letal da lógica aristotélico-cristã e da escolástica que nela se inspirara e que fundamentaria a crise nominalista e dialéctica, em cujo espúrio casamento radicaria afinal o "pecado mortal da filosofia e da teologia"[3].

O esforço de reactualização teórica e intelectual, cada vez mais matizado pela captura crítica da raiz dogmática e intolerante da ortodoxia, ressurgiu em *A Política Cultural da Época de D. João III*, 1969, *Os Descobrimentos e a Problemática cultural do século XVI*, 1973, e *O Erasmismo e a Inquisição em Portugal*, 1975, objectivando, aqui sobretudo, o estudo historiográfico da difícil bipolarização semântica ortodoxia / heresia fazendo-a deslocar para um vértice novo, sacralização / dessacralização (*Pombalismo e Projecto Político*, 1984; *Os Primórdios da Maçonaria Portuguesa*, 1980, de colaboração com Graça Silva Dias) que passou a nortear a sua inquirição e a cujo desafio a edição dos três tomos de *O Sagrado e o Profano* (1986-87), o aludido número monográfico da *Revista de História das Ideias*, visava responder. Ao mesmo tempo, o mestre ia implantando sementes e dúvidas metodológicas no campo mesmo em que alguns colaboradores se especializavam já: o terreno fora pacientemente por ele preparado desde os finais de 60, com a orientação de modelares teses de licenciatura, que fariam hoje ignorar algumas dissertações apresentadas a doutoramento.

---

[3] *Idem, Portugal e a cultura Europeia*, reed. Porto, Campo das Letras, 2006, pp. 56-59.

Percebe-se o motivo pelo qual foram incluídas na recolha que homenageava Silva Dias as cartas de Alfredo Pimenta a Joaquim de Carvalho, transcritas e anotadas por Rosário Azenha e Olga da Cunha Ferreira. Provavelmente em diálogo interior e com autêntico e cindido *Einfühlung,* poucos como ele poderiam entender (*pesar*, pensar) a condição mundividencial de duas perspectivas ideológicas tão antinómicas. O drama pessoal dos que se despedaçam por mundos tão distantes, talvez na aparência opostos e que por vezes se *con-fundem* numa consciência una, não será chamado à colação: se para ninguém caminho algum é isento de escolhos, por maioria de razão o mesmo se dirá daqueles que melhor os possam escolher e trilhar.

O pequeno círculo epistolar permanecerá aberto: apenas a inscrição imaginária da linha no tempo em si se fecha. Mas o diálogo, ao prolongar a expectativa diacrónica dos alvores e dos confins, dilata a corda temporal para que outros interlocutores lhe achem nova luz.

II

Raros documentos, como os textos da banqueta, o *scriptorium,* dados ao póstumo estudo epistolográfico, arquivam a fresca energia da autenticidade e a aura do instante, mesmo se por vezes já mediadas por releituras ou reflexões sobre o que se acabou de escrever – e catalogam com tanta precisão os rastos inscritos, possibilitando numa legibilidade *interna* a reconstrução mais rigorosa ou acercamentos hermenêuticos, de teor intelectual, psicológico e biográfico, a um criador. Para o leitor mais treinado ou para o especialista, o traço, o meandro cursivo da letra, a *in-tensão* do rasgo no papel, hesitações e lapsos *calami*, são vestígios gestuais daquilo mesmo que o próprio Joaquim de Carvalho se apercebeu, com Dilthey, serem indícios do *Einfühlung,* que assinalam a (in)esperada entrada nesse mundo virtual do outro, o imo do universo de representações do autor. Quer dizer, pelo exame do *sym-pathos* se acede ao portal da sua egohistória.

Nesta área muito estará ainda por fazer no que respeita a Joaquim de Carvalho, a começar pela avaliação do conjunto da intensa oficina epistolográfica. O vasto acervo merecerá por certo estudo sistemático, inclusive serial, a que ainda hoje não é possível proceder, por motivos díspares, desde logo a sua indisponível consulta, pois o espólio continua vedado ao desimpedido labor dos investigadores, reduzindo o campo analítico e cerceando a lavra da sua exclusiva e livre arte. Tanto mais grave quanto Carvalho é o vértice duma impressionante rede epistolar cujos filamentos, ao que se sabe, passam pelo menos por João de Barros, António Sérgio, Rodrigues Lapa, Álvaro de Castro, Hernâni Cidade, Sílvio Lima, Vitorino Nemésio, Raul Proença, Vieira de Almeida, Jaime e Armando Cortesão, Augusto Casimiro, Barahona Fernandes, Agostinho da Silva; ou Eugénio de Castro, Afonso Lopes Vieira, Hipólito Raposo, Alfredo Pimenta, Fidelino de Figueiredo, Luciano Pereira da Silva, Edgar Prestage, Carlos Eugénio Correia da Silva, Mário de Figueiredo, António Sardinha; ou Carolina Michaëllis e Joaquim de Vasconcelos, Aquilino Ribeiro, Bernardino Machado, Egas Moniz, Joaquim Bensaúde, Duarte Leite, Fontoura da Costa, João Cruz Costa, provavelmente também por Marcel Bataillon, Carl Gebhardt, Léon Brunschvicg, Américo Castro, G. Marañon.

Não é difícil contextualizar o labor do incansável artífice na sua oficina: como os camponeses e boticários antepassados, trabalhador de sol a sol, escrevendo quasi todos os dias (em norma iniciados pelas seis horas matinais), no calendário e nos rituais de trabalho do figueirense, em quem Jaime Cortesão viu a regra de um monge beneditino, o domingo era a jorna votada a responder ao tráfico epistolar mais delongado ou de menor premência burocrática. Daí que nem sempre respostas imediatas surjam, o que permite esclarecer um primeiro critério sobre as motivações, mais ou menos urgentes ou mais ou menos insurgentes, que as determinariam.

13

Escrita de si disposta (*expedida*) ao outro como a leu M. Foucault, mesmo quando se trata de mero relato de quotidianas banalidades ou de noticiário circunstanciado das *interferências* próprias da *alma* e do corpo (e aqui se lê a precária saúde de Carvalho), a carta institui precioso instrumento documental e analítico para a visita guiada ao interior de um autor, às suas angústias e alegrias, estados de saúde e de espírito, derrotas e pequenos triunfos, documento captado no momento mesmo em que o autor se autodisciplina, adestrando a escrita e a leitura de si, exercitando e dimensionando a relação a si e de si ao outro, na amizade, no conselho, no consolo, tudo isso elegendo "também uma certa maneira de cada um se manifestar a si próprio e aos outros"[4]. Petições, abaixo-assinados, agruras, desânimos, expectativas e projectos cruzam-se, melhor, cruzavam-se então nas estações e caixas do correio em envelopes fechados. Após 1926-27, iniciada a longa duração histórica em que os envelopes são estripados, a escrita policiada, autores vigiados ou presos, muitos escribas terão consciência disso e cerceiam eles mesmos as frases, autocensuram ideias, restringem informações. Por evidência, não será o caso de Carvalho, nem o de Pimenta.

Dir-se-á que uma carta é produto, em grau variável, de uma autoria (in)voluntária que reorganiza a *caligrafia* na primeira pessoa, tal como a diarística, a *hypomnemata* clássica ou a crónica; será possível assim considerar a epistolografia, o pensamento em data, como uma *autografia* sem a mediação ou a exigência de mais ou menos explícitas solicitações autobiográficas. Mas, bem vistas as coisas, não será inteiramente despida de certas preocupações, tal como por norma ocorre no memorialismo, de retocar o último detalhe ou de carregar a íntima tonalidade do auto-retrato, no esboço ou na reelaboração do melhor que, de si, cada um elege para dizer.

---

[4] Michel Foucault, *O que é um autor?*, Lisboa, Vega, Passagens, 2002: «A escrita de si», pp. 145-160.

Não admira por isso que indagar esta questão permita tentar contestar uma aporética, própria da analítica, demasiado generaliza-da (ou dogmaticamente observada) em análises epistolográficas: se corresponde a uma ilusão epistémica, quando não simetriza vulgar superstição analítica, supor-se na contemporaneidade da situação hermenêutica que uma carta revela a total e coeva *nudez escrita* de um autor, não será menor ilusão infirmar que, dada a intersec-ção semiótica da temporalidade e do corpo, é como se ela mesma fosse um seu *pijama*. Raramente um corpo exuma por completo ou explica a raiz complexa do *corpus* da escrita.

III

A correspondência entre vultos de duas gerações académicas tão próximas, e tão distintas, permite correlacionar por momentos o universo e o mundo, isto é, articular os grandes debates teóricos epocais e lê-los à luz de pequenos e quasi irreconhecíveis deta-lhes da microhistória. É o que ocorre com muitas das 141 missivas expedidas por Joaquim de Carvalho (1892-1958) a Alfredo Pimenta (1882-1950) numa desequilibrada balança, pois apenas se conhe-cem no outro prato 82 em trânsito contrário, dado talvez explicável por não se terem arquivado ou aberto à edição todas as cartas de Pimenta, tanto mais notório quanto, na acareação dos acervos, sur-gem respostas de Carvalho a textos que (já) não há.

Não se conhecendo antes pessoalmente, a correspondência enceta--se na década 20, na época em que os dois intelectuais se inscrevem já em terrenos opostos da barricada civil, filosófica e religiosa e militam mesmo (no caso de Carvalho, episodicamente) em incon-ciliáveis organizações políticas. No caso de Alfredo Pimenta, essa espécie de novo S. Paulo do Trono e do Altar, por esta ordem, após a época acrática, republicana e anticlerical dos fervores persecutórios, ele firmava-se já como um dos destacados chefes das milícias antiparlamentares, antirrepublicanas, antilaicistas e, no campo mais propriamente filosófico, anti-intelectualistas e antirracionalistas.

Estudante anarquista e grevista «intransigente» de 1907, depois vulgarizador do positivismo na versão teofiliana e militante do Partido Evolucionista de António José de Almeida, do qual se afastaria em 1914, há muito Pimenta, monárquico autoritário, fizera o acto de contrição e assumira o público *pecavit* pela sua anterior postura republicana, laica e anticlerical; logo em 1923 liderará a Acção Realista Portuguesa, cisão dinástica e réplica sem fôlego teórico ao Integralismo Lusitano, que então hegemonizava o corpo doutrinal e político dos maurrasianos portugueses, fenómeno de importação literária que *nem pagou direitos de alfândega*, dirá Raul Proença, ao que Sardinha ripostará com a sua mais original teoria hispanista. Excluído de cargos públicos, vivendo apenas da modesta banca jurídica, o autor stirneriano de *Eu* (1904) é um leitor e tradutor compulsivo atraído pelas leituras filosóficas e intenta *converter Comte* (tal como ele a Comte se convertera) agora ao cânon católico, à semelhança daquilo que o tomismo com Aristóteles fizera e sobretudo os escolásticos não cessariam de intentar.

Nas variáveis encruzilhadas «biográficas» de Pimenta uma constante as parece atravessar: arde na paixão de deixar um nome nas letras pátrias, mas as portas oficiosas são-lhe então cerradas, embora a situação se modifique quando o regime saído do golpe militar lhe assegurar por fim cargos públicos, em 1931, primeiro como arquivista em Guimarães e pouco depois na Torre do Tombo. Antes disso, apenas assegurava uma coluna cultural no *Diário de Notícias*, de «jornalismo crítico» (dirá Carvalho, estreitada a amizade), e acalenta projectos autorais vários, muitas vezes editando por sua conta e risco, o que continuará a fazer. Ele é, sem suma, um autor em busca de editor, um bibliófilo no rasto de livros, um erudito e documentalista à cata das fontes.

Ora, de tudo isso Joaquim de Carvalho, em 1922, aos trinta anos apenas, seria já um dos melhores representantes, senão o melhor, no exíguo mundo dos livros e editores portugueses: ele será o incansável editor à procura de autores, o bibliófilo à cata de raridades, o erudito a indagar minudências, o documentalista feroz – faz evocar no século XX a exemplaridade de Herculano – à procura de novas hipóteses explicativas e compreensivas, instrumentos afinal de uma mais exigente e notória capacidade analítica e crítica que evidenciará nos ulteriores e multiformes estudos.

Autor, erudito, *publisher*, académico, universitário, tudo isso desde 1921 permitiu a acumulação de um enorme capital editorial, com uma ampla visão cosmopolita (leia-se a essencial *Carta 129*), no seio da Universidade de Coimbra e à volta dela, onde é secretário--editor da *Revista da Universidade de Coimbra*, revisor de provas e director da Imprensa universitária e de todas as nascentes colecções e publicações que fará florescer; director, em breve, da Biblioteca Geral (e editor do *Boletim*), secretário da sua Faculdade; também secretário-editor da ainda prestigiada revista *O Instituto*, homónima de uma organização académica (docente) que a Academia radical (discente) em 1920, na *tomada da Bastilha*, afrontara e desapossara do seu ninho corporativo e conservador, o «clube dos Lentes». Para melhor se entender a extensão e o peso específico do seu poder editorial diga-se que a Escola coimbrã é ainda a mais influente, mais cursada (até finais dessa década) e a mais representativa no conjunto das escolas superiores e universitárias do país.

O editor e autor Joaquim de Carvalho, quebrada a fé juvenil "do mais ardente jacobinismo" aos pés da reflexão prudente e do cultivo meditativo no laborioso estudo, seguindo a metodologia do esforço que a si próprio de impôs, no plano político resistia na linha da frente republicana. Antissectário, liberal, republicano idealista sem partido, aproximara-se de Álvaro de Castro em finais 1919, sabe-se hoje melhor, na sequência da luta travada por si e pela corporação universitária contra a discricionária extinção da recém-criada Faculdade de Letras e contra aquele que a decretara, o efémero ministro *democrático* da Instrução pública, Leonardo Coimbra, apoiado num *factotum*, por ele inventado, o laico bacharel Joaquim Coelho de Carvalho, reitor nomeado, figura que no conjuntural gozo do presbitério da nova religiosidade civil deambulava "de guarda à porta férrea, arquiepiscopalmente" e gostava que o venerassem "como prelado universitário" (*OC*, VII, 4- 9).

Leia-se melhor a aproximação a Álvaro de Castro. Passada a borrasca, mantida a Faculdade, caído o ministro Leonardo e o ministério, escrevia-lhe Castro, em finais de outubro de 1919, em resposta a uma "gentilíssima carta" de Carvalho: "Gostei muito da deliberação da Universidade de Coimbra. (...) Creio que chegaremos a arranjar uma táctica conveniente e que com ela alcançaremos, com aplauso da opinião republicana consciente, o que se deseja em nome dos bons princípios. (...) Vejo com íntima satisfação e verdadeira alegria o movimento universitário e a sua orientação. Cuido, com justificados fundamentos, que da acção das universidades depende em muito o nosso ressurgimento sobre todos os pontos de vista, pois só as universidades podem criar e sustentar um espírito nacional e um objectivo comum, sistematizando todas as energias e todas as vontades por uma cuidada e previdente elaboração intelectual"[5].

A proposta de aliança táctica ditou a efémera militância política de Carvalho. Refractário às legiões de *formigas*, o braço armado das falanges afonsistas, seu braço legal, adversário cada vez mais activo da violência política, da dissipassão e da desordem cívica, defensor das liberdades públicas e dos privados direitos de propriedade (também intelectual), antigo simpatizante de António José de Almeida

---

[5] Cf. a transcrição das cartas de Álvaro de Castro e Augusto Casimiro a Joaquim de Carvalho, cortesia de Aires Antunes Diniz, incluídas no seu trabalho inédito, por concluir, «Cartas a Joaquim de Carvalho – Uma incursão na sua Militância Política e Cultural», Coimbra, 2009, pol.

no qual continuará a admirar a "dignidade política" e a quem evocará como marco da história tribunícia e hábil reformista, conquanto bastasse "a reforma do ensino superior para conferir ao estadista a gratidão pública" (cf. *OC*, VIII, 223-224), Joaquim de Carvalho acabará por apoiar Álvaro de Castro e Sá Cardoso e ingressar no Partido Republicano da Reconstituição Nacional, a partir de 1920. Mas não acompanhará a posterior deriva nem ingressará no Partido Nacionalista quando reconstituintes e liberais na nova formação se vazarem, em 1923.

Essa experiência vacinara-o de qualquer ilusão prática. Desquita-se da Loja Revolta da maçonaria irregular, em 1924, embora continuasse a protestar, depois, no interior da ditadura «nacional-seminarista», que para ele nunca chegará a expirar, pela instauração de uma República livre e democrática: "Preso a princípios morais e políticos, não compreendo vida pública digna sem um parlamento, e seria para mim a maior honra da minha vida, aquela em que um dia, por eleição livre, eu pudesse no Parlamento traduzir, em palavras e actos, a voz obreira dos camponeses que me geraram".[6]

Mas, enquanto reconstituinte, não é um anónimo militante: será o mais influente membro do partido e mandatário em Coimbra, inúmeros testemunhos o comprovariam, mas bastará confrontar a carta de finais de 1920, do capitão Alcides de Oliveira, oficial da Administração militar, que será em 1926 controverso apoiante do 28 de Maio e depois, contra aqueles que consigo tinham imposto a ditadura, destacado oposicionista do *reviralho* militar: "Venho participar-lhe que escrevi ao Sr. Dr. Álvaro de Castro declarando que só reconhecia em Coimbra, como representante dos Reconstituintes, o nome do meu Exmo. amigo e correligionário. No momento em que ele tem amigos no Poder, devem já aparecer *políticos* a deitar *barro*

---

[6] De uma carta a Jaime Lopes Dias (1933) *apud* J. P. Lopes de Azevedo, *Roteiro da Exposição-Homenagem a Joaquim de Carvalho*, Figueira da Foz, Câmara Municipal, 1976, p. 20.

à parede, permita-me a frase"[7]. Logo apareceriam a deitar barro mole. O caso do jurista Manuel Rodrigues Júnior, militante do PRRN onde muito jovem ingressara pela mão de Carvalho (*Carta 107*), será elucidativo.

IV

Em campos opostos, o republicano e o monárquico tratam-se inicialmente em cartas muito formais e mesureiras. O encontro é propiciado por várias afinidades electivas. Um dos mestres de Carvalho, Mendes dos Remédios, influente director da Faculdade, várias vezes reitor, antigo homem forte do sidonismo por Coimbra (será ainda ministro da ditadura em 1926), ao recomendar o jovem colega a Alfredo Pimenta, escreve-lhe em abril de 1922: "A *Revista [da Universidade]* atravessou a crise terrível, em que esteve tudo a sossobrar. Entrou há tempo um novo Secretário, que é dotado de grande actividade e que trabalha para a pôr em dia. É o Dr. J. de Carvalho, Prof. da Faculdade de Letras – Director da Imprensa da Univ. – em óptimas condições para conseguir esse *desideratum*»[8].

É pois sobre cartas de outrem que estas se desatam: a singular afinidade, reciprocamente narrada e reconhecida, aflui na pessoa e na obra de Carolina. Michaëllis de Vasconcelos (1851-1925), a árdua estudiosa de cujas mútuas memórias, após a sua morte, se nutre e ata o correio epistolar. Tratava-se da primeira mulher que ingressara (em 1912) numa docência universitária no país, em Coimbra, após ter recusado o convite de Lisboa, com o pretexto plausível de achar-se demasiado longe do Porto onde se domiciliara e que adoptara como segunda pátria.

---

[7] A. A. Diniz, «Cartas a Joaquim de Carvalho», loc. cit., p. 18; carta de 2-XII-1920.

[8] *Cartas dos Outros para Alfredo Pimenta*, Guimarães, Edição Arquivo Municipal, 1963, pp. 225.

Joaquim de Carvalho escreverá páginas da mais funda veneração ao rigor crítico e conceptual da ilustre filóloga berlinense que lhe trouxera a *mundividência* como *método* de investigação e, no mesmo lance, como *processo* interpretativo: "foi este racionalismo que constitui a base da sua *Weltanschauung* e se diversificou, sob a forma de erudição, numa vastíssima curiosidade, que com igual probidade, carinho e agudeza estudava as palavras e as ideias, a biografia e as atitudes espirituais, a etnografia e as criações livres da imaginação e do raciocínio. A esta luz, a sua obra é das mais extensas que a nossa cultura contemporânea regista". Os estudos culturais de D. Carolina acompanharão o figueirense, na incessante e *inolvidável sedução* de "um dos mais fecundos criadores do sentimento histórico da nacionalidade" (*OC*, VIII, 66-67).

Debilitada a grande mestre da cultura portuguesa pela doença que a vitimaria em novembro de 1925, ainda em abril desse ano Pimenta propusera ao jovem director da Imprensa da Universidade, que desde 1921 ocupava o cargo, a publicação das cartas a si dirigidas por Carolina Michaëllis. Inicia-se um braço de ferro ao longo de seis anos: a reiterada suspeita de Carvalho sobre o eventual melindre para terceiros dos conteúdos e a dúvida sobre a possibilidade de serem integralmente publicáveis os manuscritos, entre outros argumentos, tais como a necessária aquiescência da família, sobretudo a de Joaquim de Vasconcelos, constituem para Carvalho assunto "delicado, porventura. Se se não tratasse de V.ª Ex.ª, que sei estimar profundamente a memória da Sr.ª D. Carolina, que de V.ª Ex.ª algumas vezes me falou, eu teria posto já uma condição: ler primeiro as cartas" (*Carta 2*, 1926). São argumentos que Alfredo Pimenta contesta ("V. Ex.ª há-de fazer-me a justiça de acreditar que eu não publicaria as cartas (...) que não pudessem ser publicadas"[9]) e que determinarão que Pimenta acabe por publicar

---

9 Carta de 12-11-1926, in «Cartas de Alfredo Pimenta a Joaquim de Carvalho», art e op. cit., p. 942.

por sua iniciativa 47 das 48 epístolas apenas em 1931 e em Lisboa, na casa J. Fernandes Júnior[10].

As cautelas do editor, crendo-as despropositadas, haviam exasperado Pimenta, por mais de uma vez: "Exmo senhor – peço a V. Ex.ª a fineza de me dizer definitivamente se quer ou não que lhe mande o original da D. Carolina (...) De sorte que ou se publica o Ensaio e as Cartas independentes ou no volume que V.ª Ex.ª projecta – ou então voltam para a minha gaveta à espera de monção"[11]. Menos atreito a monções emocionais, Carvalho já prevenira o interlocutor da conveniência em observar a maior precaução: "Evoquei reminiscências de antigas conversas daquela nossa boa amiga, e por elas me decidi em grande parte. Tenho também muitas cartas, mas não são publicáveis pelos anos mais próximos, precisamente porque aludem a factos e pessoas que despertariam paixões. Que elas adormeçam e se então for vivo as divulgarei" (*Carta 3*, 1926). Doutras vezes, não lhe acha lugar digno na *Obra Completa*, que ele próprio organiza, mas em mera separata de *O Instituto*. Circunspecto por treino, e por temperamento afeiçoado à persistência, assimilada no *incessante recomeçar* do mar natálico por vezes invocado nos seus textos, a sua prudência e descrição esbarram com o temperamento colérico, repentista e polémico e com o desmedido apetite de exposição pública que animam o homem de Guimarães.

Para a melhor compreensão da documentação que agora se publica, como já as editoras das *Cartas* de Pimenta a Carvalho anotavam em 1987, também aqui se deve desenganar quem apenas ler na correspondência um burocrático e moroso decurso de pedidos de livros, de edições e revistas, de sugestões de traduções, de trocas de informação erudita, de minudências das artes tipográficas,

---

[10] Carolina Michaëllis de Vasconcelos, *Das origens da poesia peninsular. Estudo seguido de 47 cartas a Alfredo Pimenta*.

[11] Carta de 4 ? -11-1927, in «Cartas de Alfredo Pimenta », art. e op. cit., p. 944.

de vendas, de dinheiros em falta ou, até, da dificuldade de circulação e distribuição livreira, de informes sobre autores, actores políticos e intelectuais, literatos, artistas. Tudo isso será, certamente. Falta-lhe contudo ser matizada pela gradativa aproximação psicológica de Joaquim de Carvalho, de substrução pática, ao drama ideológico do colocutor, que é o drama de um apóstata de si próprio, e às dificuldades materiais e existenciais de Pimenta, espessadas em crescendo por reais ou imaginários fantasmas que lhe povoaram os dias; dificuldades por vezes expressas em fórmulas afortunadas, mais afeiçoadas ao estilo e à ortografia do século XIX,

> "Não, não vou a Coimbra – por falta de recursos. (...) Mas se pudesse ir a Coimbra – iria para o ver, para o abraçar, para ver os Gerais, a salla dos Capellos, a Bibliotheca, a Capella, as minhas aulas, e de ouvir a Cabra, e saber se ainda é viva certa Izabelinha hierática e ligeira, engommadeira da Rua da Trindade, e se existe ainda o Bento da Rua de S. João, e o filho burro como uma pedra, e se ainda empresta dinheiro a D. Leonor do Favas, e se o Mondego ainda é lindo e tran-quilo e vagaroso... mas não posso"[12].

E, na volta do correio, do mesmo modo se lê a crescente admi-ração que o polémico monárquico patenteia pelo labor intelectual e editorial do republicano e nela fundo respeito, que não submissão à inegável *auctoritas* universitária e académica que o mestre coimbrão como poucos havia granjeado. E, sobretudo, um reconhecimento ao amigo "que me tem feito tanto"[13] no amparo das agruras do exis-tir, no apoio à edição e na elucidação de pistas de investigação. Um episódio o ilustrará. Quando Pimenta, em 1934, anunciar a sua

---

[12] *Id. ib.*, Carta de 15-3-1933, p. 989.
[13] *Id. ib*, Carta s. d, (abril? de 1934), p. 1007.

iminente ida à universidade suíça de Friburgo para aí leccionar, Carvalho rejubila com o bom vento, "Muitos parabéns! É uma consagração que o honra e oxalá lhe abra o caminho de outras, que à satisfação moral juntem a boa paga!" (*Carta 126*). Mas os temores da viagem, do longe, do idioma, a doença da filha, conjecture-se, afastam-no do acalentado projecto: "Já decidi: não vou para Friburgo. Tenho medo de morrer por lá longe dos que amo e me querem"[14]. Carvalho lamentará o facto, pois o amigo só lucraria "com esse duche de Europa" (*Carta 132*).

V

Estudiosos da filosofia e da sua história, bibliólogos, historiadores das ideias sociais e políticas, da cultura, encontrarão páginas fecundas e informações preciosas em largos trechos deste epistolário. À medida que as relações se estreitam e as confidências ganham espaço nas linhas e entrelinhas, Carvalho mais apreciará a "isenção moral" de Pimenta tanto quanto traduza, na instável evolução das suas diversas concepções de vida, um durável desapego, "sempre ao arrepio dos interesses dominantes e das vantagens pessoais". Mas compreender a divergência não é aceitá-la: "Nós estamos, na ideologia política, em pólos opostos. Sinto-me cada vez mais republicano, num crescendo onde há muito de reacção emotiva contra as torpezas desta estúpida ditadura, mas onde a reacção intelectual contra a «sociologia da ordem» se apura num conceito de estado liberal" (*Carta 11*, 1928).

Ao longo dos anos a denúncia da opressão política instaurada em 1926, e contra 26 em 28, e contra 28 em 1930-32, é uma constante. A constatação da *horrorosa situação de guerra civil em*

---

[14] *Id. ib.*, Carta de 15-10-1934, p. 1011.

que vivemos (*Carta 62*, 1931) funda-a Joaquim de Carvalho naquela "noção criminosa, do Estado bandeira de partido" ao qual tudo e todos se sacrificam, e traduz-se pelo "desprezo do indivíduo e o esquecimento de que a estima ou simpatia não são identificação, mas reconhecimento profundo da independência de outrem". A situação de *guerra* latente e persistente só seria superável por uma cumplicidade liberal de raiz cidadã e ético-moral – "Quando surgirá uma geração suficientemente honrada e esclarecida, que rompa com estas torpezas e instaure as condições morais de um conviver humano!" (*Carta 34*, 1929). Por vezes, excessivo optimismo prognóstico levará Carvalho a admitir o iminente fim da ditadura, tal como o descreve em 1931: "Eu sei que a ditadura está morta. Sobrevive apenas pela incerteza do amanhã. Creio firmemente, porém, que não cairá revolucionariamente, porque hoje toda a tensão da oposição se dirige para o campo legal e moral. A marcha para a esquerda é irresistível – e para uma esquerda mais ou menos socializante" (*Carta 66*).

E embora se detectem pontos de convergência, sobre a essência *republicana* da ditadura, por exemplo ("Diz uma coisa que estou farto de dizer", escreve Carvalho, "a ditadura nacionalizou definitivamente a República. Essa será, talvez, a sua maior herança, e agora, quer queiramos quer não, temos de pensar republicanamente os nossos problemas nacionais" (*Carta 116*, 1933), – a dissensão é *antiga*, funda-se na cesura oitocentista liberal e parlamentar e na questão vincular e dinástica. Quando Pimenta publicar um apólogo de legitimismo miguelista, *A quem pertence a casa de Bragança?*, Carvalho apressa-se a responder, impugnando-lle a tese, porquanto ao endossar "o vínculo a D. Duarte Nuno sente-se o monárquico que não quer ver morrer o seu príncipe na miséria; isto é digno; mas deixe-me dizer-lhe que juridicamente não me parece convincente a sua argumentação. O vínculo estava ou não ligado à dinastia? Voltamos sempre à questão crucial da legitimidade de D. Miguel – e D. Miguel foi intruso, e que o não tivesse sido, D. Manuel não podia, honradamente, como rei que jurara a Carta, transmitir ao seu adversário político um vínculo, ligado pelos factos e pela continuidade da lei à persistência do que ele simbolizava" (*Carta 116*). Sem arredar pé, na réplica Pimenta apenas registará, "D. Miguel nunca foi um intruso. Intruso foi o mano, depois que se fez brasileiro, e inimigo da sua pátria"[15]. Com tudo isto, qualquer convergência de fundo é impossível; Joaquim de Carvalho continuará contudo a avocar que "o direito dos príncipes não é eterno e os povos podem constituir novo direito quando quiserem, assim como escolher os seus governantes" (*Carta 122*, 1934).

A águia no seu voo em busca da claridade racional surpreende o arranco nocturno do mocho: sob o ponto de vista de uma teoria do conhecimento, Carvalho critica a falha epistemológica no pirronismo de Pimenta, alicerce afinal do pessimismo gnoseológico incapaz de *pensar filosoficamente* a cidade fora da mescla de um infundamentado absurdo: "O meu amigo, político da autoridade, deixa-me frequentemente a impressão de que estabelece uma fractura entre os postulados da sua concepção filosófica, e as aplicações sociais desta concepção. Relativista, individualista, negador do colectivo, como pode mexer-se à vontade numa concepção social autoritarista que pressupõe necessariamente o transpersonalismo e o absolutismo de alguns valores, não individuais, como é óbvio? Personalismo e transpersonalismo – eis a grande oposição do nosso tempo. Filosoficamente personalista, politicamente transpersonalista, não há neste salto a razão do seu cepticismo, que é afinal a mina de tudo?" (*Carta 81*, 1932).

Para melhor se atender ao debate, fulcral é compulsar a crítica à cadência coisista, basista e reificadora, no fundo, anti-especulativa, do pensar e do pensado que o neokantiano Carvalho aponta ao interlocutor e à sinestesia epistémica que este nomeia entre lógico

---

[15] Carta de 28-12-1933, in «Cartas de Alfredo Pimenta a Joaquim de Carvalho», art e op. cit., p. 1003.

e ontológico abstraindo das diversas estratificações da onticida-
de, ou «esferas» do Ser: "Demais, como fundar uma concepção de
vida em geral e da sociedade em particular, de feição absolutista
partindo de bases relativistas – de relativismo antropológico, isto
é, de cepticismo?" (*Carta 92*). Ora, a mais relevante sequela epistémica desta atitude, no campo historiográfico, traduzir-se-ia na
obsessão demonstrativa e *positiva* da História e do Facto histórico, como um *fatum*, desprezando o carácter relativo, transitório
e hipotético das suas sintaxes e conclusões e isto mesmo, a propósito de um ensaio próprio, confessa Joaquim de Carvalho ao
interlocutor, "o que decerto o vai irritar – o que se é bom, para ver
se se convence que a história não prova nada – ou antes, prova tudo
o que nós queremos. As vias da verdade estão alhures" (*Carta 69*).
Noutro excerto o mesmo dissendo aflora, ao considerar "terrivelmente céptica a sua crítica anti-histórica. O seu cepticismo quasi
não o compreendo. Nunca leu Rickert? Não compreendo sobretudo
a superstição do facto" (*Carta 77*). A incompreensão acompanhará
as últimas missivas (*Carta 138*).

O alvor socrático da razão, no veio platónico, e a limpidez conceptual kantiana inundam as missivas de Joaquim de Carvalho.
Mas toda a divergência será, *ad intellectum*, superada na vivência
espinosiana, *sub specie aeternitatis*, da compreensão e do estrito
respeito da outridade. O ideal de elevação ética do intelectual
(porém sabendo-se, desde Zenão, que os que olham o céu pouco
confiam nos pés) em busca de um clima de paz civil e do pacto compreensivo, como aquele que o *Tratado Teológico-Político* augura, tem
a sua melhor explicitação nestes manuscritos de Joaquim de Carvalho.
E neles refulge, como razão prática, o difícil apólogo teórico do
respeito (*respectus*, um outro sema do mais arcaico *cultus*), o autêntico *uso* ético não-escrito da cidadania numa República das Letras
e o mais singular numa axiologia neocriticista e neokantiana, a da
«filosofia dos valores», de que é credor, com Renouvier, Brunschvicg,

Windelband, Dilthey e Rickert, porque esse uso se dá, justamente, entre pares: "Como foram argutos e felizes aqueles Jansenistas de Port-Royal! Viveram juntos, comendo juntos, trabalhando com idêntico espírito e fins comuns, jamais deixaram de se tratar como Senhores que se vissem raríssimas vezes, e sempre cerimoniosamente. Tinham razão." (*Carta 94*, 1933).

Contudo, a mútua intelecção terá limites. Pimenta já reagira em termos muito duros quando colaboradores do oposicionista *Diário Liberal* (na II série codirigido por Carvalho, Hernâni Cidade e Mário de Azevedo Gomes) o abalroarem: "Se o seu nome limpo cobre enxovalhos e asserçoens injustas, justificados estão os enxovalhos e asserçoens torpes de garotos (...) Que me discutam à vontade – dentro das normas e da correcção e do respeito que devem merecer 50 annos gastos a soffrer e a luctar. Agora que sejam, para mim, garotos, à sombra do seo nome – não!"[16]. E igualmente dura será a resposta de Carvalho: leiam-se com a maior atenção as cartas *101* e *110*, para se perceber a trama, da qual ressalta a solidária avocação do ofendido e a reprovação ética da atitude dos jovens colaboradores do *Diário Liberal*: "Com ânimo idêntico ao do seu, lhe escrevo esta carta, e na esperança que ela seja a primeira e última no nosso já largo – e oxalá possamos dizer larguíssimo daqui a muitos anos – epistolário".

Ora, ao invés de alastrar, o epistolário esvaziava-se. Quando Joaquim de Carvalho enviar em finais de 1934 a missiva (não consta do espólio de Guimarães, mas foi por Pimenta publicada em excerto, em 1935, e por isso aqui se inclui sob o número *134*) de frontal e acérrima crítica ao manual didáctico *Elementos de História de Portugal*, do próprio Alfredo Pimenta ("não o aplaudo, nem o sigo nestes juízos, e até me parece que, civicamente, é um canhão de [18]42, aumentando muito a nossa confusão civil") e demorar

---

[16] *Id. ib.*, Carta de 28-5-1933, p. 991.

na decisão, na qualidade de presidente da comissão examinadora do livro oficial de história para uso nos liceus, concurso ao qual seria o amigo o único opositor, o vimaranense exaspera e prenuncia-se o término epistolar: "Não me desiluda da sua amizade, ouviu?", escreve-lhe do Minho, "Ser-me-ia muito doloroso. Há muita gente encarregada disso"[17]. Pouco depois, os serviços postais deixariam de depositar cartas de Alfredo Pimenta na rua de S. Cristóvão. E também este deixaria de receber, na *Casa da Madre de Deos*, as de Carvalho. Conversa acabada.

VI

Possibilitando a reconstrução do olhar histórico sobre um instituto multissecular, como a Imprensa da Universidade, esta correspondência é essencial; não só por guiar e documentar, na maior proximidade, o modo de decisão e funcionamento internos numa época de ouro que sob a direcção de Carvalho viveu, mas por elucidar circunstanciadamente a *didáctica* ditatorial (e as motivações políticas e pessoais) da sua extinção, em 31 de agosto de 1934 (decreto-lei 24 124, de 30-VI, art.º 38.º), entre um coro de protestos dos intelectuais de todos os quadrantes, de António Sérgio a Hipólito Raposo, de Vieira de Almeida ao mesmo Alfredo Pimenta que, de resto, escreverá vigoroso apoio à acção do ex-director na coluna do *Diário de Notícias*.

A um outro nível, o da inscrição simbólica no arcano templo de Delfos, a edição do rosto inédito deste epistolário não pode deixar de adquirir aqui a feição própria de uma reparação moral, gesto que apenas no coração fundo pode calar. Não se expandirá

---

[17] *Id. Ib.*, Carta de 8-7-1935, p. 1014. Haverá ainda, pelo menos, duas ou três missivas de 1935 4 1936 à qual Carvalho responderá (*infra Carta 139*).

todo o desenho da trama, uma vez que recentemente foi patenteada a interpretação do caso[18]. Adiantar-se-á todavia que novos dados estão lançados sobre a inquisitorial extinção da Imprensa da Universidade: a mesquinhez e a pressão determinante do ministro Manuel Rodrigues, o ex-correlegionário no PRRN que em conselho de ministros exige a reiterada decapitação universitária de Joaquim de Carvalho; a comprovada aversão pessoal e política de Salazar (da qual, em 1933, Pimenta previamente o avisara: *"há uma grande má vontade para com o Administrador da Imprensa da Universidade por parte de quem pode supor"*[19]) ao editor e ao seu projecto editorial prenunciado já pela sua demissão da Biblioteca Geral (1931) e até pelo colateral processo movido ao *Diário Liberal* (interposto pelo *Século*, de Pereira da Rosa, ao qual se dá o devido relevo na anotação à *Carta 118*); a anterior e aviltante busca policial às instalações da Imprensa e a fuga de Cândido Nazaré (*Carta 112*), enquanto veraneava Carvalho pela amada Figueira da Foz; a sua refutação categórica de qualquer envolvimento pessoal ou institucional na composição e impressão do jornal oposicionista *A Verdade*, dirigido por Armando Cortesão e que foi afinal o álibi interno (para Universidade ver) e externo (aviso geral ao reviralho republicano e às esquerdas oposicionistas) para tornar exemplar mais esta violência do ditador e da sua ditadura de pregão e baraço.

Sob este ponto de vista, as cartas a Pimenta conferem a solidez de um testemunho reflectido: leia-se com atenção a própria síntese que Carvalho exara (*Carta 125*), sobre a atitude "reles" e vergonhosa de que fora alvo, *ad hominem*: "1) que a origem, daqui, resultou da inveja e do ressentimento pessoal 2) que a semente caiu bem

---

[18] Cf. P. Archer de Carvalho, «A extinção da *pequena tipografia sábia*», *Uma autobiografia da Razão. A matriz filosófica da historiografia da cultura de Joaquim de Carvalho*, Coimbra, IU, 2015, cap VI.

[19] «Cartas de Alfredo Pimenta a Joaquim de Carvalho»,art. e op. cit., Carta de 28-7-1933, p. 994. *Cursiva mia.*

no ânimo do César, e assim se transformou de pessoal em política 3) que ao agradável destas coisas alguns pensaram no útil, que lhes adviria". Leiam-se depois essas páginas pungentes de um homem ferido na sua *dignitas* a quem foi tirado, não ainda o pão, mas o pão do espírito que o nutria; e o pão, bíblico alimento dos mortais, negado aos tipógrafos (*Carta 128*). E por fim, no turbilhão, ecos do desalento de quem, contra a corrente, também contra correntes, nada em consciência tem a confessar senão, como Neruda, confessar que viveu e almejar a sua "*Confissão à Pátria Eterna*" (*Carta 118*).

A documentação permite pensar como o morticínio em esfinge se executara e continuaria a executar no país, terra de sombras e sonâmbulos, como alvitrara Sérgio, vendo-se desperto do pesadelo. E não se leia na ditadura, apenas, um dos cumes oceânicos na diacronia do monopólio histórico da barbárie da ignorância; mas uma página outra, irmanada com a do Santo Ofício, das escrituras cruéis do livro mínimo da ignorância que no teatro da crueldade se declama como sabedoria máxima.

O proselitismo, clerical ou laico, será responsável por esta irresponsabilização: os «selvagens» – trata-se, no ponto de vista de Robinson, da metáfora antropológica benquista a Carvalho – nem sempre reagem *civilizadamente* às luzes de uma qualquer *civilização* imposta. Ao contrário daquilo que Voltaire e Tomás de Aquino antes dele supuseram, civilização não é uniforme. Tudo isso explica o motivo pelo qual Carvalho, julgando selvagens os que o oprimiam, e certamente o eram, anelava "mostrar que o nosso País é civilizado, e como tal não entoa uma única melodia, mas é um coral de vozes diversas; que sobre todos há a Pátria comum" (*Carta 129*). O seu problema foi esperar – modalidade imóvel do sema esperança – que passasse o *eclipse* e ressurgisse a polifonia da luz (cf. *ib*.). Ora, nos tratados das metáforas luminosas, eclipses só cessam quando um dos corpos, pelo outro pensado inerte, a si se pensa movimento.

VII

Não menos surpreendente será o pequeno acervo constituído pelas cartas enviadas a António Sardinha (1887-1925), o líder incontestado do Integralismo Lusitano, poeta, publicista, panfletário, ensaísta. Joaquim de Carvalho assume aqui, mais uma vez, o papel do editor e patenteia toda a cordialidade intelectual para com o monárquico, a quem tenta atrair para uma das suas colecções, chamando-o a colaborar, não traindo o seu plano de buscar na máxima pluralidade autoral e doxística a própria possibilidade de afirmação da colecção de ensaístas que (também) dirigia.

A tensão ideológica e o debate político são evidentes; travam-se contudo na discussão no *interior* do próprio plano editorial. Carvalho quer dar, ao que seria um panegírico nacionalista da Restauração de 1640, um carácter distanciado de reflexão, ao mesmo tempo polítológica e historiográfica, sobre os principais textos políticos restauracionistas, aos quais se alongaram algumas notas de referência. Patriota, a sua pátria *não é* a do trono e do altar; nacionalista, a nação de Sardinha não é a da República de 1910. Por outras palavras, o patriotismo republicano não é negociável para um nacionalista monárquico, autoritário e antiliberal.

E o contrário se pode autenticar: é inegável o modo como, mais tarde, Joaquim de Carvalho irá ler no programa doutrinal do Integralismo a apologia e propaganda nacionalista, como factores decisivos para a génese do salazarismo, o *nacional-seminarismo*, e para o triunfo da ditadura: "com o integralismo, em 1914 (?), apareceu o nacionalismo, que nada tinha a ver com o patriotismo. Ambos radicavam no sentimento português, mas o conteúdo intelectual procedia de França; o patriotismo, dos revolucionários de 89 (veja-se Rauh), importado pelos Cartistas e Setembristas (Carrel); o nacionalismo, dos reaccionários da *Action française*, Maurras à cabeça, e Barrès, fortalecido depois pelo cesarismo fascista e nazi (...) O primeiro deu a noção de povo como nação e a nação como todo, perante o qual desaparecia o indivíduo. Este nacionalismo integral, de Barrès (veja-se o termo que este emprega), foi o integrismo (?) de Ramón Nocedal, em Espanha, e em Portugal o integralismo (palavra de Sardinha, traduzida de Barrès). O segundo, fundindo a emoção nacional com a nacionalista num só fim, organiza-se em partido, que é expressão e processo, e como processo de realização, milícia, violento, dominador (...) Na realidade, a ditadura salazarista não foi a execução de um pensamento original: foi uma reacção em marcha ascendente para um ideal de Contra-Reforma».[20]

O mais curioso no epistolário é saber-se que Carvalho se associou a um jantar de homenagem ao poeta nacionalista e ao ensaísta do hispanismo. E porque as poucas cartas giram à volta da discussão historiográfica do seiscentismo e da Restauração de 1640, divisória das águas historiográficas a partir da década de 20, tem assento num banquete, que não o *Symposium*, que para ele tem o significado de uma homenagem à *diferença* (mas seria compreendido?) num país que a assimilara didacticamente como desprezo. E num meio, também intelectual, em que se contavam já as espingardas para a esmagar.

...

Seguiram-se usuais normas de transcrição, assinalando páginas e folhas do original, desdobrando palavras e nomes abreviados, corrigindo extratexto imprecisões ou lapsos, assinalando casos de leitura dubitativa e mantendo ortografia e sintaxe, mesmo nos casos em que a excessiva interpolação possa atroar a linha discursiva.

Cingiram-se as notas ao essencial.

---

[20] Este material foi recolhido no conjunto de quatro artigos publicados por Joaquim Montezuma de Carvalho, nem sempre sob o mesmo título, «Joaquim de Carvalho e a miséria da universidade que padeceu», no semanário *Mar Alto* (Figueira da Foz), dos n.os 403 a 406, de 8 a 29 de maio de 1974.

Agradeço às senhoras Dr.ª Alexandra Marques e D. Emília Pires, do Arquivo Municipal Alfredo Pimenta, Guimarães, a colaboração prestada; a Sérgio Campos Matos a generosa indicação das cartas a António Sardinha; e ao meu filho João a disponibilidade para achar viagens e documentos.

Paulo Archer de Carvalho

SUMÁRIOS EXTRACTADOS

I

17/5/922

A pedido do amigo e colega Mendes dos Remédios, JC envia a AP fascículos da *Rev. da Univ.*

II

8/2/926

Inteira-se da intenção de AP publicar um original de D. Carolina. Michaëllis, recentemente falecida., assim como de eventual edição das Cartas que a mestre da Universidade de Coimbra lhe endereçou, colocando reservas dado o teor privado. Aceita as condições monetárias propostas por Alfredo Pimenta para a publicação de um livro.

III

16/2/926

Reafirma não existirem "nem reservas, nem desconfianças" quanto à publicação da Cartas de Carolina Michaëllis, mas apenas tenta acautelar os interesses da família da falecida, que evoca. Propõe a entrega do original no Hotel Aliança em Lisboa onde se deslocará.

IV

18/4/926

Promete a edição das Cartas de Carolina Michaëllis querendo integrá-las "nas *Obras Completas* da amiga inolvidável, que, à falta de melhor, dirigirei".

V

24/4/926

Adoentado, tenta contrariar a antipatia que AP nutre pela revista *O Instituto*, pois "é um instrumento de difusão da vida da Universidade, e por este facto, e porque sempre andou ligado à Imprensa da Universidade, julgo de meu dever ampará-lo". Previne-o de que oficina da Imprensa é morosa e que "não vive da exploração dos autores, embora, como é evidente, não faça edições para perder dinheiro".

VI

6/8/927

Alerta-o para as dificuldades que este ano a Imprensa da Universidade vive, prevenindo-o que durante o ano económico, não poderá imprimir-se a colectânea dos seus artigos – *Cultura Estrangeira e Cultura Portuguesa*. Fala dos seus objectivos e acção à frente da administração na Imprensa universitária. Insiste em conhecer os originais das Cartas de Carolina Michaëllis a AP.

VII

31/8/927

Refere ter escrito a Joaquim de Vasconcelos e que a falta de resposta deste se deve a estar "muito achacado com a doença e a velhice". Anuncia a partida para a Figueira da Foz.

VIII

6/11/927

Continua sem a resposta de Joaquim de Vasconcelos e anuncia o volume do *In Memoriam* a D. Carolina Michaëllis no qual as Cartas destoariam. Refere as edições que mandou lhe expedir.

IX

14/11/927

Pergunta se recebeu os volumes expedidos e combina locais de entrega em Lisboa.

X

9/I/928

A sua doença impediu-o de responder mais cedo e refere o envio de edições.

2/3/928

(*Formas de tratamento estreitam-se*) Inteirado das preocupações familiares e económicas de AP com ele se solidariza, "sou pai de 6 filhos, cuja única riqueza é o meu ordenado, e esta situação e aquele conhecimento fizeram-me sentir a sua dor com individualização particular", augurando-lhe tempos melhores. Reafirmando-se republicano e liberal, reconhece estarem nos antípodas ideológicos e sente-se oprimido por esta "estúpida ditadura". Propõe que AP pense numa tradução com "largas possibilidades de venda". Pergunta se serão integralmente publicáveis as Cartas de D. Carolina e elucida com os casos de Gregório de Matos e de Afonso Lopes Vieira; discreteia sobre edições.

XII

13/4/928

Inteira-se do estado de saúde da filha de AP; confirma que o seu original está na Imprensa; e solidariza-se com ele pelo "atropelo governamental". Anuncia a intenção de fundar uma Biblioteca Filosófica e o vasto movimento de traduções que se afigura, aceitando uma sua tradução. Anuncia a saída do *Arquivo Histórico* e a possibilidade de uma revista de filosofia.

XIII

22/4/928

Certifica o projecto da Biblioteca Filosófica e as intrínsecas dificuldades da tradução de textos filosóficos num meio que "tem horror ou incapacidade da aventura metafísica", propondo a AP a tradução de obras de A. Comte ou S. Tomás de Aquino e anunciando que iniciará a colecção com a *Ética* de Espinosa. Responde à indagação sobre um livro Sílvio Lima e sobre ele discreteia.

XIV

20/5/928

Deseja o restabelecimento da filha e combina um local de entrega de livros, em Lisboa.

XV

7/8/928

Assoberbado de trabalho, escusa-se por não ter respondido mais cedo. Anuncia a partida para a Figueira da Foz e agradece o envio do *Tratado de versificação,* prometendo que escreverá sobre os artigos de AP. De fugida, refere o federalismo ibérico e o hispanismo.

XVI

9/9/928

Refere o gosto pessoal de se retemperar na sua terra natal, a Figueira de Foz, o exercício físico e vida regrada que lhe propicia. Refere o seu artigo na *História da Literatura*, aquiescendo na crítica de AP sobre a falta de unidade no conjunto da obra dirigida por Albino Forjaz de Sampaio.

XVII

3/10/928

Crítica positiva ao *Tratado de Versificação*, de AP, lamentando não se ter debruçado sobre o «retorno interior» e a reminiscência no acto poético, que particularmente se prende na análise de Antero de Quental. Discorda que o século XVII possa ser considerado o "século áureo da poesia": o *isolamento salutar* é afinal mero fruto da política contra-reformista.

XVIII

13/11/928

Tenciona ir ao Porto mostrar as provas e o original por compor, das cartas de D. Carolina, pois J. de Vasconcelos não lhe responde. Anuncia estar adiantada a tradução do *Discurso do Método* e das *Meditações Metafísicas,* com os quais pensa iniciar a colecção filosófica, embora tenha de abandonar o projecto da revista de filosofia. Indaga quem possa traduzir Max Scheler ou os *Fundamentos da Metafísica dos Costumes*, de Kant.

XIX

19/11/928

Agradece uma dedicatória, "por pensar que estamos em pólos diversos na concepção da vida, assim considero a sua oferta, que me sensibiliza moral e intelectualmente". Anuncia as provas dum original e empresta dois folhetos sobre Clenardo. Envia um opúsculo e noticia aguardar o nascimento do 7.º filho.

XX

25/11/928

Noticia o nascimento do filho e confirma que o original referido está no impressor.

XXI

26/11/928

Noticia que, falando com Joaquim de Vasconcelos na Cedofeita, foi acordado que este seguiria *pari e passu* a impressão da Cartas de D. Carolina, o que considera razoável. Se AP também acordar com o trato, poderá enviar o original. Referência a edições enviadas.

XXII

4/12/928

Anuncia que a comissão de Sevilha não se reunirá e que no próximo Janeiro irá a Paris.

XXIII

31/12/928

Discreteia sobre Clenardo e seus estudiosos, com indicações bibliográficas. Refere a leitura do ensaio de AP sobre o *verso* mas questiona o valor meramente estético-hedonista da comoção, sem laboração intelectual. Indica as melhores *Introduções à Filosofia*. Considerações sobre a filosofia espinosiana. Avisa o envio das *Cantigas de Amigo*.

XXIV

25/1/929

Enumera as melhores Introduções à Filosofia (Hülpe, Paulsen, Windelband). Anuncia o envio para os livreiros das *Cantigas de Amigo*; irá arguir uma tese sobre Espinosa e pensa por ocasião do 3.º centenário do seu nascimento apresentar obra original sobre o Mestre. Reconhece que é o Benedectus quem os aproxima.

XXV

26/1/929

A gripe impediu-o de se deslocar à Imprensa pelo que o livro de AP não está ainda concluído.

XXVI

3/2/929

Melhor de saúde, retomou as aulas; referência à autoridade do investigador e ao amor à verdade na investigação. Enumera as traduções do *Quod nihil scitur*, de F. Sanches, e supõe que, se Basílio de Vasconcelos se desinteressar, AP poderá avançar para a tradução desta obra. Anuncia o envio de edições.

XXVII

10/2/929

Pergunta se recebeu os folhetos enviados e lamenta não poder enviar o livro sobre Leão Hebreu, que considera o me-

lhor da sua lavra. Anuncia o envio das provas das Cartas de
D. Carolina.

XXVIII

6/3/929

Queixa-se do mal-estar físico e sobretudo do excesso de trabalho: "nós vivemos sob o mais estúpido dos regimes universitários
que podem conceber-se: simples autómatos de aulas, estudantes
e professores". Seguem as provas das Cartas C. Michaëllis. Refere
a notável descoberta de Grabmann sobre Pedro Hispano; pergunta
se conhece o *Chronicon Spinozanum*.

XXIX

16/4/929

Não tem ainda o orçamento; refere que seguiu nas *Novidades*
a polémica que envolve AP, e que um artigo daquela redacção é
digno de estudo da "fenomenologia da estupidificação da hora actual". Congratula-se pelo seu próprio trabalho à frente da Imprensa
da Universidade.

XXX

Lisboa 16/4/929

Nota a referir que nesse mesmo dia enviou outra carta; e que
incumbiu a esposa de enviar os exemplares para serem orça-
mentados.

XXXI

6/6/929

Refere que Joaquim de Vasconcelos já tem as provas: Referências várias: ao *Código* anotado por Dias Ferreira; a Francisco Sanches; Celestino da Costa, Mário de Figueiredo, Marcell Bataillon e Georges Le Gentil. Referência à essência profunda do espinosismo.

XXXII

R. de Buarcos, 1/9/929

Referências a Sílvio Pélico, na polémica que envolve AP; confirma que as cartas de D. Carolina estão ainda em mão de Carlos Michaëllis. Congratula-se com as boas-novas dos familiares de AP; considerações sobre o ritmo de trabalho estival.

XXXIII

10/11/929

Solidarizando-se com as dificuldades de AP confirma ter recomendado a Cândido Nazareth que apressasse a composição dos *Estudos*; continua sem notícias das Cartas de D. Carolina; e lastima de novo que o país não lhe reconheça méritos: "O meu amigo é vítima deste ambiente de estupidez e ressentimento que nos envolve, porque um homem que possui a sua independência e espírito, qualquer que seja o fragor com que expande as suas dúvidas e as suas certezas, não deve ser abandonado". Notícias de envio de publicações.

XXXIV

29/12/929

Votos de bom-ano; anuncia o envio de publicações e a saída do 1.º volume da Biblioteca Filosófica, as *Últimas conversações*, de Renouvier, traduzidas por António Sérgio. Anuncia outras realizações. Reitera convites a AP: O *Discurso sobre o espírito positivo* de Comte, ou um tratado de S. Tomás; também refere a *Biblioteca de Escritores Portugueses, Scriptores rerum lusitanorum*, e *Subsídios para a História da Arte*. Nova referência a uma Revista de Filosofia; narra a ultimação de um artigo sobre os antepassados de Espinosa.

XXXV

5/1/[1930]

Solidariza-se, com "simpatia pessoal", com a situação de AP, reflexo da quebra de valores que o "Estado bandeira de partido" promove numa "situação de guerra". Ao devolver um original e o orçamento, afirma ter procurado assegurar editor, uma vez que estatutariamente a Imprensa da Universidade não pode publicar textos com clara feição política. Anuncia a expedição em breve de livros.

XXXVI

(Postal) 20/1/930

Confirma estar em ultimação nas oficinas o *Código Civil*.

XXXVII

2/2/930

Narra desenvolvidamente a sua propositura a uma comemoração *europeia* do 4.º centenário da Universidade (1937) que "patenteasse ter sido uma transferência e não uma *transladação"* e o modo com "tudo ficou satisfeito com o programa e dormiu descansadamente", entre as dificuldades que a burocracia criou e que o ambiente intelectual "decorativo" propicia, e o revés pessoal que sente. Anuncia o envio de mais publicações.

XXXVIII

28/2/930

Refere que Cândido Nazareth deve ter o original do prefácio que se extraviara.

XXXIX

3/3/930

Comunica o (re)achamento do prefácio.

XL

5/3/930

Pedido para nomear os números ou datas dos artigos que AP escreveu sobre Guerra Junqueiro para poder indicar a um jovem *normalien* francês (P. Hourcade) que o investiga.

24/3/930

Espera que AP ultime o volume dos *Estudos Críticos*. Anuncia o envio das *Últimas conversações*, de Renouvier e, em poucos meses, de 2 volumes: a *Estética Contemporânea*, de Neumann, e as *Meditações metafísicas*, de Descartes. Anuncia a ida muito provável a França, "percorrendo 4 ou 5 universidades com dois discos, que estou gravando, sobre os humanistas portugueses educados em França, e sobre Antero". Acha notável o artigo de AP sobre os *Vimaranis monumenta*.

9/4/930

Anuncia que vai a Lisboa conferenciar sobre Keyserling ("Será a minha 1ª palestra filosófica, para o grande público") e acusa a recepção dos *Documentos de Guimarães* (2 volumes). Refere Maimónides e elogia o artigo de AP sobre Uriel da Costa, lamentando a omissão da tradução do Epitáfio.

12/4/930

Refere que a anunciada conferência sobre Keyserling afinal se trata antes de uma comunicação à Academia das Ciências: "o homem como filósofo exprime apenas – e bem por vezes – esta reacção contra o intelectual que data do Nietzsche e é uma das características do nosso tempo".

XLIV

4/5/930

Adoentado do fígado e do excesso de comezainas para os seus hábitos frugais, desistiu da ida a França apesar de ter o itinerário fixado, pelo que se deslocará a Lisboa em serviço de exames, marcando encontro na Bertrand. E promete larga conversa sobre Keyserling, cuja interlocução em parte descreve.

XLV

6/5/1930

Noticia uma carta do Dr. A. Correia (Brasil) propondo uma tradução da *Suma Teológica*, convidando AP a rever as provas, "não vá o tradutor inserir brasilianismos".

XLVI

Lisboa 9/5/1930

Como a tradução do livro de Grabmann se tornaria inviável pelas exigências do autor e do editor, aconselha AP a pensar num livro ou autor caído no domínio público – francês, italiano ou espanhol: "não olho à ideologia, e permito-me apenas sugerir que tem toda a conveniência em trabalhar num texto que possa ter largo público", de modo a ser bem remunerado.

XLVII

6/7/930

Lastima não se terem despedido e confirma que Ricardo Jorge já tem as provas.

XLVIII

1/8/930

Anuncia a saída para os Palheiros (Figueira da Foz) indo depois para Inglaterra, participar no Congresso de Oxford; em especial releva os Congressos sobre Hobbes e Espinosa e a sessão de Heidegger sobre a Fenomenologia.

XLIX

[bilhete postal] Oxford – Oriel College 3/9/930

Refere que está instalado como *fellow* e a experiência positiva do congresso.

L

11/11/930

Anuncia o envio de publicações e o nascimento da uma filha, o que o demorou pela Figueira da Foz.

LI

18/11/930

Ofício do administrador da Imprensa da Universidade notificando do envio dos exemplares dos *Estudos Filosóficos e Críticos*. Num *post scirptum* mns. elogia o artigo de AP sobre Crisfal.

LII

28/11/930

Apresenta as suas condições de remuneração e solicita um acordo.

LIII

3/12/930

Refere que estuda as obras de Goblot; agradece as dedicatórias de AP e retribui: ao publicá-lo "quis apenas consagrar o único crítico do jornalismo dos nossos dias, afirmar o espírito largo de independência e reconhecimento dos outros, sem olhar às ideias que defendem, e amparar moralmente uma pessoa ofendida". Confirma a boa venda dos exemplares. Alusões a Costa Ferreira e Luciano Pereira da Silva: e o incidente num concurso na Faculdade de Letras de Lisboa, advertindo, "desde que os homens perderam o respeito mútuo, vamos entrar no reino da paixão, e então quanto mais violentos e hostis mais heróis", pressentindo coisas graves, a que não poderá ser indiferente. Anuncia a Revista Filosófica para o início do próximo ano.

7/12/930

Refere os concursos de Queirós Veloso e Velasco, em Lisboa, e a informação a si transmitida por Simões Ventura, comentando de passagem o artigo de AP em *A Voz*: o que se passa em Lisboa, afirma, "é a consagração da insignificância", ressaltando do episódio a postura de grande seriedade de Ventura. Afirma ter escrito "longa epístola" a António Sérgio sobre temas cartesianos; promete escrever *como leitor* ao autor dos *Estudos*.

12/12/930

Questões práticas e financeiras relacionadas com a edição de *Estudos Filosóficos e Críticos;* refere a impossibilidade de *O Instituto* editar qualquer crítica bibliográfica; referências à poesia seiscentista (que grafa *setecentista*).

16/12/930

Afirma estar absorvido pela escrita do capítulo para a *História do Regime Republicano* e depois para a *História da Literatura*, de Forjaz de Sampaio. Anuncia o envio de um livro de Hernâni Cidade. Refere conhecer Hallet e o seu grande estudo sobre Espinosa, *Aeternitas*.

LVII

24/12/930

Votos de boas festas: "a *caritas* subsistirá como a mensagem suprema".

LVIII

25/12/930

Sente-se entristecido com a situação de AP e compreende o seu nervosismo; explica as condições extremas em que ele próprio labora; quer regularizar as contas das vendas; refere não conseguir autorização de Carlos Michaëllis para as publicações das Cartas de D. Carolina., pelo que se desobriga da edição.

LIX

10/2/931

Engripado, não pôde antes responder. Comunica a boa venda do livro de AP e lamenta não se ter feito maior tiragem.

LX

2/3/931

Queixa-se da sobrecarga de textos que tem de aprontar. Envia a obra de Jerónimo Osório; anuncia a partida para a França e a Bélgica, a 8 de Abril; queixa-se do cansaço; apura as contas da venda dos *Estudos Filosóficos e Críticos* e admite que em próximo livro de AP terá de fazer edição de 1.500 exemplares e que "então verá que não é mau ser autor da Imprensa".

13/3/931

Ofício da remuneração do livro *Estudos Filosóficos e Críticos*. Em *post scriptum* manuscrito refere a edição das Poesias de André de Resende e as obras de Mandonnet. Tem "saudades do tempo em que podia comprar os livros".

22/4/931

Desistiu da saída prevista "porque esta horrorosa situação de guerra civil em que vivemos impôs-me o dever de não sair de Portugal". Elogia o artigo de AP sobre Pedro Hispano mas recomenda-lhe uma bibliografia abundante (Ricobaldo de Ferrara, Fra Salinbene, Tolomeu de Luca, G. Petella, Nicolau António, Grabmann) para aprofundar o conhecimento do autor.

7/6/931

Queixa-se de uma entero-colite que o tem impedido de trabalhar como desejava; refere não ter lido a crítica de AP a Hernâni Cidade; refere ter recebido um artigo de Stegmüller com questões novas sobre S. Tomás de Aquino. Pergunta quando preparará AP o 2.º volume dos *Estudos*. Anuncia a partida para Buarcos a 15 de Julho.

LXIV

7/6/931

Sabe já da edição do estudo de D. Carolina e das epístolas. Quanto ao 2.º volume dos *Estudos*, garante que nenhum editor remuneraria melhor o autor. Pensa fazer a reedição do ensaio sobre Antero e ordenar os primeiros textos de uma *História da Filosofia em Portugal*

LXV

30/6/931

Parabéns pela entrada de AP na Torre do Tombo, onde terá o apoio de A. Baião e Laranjo Coelho; "o «seu caso» era um escândalo para a dignidade intelectual dos republicanos". Acerto de contas referente ao 1.º volume dos *Estudos*: "Ao apurar-se a venda, verifico um autêntico êxito, e por isso resolvi aumentar a remuneração". Desaconselha AP da eventual publicação de um folheto "sobre os plágios do Velasco".

LXVI

5/7/931

Incentivo ao labor na Torre do Tombo; pensa que a ditadura em Portugal está morta e que a marcha para a esquerda é irresistível, no sentido socializante Anuncia um estudo sobre o socialismo de Antero e Oliveira Martins.

LXVII

1/8/931

Reprova a edição do opúsculo sobre os *Plágios* de Velasco e Q. Veloso. Lamenta não se poderem encontrar em Coimbra. Anuncia a ida para Palheiros, onde passará dois meses lendo e escrevendo. Pretende refundir o estudo sobre Antero. Refere o elogio de Sílvio Lima ao artigo de AP sobre S.^{to} António. Parabéns pela formatura do filho.

LXVIII

9/10/931

Notas sobre o repouso e a saúde de ambos: "Se (AP) fosse espinozista, sofreria menos".

LXIX

15/11/931

Queixa-se da *cega-rega* dos exames. Anuncia um escrito que irritará AP, "para ver se se convence que a história não prova nada". Anuncia uma série de livros de jovens autores.

LXX

7/12/931

Elogio da simplicidade formal e clareza do discurso histórico. Anuncia novos estudos sobre Newton e a Ciência Moderna; e que está escrevendo um artigo para a *História de Portugal*, de D. Peres. Espera novos originais de AP.

LXXI

30/12/931

Congratulações pela nomeação de AP para o Arquivo de Guimarães; augura a serenidade intelectual que sentirá: "os seus nervos apaziguar-se-ão e o erudito tomará decididamente a dianteira sob as outras facetas do seu espírito". Refere a ambição de viver na Figueira; solicita "duas linhas no *Diário de Notícias* acerca da *Literatura Portuguesa*", de Aubrey Bell.

LXXII

3/1/932

Explica porque pediu a referência na coluna de AP no *Diário de Notícias*; anuncia uma obra metafísica de Geyser e o plano subsequente de edições. "Isto começa a ser europeu...".

LXXIII

17/1/932

Agradecimento pelo artigo de AP no *Diário de Notícias*.

LXXIV

23/1/932

Lastima não poder desenvolver, por ora, a epístola. Não pode atender aos pedidos de envio de publicações.

LXXV

Particular - 19/2/932

Envia livros; referência à polémica em torno do *Arquivo de Pedagogia* (Coimbra) e de um artigo de Eusébio Tamagnini, dos quais cientificamente desconfia. Confessa-se magoado por alguém supor ser ele capaz de se servir de outrem ou do lugar "para torpes ofensas políticas".

LXXVI

6/3/932

Pergunta se foi incidental o encontro com o Ministro (Cordeiro Ramos), com quem JC privou, mas desde que "ele enveredou pelo caminho do facciosismo estreito eu passei a ser um réprobo". Anuncia o envio de novas publicações, das suas conferências sobre Espinosa e, em breve, das provas dos *Vínculos Portugueses*, de AP.

LXXVII

1/4/932

Não sendo possível remunerar, senão facturando em nome do autor, lamenta as sequelas causadas no orçamento doméstico de AP, solidarizando-se: "Sou pobríssimo – só sou rico de filhos, e tendo-me nascido o 9º no domingo de Páscoa, – e já há muito me habituei à ideia das dificuldades". Afiança outro contrato para a edição dos *Vínculos*. Queixa-se de uma "horrorosa astenia". Elogia a crítica de AP a P. Hourcade, embora discorde da "superstição do facto".

LXXVIII

[bilhete postal] Santiago de Compostela, 26/4/932

Noticia as conferências sobre Antero que aí prelecciona na Universidade. Sugere que AP também ali se poderá deslocar.

LXXIX

17/5/932

Relata ter estado em Lisboa a assistir a uma conferência de Zaragüeta, em substituição de Garcia Morente, com quem travou conversação; refere o livro do Fidelino de Figueiredo e a impressão da *Lírica* de Camões.

LXXX

17/6/932

Absorto na escrita para a *História de Portugal*, de Damião Peres, não tem tido tempo para responder; apreciou muito a referência de AP à colecção Novos Ensaios; garante a edição de Geyser.

LXXXI

Praia de Buarcos 4/8/932

Anuncia a chegada a Buarcos; deseja publicar um livro sobre a filosofia de Espinosa: "É o ano do centenário do meu filósofo e sentiria que a bibliografia mundial não acusasse pelo menos um livro em português". Refere a crítica de AP às lições de Fidelino de Figueiredo, autor que JC aprecia; não sem acusar o correspondente de expor "uma fractura entre os postulados da sua concepção filosófica, e as aplicações sociais desta concepção". Promete para Outubro o envio duma "carrada de livros" e pergunta pelo andamento das obras de AP que pretende editar.

LXXXII

Praia de Buarcos 23/8/932

Refere a sua colaboração na *História,* de D. Peres, em torno dos problemas de filosofia medieval (Pedro Hispano, Santo António). Retomou os temas espinosistas quando soube que a Junta da Educação Nacional subsidiava a viagem a Haia, e conta visitar Lovaina, Bruges e Gand. Questiona a autenticidade de um opúsculo de Leibniz mencionado por AP no contexto da complexidade da moderna bibliografia hebraica. Confirma ter ordenado a imediata composição do 2.º volume dos *Estudos* mal o original seja entregue. Contesta a "devastadora" posição filosófica da AP, aconselhando-o a adoptar a posição fenomenológica.

LXXXIII

3/9/932

Confirma ter recebido o passaporte para se deslocar a Haia.

LXXXIV

[bilhete postal] Louvain, 15/9/932

Mais do que Lovaina, aprecia a sobriedade universitária de Leide. Anuncia a chegada a Buarcos a 20 de Setembro.

LXXXV

Praia de Buarcos, Figueira da Foz 27/9/932

Noticia o regresso e informa sobre o Congresso, bibliografia e estudiosos espinosianos. Presta-se a editar Caetano Beirão. Continua a trabalhar no capítulo da Filosofia medieval em Portugal, "para a *História* do Peres". Propõe-lhe a tradução *De unitate intellectus*, de S. Tomás.

LXXXVI

4/11/932

Desculpa-se pelo atraso na correspondência e anuncia a ultimação de *Vínculos*.

LXXXVII

6/11/932

Anuncia o envio das provas para revisão de *Vínculos Portugueses*. A morte de Mendes dos Remédios quebrantou-lhe o ânimo; evocação do velho mestre.

LXXXVIII

10/11/932

Anuncia o envio de exemplares de *Vínculos Portugueses*.

LXXXIX

27/11/932

Refere a entrada no armazém de *Vínculos*; não consegue ainda fixar a remuneração certa. Afirma ter concluído o texto sobre Pedro Hispano e pergunta se já leu o livro de Geyser, elogiando a tradução de Luís Feliciano dos Santos.

XC

30/11/932

Indaga da recepção dos livros; previne AP de que é contraproducente enviar já os exemplares para os jornais sem a distribuição assegurada; pergunta se possui *Siger de Brabant et l'averroïsme,* de Mandonnet, e se o pode dispensar. Grande dificuldade na aquisição de livros por não ser mais director da Biblioteca da Universidade.

6/12/932

Justifica-se por não ter restituído ainda o livro de Mandonnet; constata que foi Grabmann quem lhe deu o argumento decisivo sobre a nacionalidade de Pedro Hispano.

31/12/932

Acusa a recepção de *Vínculos*, *Cartas de D. Manuel* e as críticas a Monzó e Geyser. Faz uma apreciação positiva à parte histórica do primeiro texto mas não à análise sociológica, dada a evolução social contemporânea e a socialização da família; critica os restantes textos, com enfoque na oposição ao argumento ontológico que remete para o problema gnosiológico, abonando, mais uma vez, os antípodas ideológicos em que se situam. Continua a projectar uma revista de filosofia, agora denominada *Convívio*. Relata a marcha das vendas das obras de AP.

5/1/933

Remete uma tradução de Simões Ventura, por não ter encontrado António de Vasconcelos ou Oliveira Guimarães; aprecia a crítica de AP à edição das *Líricas*, de Camões, e refere o problema da fixação de método propondo um critério *estilométrico*; defende a actuação dos editores da obra, em particular, de José Maria Rodrigues.

XCIV

25/1/933

Combalido pela gripe, devolve o trecho latino, não traduzido; insiste em qualificar a crítica de AP à edição das *Líricas*, como sendo apenas negativa ao não ter procurado um sentido equânime; adverte que José Maria Rodrigues "não é homem para se calar". Refere que os *Vínculos* têm tido boa venda.

XCV

2/2/933

Novo assalto da gripe impossibilita-o de trabalhar; quer auscultar a opinião de AP sobre o artigo que está escrevendo sobre a filosofia medieval em Portugal. Não pode ainda remunerar.

XCVI

3/2/933

Por não haver ainda cobranças, não pode remunerar AP.

XCVII

17/2/933

Congratulações por AP ser avô; envia livros; lendo o artigo de AP em *A Voz*, sente-se inibido de opinar: "nem da minha boca, nem da minha pena sairá nada que se dê aos contendores a sensação de parcialidade. No meu caso, o meu amigo faria o mesmo".

XCVIII

28/2/933

Refere uma excursão à Beira Alta. Em relação à polémica pública sobre as *Líricas*, após a resposta de AP a Agostinho de Campos, "como é possível que tenha de intervir na polémica, que vejo generalizar-se, para esse momento – se for caso disso, – reservo a opinião que se *publica"*, apoie embora em privado AP. Discorre sobre a fonte erudita de *lusiadae* (Rhodigino, André de Resende, Fernando Coronel, Fernão Lopes de Castanheda, Nicolau de Grouchy, o meio humanista de Paris, Vives e Erasmo); corrige assim a opinião "hipercrítica" de AP.

XCIX

30/3/933

Envia um número da *Presença* e a separata *Itinerário* de Monetarius. Continua a queixar-se dos achaques de saúde; declara ter escrito um artigo onde aclara o problema de Pedro Hispano. Confessa não estar zangado com AP e promete uma visita à Torre do Tombo; regozija-se que a Imprensa Nacional, com a Biblioteca Nacional e a Academia, empreendam obra similar à da Imprensa da Universidade.

C

12/5/933

Sente a urgência de escrever sobre a influência da filosofia de Hartmann em Antero; Reafirma não ser um político, "mas no desvairamento da nossa sociedade parece-me um dever moral elementar a propaganda do liberalismo, ao qual sou fiel e julgo essencial a uma sociedade civilizada". Pergunta se haverá encontro em Coimbra e se AP se irá fixar de vez na terra natal.

CI

31/5/933

Adverte que AP magoou injustamente Hernâni Cidade, "que é um perfeito cavalheiro", o qual se acha em posição delicada, tal como ele, JC. Discorre sobre o valor da amizade: "Com ânimo idêntico ao do seu, lhe escrevo esta carta, e na esperança que ela seja a primeira e última no nosso já largo – e oxalá possamos dizer larguíssimo daqui a muitos anos – epistolário".

CII

14/6/933

Refere uma ida a Guimarães, "Linda terra, lindo sítio!", por ocasião da comemoração sarmentina. Não consegue apurar ainda os montantes da remuneração de AP.

CIII

22/6/933

Referência à 2.ª edição de *Clenardo*, de Gonçalves Cerejeira e aos dispersos de Martins Sarmento; aguarda o novo orçamento para comprar o papel para o novo livro de AP.

CIV

25/7/933

Quer adiantar a remuneração por conta da venda dos *Vínculos*. Debate o artigo de AP sobre o Prior do Crato, estudante, e esclarece dúvidas; recomenda que AP vá a Guimarães, ao jardim do Convento de Santa Marinha da Costa e veja a lápide evocativa da estadia de D. António no Colégio da Costa. Referência os ensino dos Jerónimos pelo método lovaniense e ao volume das Cartas de D. João III, que pede de empréstimo; pretende reunir estudos e artigos sobre o séc. XVI; partirá em Agosto para Buarcos; anuncia a ultimação da *Miscelânea* dedicada a D. Carolina Michaëllis.

CV

26/7/933

Considerações sobre Gustavo Cordeiro Ramos, o ministro e o professor, e quer indagar o que se passa com a demissão deste. Para Setembro promete enviar "uma montanha de livros".

CVI

29/7/933

Como a *Miscelânea* Carolina Michaëllis está no domínio público, AP já pode "escrever acerca dela, se entender, e quando entender". Confessa-se estupefacto com a carta de AP.

CVII

1/8/933

Reserva para uma conversa, em Lisboa, a explicação profunda da atitude do ministro da justiça, Manuel Rodrigues, que o surpreendeu e o feriu, pela falta de carácter. Quanto à *Miscelânea*, referências a Mendes dos Remédios, Rocha Pombo e Afrânio Peixoto. Na polémica sobre a escola vicentina pensa que Duarte Leite exagera na negação liminar dos conhecimentos científicos do Infante.

CVIII

Praia de Buarcos   10/8/933

Narra um episódio de vertigem, enquanto nadava; na polémica do *plano das Índias*, entre Joaquim Bensaúde e Duarte Leite, nega a pretensa «ignorância» do Infante D. Henrique. Refere ter ultimado e colocado em novas bases, com o contributo de AP, o estudo sobre Pedro Hispano e a filosofia medieval em Portugal. O 2.º volume dos *Estudos* continua emperrado por falta de papel, mas com perspectivas de se poder comprar, Desmente Ricardo Jorge quanto às razões da sua não participação na *Miscelânea* D. Carolina Michaëllis. Anuncia um passeio ao Minho.

CIX

Praia de Buarcos,   3/9/933

Continua emperrada a edição dos *Estudos* (2.º volume). Analisando o texto *Martins Sarmento*, ao elogio associa a crítica por ter AP omitido "as correntes europeias, na arqueologia sobretudo, de que

Sarmento foi, não direi reflexo, mas representante" e estranha o seu cepticismo: "Os factos não importam; o que importa é a dimensão que se dá aos factos, e é neste trabalho do espírito que reside o erro, a verdade ou a probabilidade (...) neste ponto estamos sempre em discórdia". Adverte AP em não fazer polémica quando se trate de um estudo erudito.

CX

Praia de Buarcos, 24/9/933

JC demarca-se de quaisquer críticas e insinuações que o *Diário Liberal* lança a AP: "Pela última vez lhe espero escrever acerca das ofensivas graçolas, a seu respeito, saídas no jornal de que faço parte"

CXI

15/10/933

Sente-se posto em "cuidados, arrelias e fadigas" pelo que tem deixado a correspondência de lado; responde a um empenho de AP para Simões Ventura. Promete remeter novos livros.

CXII

25/10/933

Desmente que a Imprensa da Universidade tenha responsabilidade material ou moral na fuga de C. Nazareth e narra a devassa da polícia e o ambiente sobressaltado que paira no estabelecimento e desfaz o boato de que ele, ausente na Figueira, ou outros colaboradores, estejam implicados (na composição de um jornal da Oposição), mas "parece fora de dúvida que o Armando Cortesão se envolveu na coisa". Pergunta se AP recebeu os livros.

CXIII

1/11/933

Explicita circunstanciadamente os motivos pelos quais não assinou a petição universitária de Coimbra, "porque sendo justa na declaração do problema muito actual é terrivelmente insensata noutros pontos". Afirma estar a trabalhar num artigo expondo esses mesmos motivos, "escrito no ponto de vista de Robinson".

CXIV

12/11/933

Enternece-se com o artigo de AP na *Voz* (louvando a acção de JC e da Imprensa da Universidade) que agradece; refere a publicação do artigo sobre a petição universitária e de um outro, de Cabral de Moncada, no *Século*, que, corrigindo a mão, sintetiza a posição de Ortega y Gasset. Quer ainda escrever novo artigo sobre o dever dos universitários. Concorda com AP sobre o erasmismo de Gil Vicente mas lamenta que não citasse os estudos de M. Bataillon.

CXV

7/12/933

Sobre Montaigne, aplaude um achado biográfico de AP, incitando-o a editar no *Instituto*. Refere já não existirem separatas de Bataillon; e assegura a existência de papel para imprimir o livro de AP.

23/12/933

Votos de boas-festas. Concorda com o teor do opúsculo de AP, *A quem pertence a casa de Bragança?*: "se eu fosse monárquico acompanhá-lo-ia". Mas em termos jurídicos, discorda que os herdeiros de D. Miguel, excluso, possam ser usufrutuários da Casa de Bragança. Refere um livro de Mário Brandão. Discorda da posição de AP sobre a erudição de Santo António e aconselha-o a ler o seu texto "na *História* do Peres".

17/1/934 *Particular*

Assoberbado de trabalho, quer mediar o conflito entre AP e José Maria Rodrigues, propondo solução salomónica: Rodrigues publica uma rectificação em *O Instituto*, após a qual AP, se estiver de acordo com o teor desta, se abstém de publicar nova refutação.

30/1/934

Sobre Zurara; tem um capítulo redigido, mas o livro emperrou. Não tenciona responder a Pereira da Rosa (de *O Século*), mas não pode consentir que o apresentem ao País como «adepto de Moscovo» e agente da «dissolução nacional». De novo, a impressão dos *Estudos* de AP emperrou na falta de papel, mas agora irá marchar; em relação à carta de AP à redacção do *Instituto*, aconselha «meias-palavras». O extremismo da situação presente apavora-o e interroga-se: "Onde o princípio cristão da coexistência mútua no espaço, isto é, nas nossas fronteiras?"; daí o seu lema actual, o de um *liberdadeiro*: *nem César, nem Pompeu*.

CXIX

17/2/934

Adoecendo após o enterro de Manuel da Silva Gaio, garante a AP que receberá as provas. Elogia a "valiosa" carta mística de Diogo de Murça, que AP publicou, sobretudo pela informação pedagógica.

CXX

13/3/934

Noticia que J. Maria Rodrigues irá publicar novo artigo e errata, em *O Instituto*, a qual lhe envia; recebeu dele novo original respondendo ao último folhetim de AP. Considera condenável a linguagem utilizada por AP na resposta a este, por ser merecedor do seu respeito, e aconselha AP à maior moderação; marca a sua posição arbitral, a de um "liberalismo insubornável e tranquilo". Novas indicações para AP publicar, sobretudo o original camoniano.

CXXI

28/3/934

De novo engripado; conseguiu findar o estudo sobre Antero e Hartmann, enquanto prefacia um livro de Carlos Eugénio Correia da Silva e por isso não escreveu ainda a AP sobre a resposta deste a Martins de Carvalho. Não conhece Cruz Malpique; noticia que os textos de Direito Visigótico foram editados na Faculdade de Direito e que os poderá pedir a C. Moncada.

71

CXXII

27/4/934

Passou mal as férias, de cama, está prostrado. Na réplica a. Martins de Carvalho entende a posição de AP, "mas a verdade é que o direito dos príncipes não é eterno e os povos podem constituir novo direito quando quiserem, assim como escolher os seus governantes". Entra no debate sobre fontes e estudiosos espinosianos (Saisset, Lúcio de Azevedo) e medievalistas (Erdmann). Tem insistido na urgência da impressão dos *Estudos*. Lastima a ausência de C. Nazareth à frente das oficinas.

CXXIII

20/5/934

Referência à *Miscelânea* José Leite de Vasconcelos. Refere que os *Estudos* vão a meio dada a "necessidade absoluta de acabar umas coisas para a Exposição Colonial" e que estará pronto em Novembro. Lastima mais uma vez a morte de Carlos Eugénio Correia da Silva.

CXXIV

10/7/934

Anuncia nova carta para o dia seguinte e que o livro de AP é dos que deverá ficar concluso em 30 de Agosto, se não demorar as provas.

CXXV

12/7/934

Grato pelos informes e o apoio de AP: "Creia que nunca esquecerei o que me diz e sobretudo o que não me diz e faz. Eu também sou assim – aliás estrutura de todos os homens independentes". Correlaciona os dados que influíram no "ânimo do César" com o triunfo daqueles que "nada valem, mas são quem manda". Deseja que o livro de AP seja o último a sair dos prelos. "Depois? Não sei ainda o destino". Alusão às cartas de apoio que tem recebido. Não sabe se pode enviar os livros acabados, dos quais "um notabilíssimo do Artur Montenegro".

CXXVI

20/7/934

Congratulações pelo convite dirigido a AP para conferenciar na universidade de Friburgo. Discreteia sobre ambas Friburgo tentando saber qual delas é (a suíça ou a alemã), o que faria toda a diferença.

CXXVII

10/8/934

Indica que o livro não pode estar concluso no dia 25 do mês, e perante as notícias postas a circular nos jornais, dado o risco do definitivo inacabamento, propõe fechá-lo já com o artigo em composição, designando-se o volume *Estudos Filosóficos e Críticos,* Vol. II – parte I.

CXXVIII

1/9/934

Consumada a extinção da Imprensa da Universidade, o "cair da tarde de ontem foi crudelíssimo: todo o pessoal me caiu nos braços a chorar. Foi uma despedida fúnebre, e para além da tortura de ver marchar para o desemprego 50 pessoas, ou antes famílias, o sentimento amargo de que algo morria em Portugal". Assegura que será o *advogado* de AP junto da Imprensa Nacional. Anuncia a partida para Buarcos onde permanecerá até 6 de Outubro.

CXXIX

Praia de Buarcos   10/9/934

"Mil agradecimentos" pelo artigo de AP sobre a Imprensa da Universidade (*Diário de Notícias*). Pensa ser inevitável que uma estrutura ressurja no país, "passado o eclipse", na defesa da expansão da língua e na formação cultural da comunidade e adverte para o perigo de "atrofia, senão morte" da Universidade coimbrã. Faz uma crítica objectiva ao artigo: Mendes dos Remédios nunca fora director da IU. Refuta qualquer "cepticismo" antes assumindo a própria acção, embora pense que deveria ter mais avançado na tradução das grandes obras científicas contemporâneas e das obras filosóficas de sempre; a limitação financeira gorou em parte, como se vê pelo catálogo, que "à maneira de Oxford, eu pudesse exibir coisa europeia. Esqueceu [,] demais, o auxílio prestado às sociedades científicas. Isto, porém, não o podia saber". Louva AP pelo "inolvidável" sentido de justiça do artigo. Anuncia os últimos livros concluídos: *Estudos sobre o Romanceiro*, de D. Carolina, estudos de Quirino da Fonseca e de Saavedra Machado.

CXXX

1/10/934

Noticia a mudança de casa; confirma a solução Imprensa Nacional e incita AP a aproveitar. Anuncia o envio de *Romances Velhos*, de D. Carolina, e que irá pedir "ao Quirino da Fonseca que lhe mande a *Caravela*".

CXXXI

11/10/934

Narra a mudança, "a livraria é um trambolho, para quem não tem casa própria!". Nomeia os estudos que conclui, um para "a *História* do Peres", e a introdução às teorias de Newton em Portugal apresentada ao Congresso de História das Ciências onde travou "discussão interessantíssima" com F. Enriques, Henri Berr e Reymond. Dá conta da hesitação burocrática do director da Imprensa Nacional, com quem falou, quanto à sorte de *Novos Estudos*. "Aguardo, com gula, a sua *História*. Dissentiremos, necessariamente, e até em público e raso"; discute *O idealismo kantiano*, considerando Paulsen insuperável. Impossibilitado de enviar livros, persiste em pedir a autores que o façam. Aguarda a dica da hora e dia do trânsito de AP por Coimbra.

CXXXII

19/10/934

Continua a mudança de casa. Interdita AP de escrever a Salazar, tanto mais que "parece estar na forja qualquer coisa que salve a continuidade intelectual da Imprensa", e AP deve perseverar na hipótese da conclusão do livro. Lamenta e reprova a decisão de não ir a Friburgo, "só lucrava com esse duche de Europa". Cogita, com Duarte Leite e Hernâni Cidade, dirigir uma *História da cultura portuguesa*, fascicular e com colaboração bem remunerada.

CXXXIII

26/10/934

Lastima não ter ido à Estação, impedido pelo serviço de exames e exigências familiares.

CXXXIV

16/11/934

Excerto publicado de forte crítica a *Elementos de História de Portugal*, de AP.

CXXXV

20/11/934

Tenta desfazer a meada da intriga à volta de uma sua opinião sobre o livro de AP (*Elementos de História de Portugal*). Narra o episódio, achando insensata a pessoa que o avisou. Sem notícias da Imprensa Nacional; ignora a sorte da *representação* da sua Faculdade.

23/12/934

Votos de boas-festas; informa que advertiu o delegado da Imprensa Nacional que dirige a Imprensa da Universidade, da vantagem em ser concluído o livro de AP; caso ainda inconcluso. Insta no labor, "faço lições com cuidado e pela Páscoa lhe mandarei qualquer coisa que se leia"

19/10/935

Congratulações pela aparição do 2.º volume dos *Estudos,* que aguarda. Nas férias, não se apercebeu do artigo *Cartografia,* de AP. Informa que foi nomeado presidente da Comissão de livros de história e geografia, do qual pediu escusa, por excesso de trabalho, a edição académica das obras de Pedro Nunes, e os vários volumes comemorativos da 4.º centenário da Universidade. Noticia que o livro de AP (*Elementos de História de Portugal*) é o único a concurso, no respectivo grupo. Ultima o artigo sobre 1820 para a *História* de Damião Peres.

17/11/935

Aliviado dos exames, começou a ler os *Novos Estudos*, admirando a erudição e autonomia crítica de AP, mas achando as argumentações não convincentes, nem aceitando o cepticismo do prefácio ou as conclusões sobre S.to António, Pedro Hispano, ao contrário do estudo sobre Gil Vicente. Referência à crítica equânime de AP a *Cartografia*, de Armando Cortesão, cujo texto ainda não estudou. Comenta a redução do plano de publicações comemorativas do centenário da Universidade a "planozito". Noticia que o ministro não lhe aceitou a escusa, começando dentro de uma semana a presidir à Comissão do livro de história e geografia.

CXXXIX

20/1/936

Os volumes solicitados de *O Instituto* estão esgotados. Comunica que o livro de AP (*Elementos*) vai ser examinado no início do próximo mês. Relata o *modus faciendi* da referida comissão, queixando-se do muito tempo que lhe rouba. Indaga se os *Novos Estudos* tem tido venda e nota que "o sistema de vendas da Imprensa Nacional dificulta a venda; é seguro, mas enterra os livros".

SEM DATA:

CXL

Nota a solicitar resposta a carta anexa (?) no que respeita a António Sardinha e Ramos de Almeida.

CXLI

Dificuldade de remuneração, pois o tesoureiro teve uma hemorragia cerebral.

CARTAS DE JOAQUIM DE CARVALHO
A ALFREDO PIMENTA
1922-36

1922

I[1]

Revista da Universidade de Coimbra
(Portugal)   ct   10; 29-4-4-87

17/5/922

Ex.mº Senhor

A pedido do meu Il.^tre Amigo e colega Dr. Mendes dos Remédios[2], remeto hoje a V.ª Ex.ª o fascículo 3-4 do vol. 6 (1917) e o vol. 7 da *Rev[ista]. da Universidade*. É este o último volume publicado: mas no fluir deste ano lectivo espero que saia o vol. 8 que provavelmente corresponderá aos anos de 1919 e 1920.

de V.ª Ex.ª mt. At.º e ven.^dor

Joaquim de Carvalho

---

[1] Transcrição de abreviaturas por extenso, salvo as expressões protocolares, assinalados nomes pessoais por extenso e entre parêntesis rectos [ ] quebras de página e possíveis correcções. Colocaram-se cursivas em expressões em língua estrangeira e títulos de livros.

[2] Joaquim Mendes dos Remédios (1867-1932), ex-teólogo n Faculdade coimbrã dedicara-se contudo aos estudos literários e historiográficos, mormente afirmando-se aqui como o grande especialista na história dos Judeus e dos marranismo peninsular. Seria um dos responsáveis, com Alves dos Santos, pelo ingresso de Joaquim de Carvalho no professorado da nova Faculdade de Letras, em 1916. Antigo director da Biblioteca (1900-1913), director da Faculdade e reitor da Universidade, foi uma das pontes entre esta instituição e o sidonismo e, mais tarde, a ditadura, da qual foi ministro da Instrução em 1926.

1926

II

Revista da Universidade de Coimbra
(Portugal)
Redacção   ct 10; 29-4-4-88

8/2/926

Exmo Senhor

Folguei em saber que estava disposto para o prelo o original da Sr.ª D. Car[olina]. Michaëllis[3]. Como é óbvio, mantenho tudo o que escrevi; mas permito-me – o que só agora me ocorreu – lembrar a V.ª Ex.ª a conveniência de se inteirar a família do plano da publicação. Além de crucial, esta atenção transforma-se em dever, mormente no que respeita às cartas. Suponho que V.ª Ex.ª terá relações com os filhos J. de Vasconcelos e Carlos M. de Vasconcelos; mas se não tiver e quiser escrever-lhes – eu só o poderei fazer depois de ler as cartas – era conveniente dizer na sua carta que a edição é da Imprensa da Universidade. [v] As boas relações que mantenho com estes cavalheiros habilitaram-me a supor que terão muito gosto em que a edição seja da Imprensa.

Entende V.ª Ex.ª que as cartas possam publicar-se integralmente? É um pouco delicado, porventura. Se se não tratasse de V.ª Ex.ª, que sei estimar profundamente a memória da Sr.ª D. Carolina, que de V.ª Ex.ª algumas vezes me falou, eu teria posto já uma condição: ler primeiro as cartas. Assim deixo ao seu bom-senso e critério a ponderação deste assunto.

---

[3] Carolina W. Michaëllis de Vasconcelos (1851-1925), filóloga, erudita e estudiosa da cultura portuguesa, a cuja memória se ata inicialmente esta correspondência.

As modestas condições que V.ª Ex.ª estabeleceu são inteiramente aceitáveis: devo adverti-lo, porém, que os 300$00 só poderão ser pagos depois do livro estar à venda. Logo que V.ª Ex.ª mande o original começará a composição respectiva, com a lentidão própria de uma oficina que tem pouca gente e muitíssimo trabalho. Previno-o desde já, para se não agastar com possíveis demoras.

[fl2] Far-se-á uma edição cuidada: mas o formato e papel – bom em qualquer caso – serão determinados de harmonia com o cálculo do director das oficinas. Em breve começaremos com as Obras Completas da Sr.ª D. Carolina: é possível que a edição de V.ª Ex.ª possa obedecer a este formato, que é sensivelmente o das Obras Completas de M[énendez]. y Pelayo[4]. Mas preferirá V.ª Ex.ª um formato pequeno? Aguarda a resposta de V.ª Ex.ª o seu ad.ᵒʳ mt.º at.º

Joaquim de Carvalho

---

[4] Marcelino Menéndez y Pelayo (1856-1912), catedrático em Madrid, o grande mestre finissecular dos estudos da cultura literária castelhana e espanhola (*Historia de los Heterodoxos Españoles, Historia de las Ideas Estéticas en España, Orígenes de la Novela, Estudios de Crítica Literária, et alii*) enfatizou nas suas investigações a continuidade de preocupações estéticas relevantes de um autónomo pensamento filosófico peninsular. Não poucos autores lêem analogicamente o trabalho de Joaquim de Carvalho como resposta a similares preocupações, embora deslocando a analítica do campo literário para o campo da histotiografia filosófica.

III

Revista da Universidade de Coimbra
(Portugal)
Redacção   s/ct   [10; 29-4-4-89]

16/2/926
Ex.mº Senhor

Os 3 últimos dias foram para mim de estúpida dispersão: só agora, à noite, posso possuir-me e cumprir os deveres da correspondência! Faz-me V.ª Ex.ª também a justiça de julgar que não havia na minha carta, nem reservas, nem desconfianças. Pensei apenas na conveniência da família da Sr.ª D. Car[olina]. Michaëllis ser advertida da publicação. Mais nada, precisamente porque fiei da ponderação e sensibilidade de V.ª Ex.ª. Não careço por isso, de ver os originais – além de que o envio destes pode trazer dissabores por um possível extravio.

Creio que terei de ir a Lisboa na próxima semana. Costumo ficar no Hotel Aliança (Chiado) e não tenciono demorar mais de 24 h. Se por então V.ª Ex.ª já tiver [v] o original ordenado, era favor deixar--mo no Hotel, porque eu seria o portador. Se o porteiro do hotel for o que já conheço há muito tempo, pode fiar-se dele. Avisarei V.ª Ex.ª[,] mas se me esquecer, pelos jornais poderá V.ª Ex.ª saber o dia, pois irei para assistir à sessão da comissão organizadora da exposição de Sevilha[5], da qual faço parte.

Revertendo ao assunto da carta de V.ª Ex.ª, posso ainda dizer--lhe que essa confiança foi ponderada, e largamente, da minha parte. Evoquei reminiscências de antigas conversas daquela nossa boa amiga, e por elas me decidi em grande parte. Tenho também

---

[5] A Exposição Iberoamericana de Sevilla, que visava programaticamente melhorar as relações culturais e diplomáticas com os países irmãos das Américas, iniciou-se a 9-V-1929 e encerrou a 21-VI-1930.

muitas cartas, mas não são publicáveis pelos anos mais próximos, precisamente porque aludem a factos e pessoas que despertariam paixões. Que elas adormeçam e se então for vivo as divulgarei. Isto basta para explicar a minha atitude. De V.ª Ex.ª ad.ᵒʳ mt.º at.º

Joaquim de Carvalho

P. S. Recebi a carta de V.ª Ex.ª com demora. Peço o favor de me escrever para R. da Ilha, 7.

IV

Revista da Universidade de Coimbra
(Portugal)
Redacção   ct   10; 29-4-4-90

18/4/926
Ex.ᵐᵒ Senhor
Recebi a carta de V.ª Ex.ª e apreço-me a responder-lhe, apesar dos cuidados que o meu coração de pai e esposo hoje sofre. Desnecessário será dizer que o inédito da Sr.ª D. Carolina Michaëllis – mais do que actual, porque os juízos de J. Ribera começam a sofrer sérias revisões – assim como as epístolas e o estudo de V.ª Ex.ª não ficarão inéditos. Mas estando assente a publicação das *Obras Completas* da amiga inolvidável, que, à falta de melhor, dirigirei, e cujos dois primeiros volumes (*Camoniano* e *Romanceiro*) em breve entrarão no prelo, a publicação fragmentária, como a da Imprensa, só em caso extremo deverá fazer-se. Ocorre-me, por isso, a publicação do inédito, cartas e estudo de V.ª Ex.ª no *Instituto*, fazendo-se [v] uma separata, que V.ª Ex.ª receberia gratuitamente e daria o destino que entendesse. Indico esta revista, porque as outras duas em que superintendo estão com o original já fixado; e indicando-a penso apenas na razão invocada de

não convir a publicação fragmentária. Concordando V.ª Ex.ª, dentro de 2-3 meses veria a separata, pois já está quasi terminado o n.º 3 do Instituto, que ultimamente sofreu uma transformação, perdendo um pouco o aspecto sonolento que tinha. V.ª Ex.ª dirá o que pensa deste alvitre; mas entretanto regresso à primeira afirmação de que não ficará inédito o trabalho de V.ª Ex.ª e o da nossa saudosa amiga. Agradeço cordialmente ter-se V.ª Ex.ª lembrado de mim para esta publicação, e fica aguardando a sua resposta o de V. Ex.ª ad.ᵒʳ mt.º at.º e ob.º

Joaquim de Carvalho

V

Revista da Universidade de Coimbra
(Portugal)
Redacção   ct 10; 29-4-4-91

24/4/926
Ex.ᵐᵒ Senhor
Respondo tarde, porque uma constipação me levou à cama – agradeço cordialmente os seus votos pois, felizmente e com certas alegrias familiares, posso retomar as minhas preocupações e viver habitual. Se suspeitam da antipatia de V.ª Ex.ª pelo jornal do Instituto, não teria falado nele mas [,] sem ironia, sempre direi ser um Jornal com uma extensa vida de relação. Permite-me, pelas permutas, acompanhar numerosas revistas estrangeiras – *minores*, na maioria, é certo – por uma forma que excede consideravelmente as outras revistas de Coimbra. É um instrumento de difusão da vida da Universidade, e por este facto, e porque sempre andou ligado à Imprensa da Universidade, julgo de meu dever ampará-lo. De certo não desconvenho na sonolência que o caracterizou e ainda, em parte, o caracteriza, e cedo perfeitamente à relutância de V.ª Ex.ª... que eu já partilhei e hoje não partilho.

Permita-me até supor que são estas discordâncias que tornam a vida senão divertida, pelo menos agradável, e que a sonolência e obscuridade terão sempre a vantagem de condicionar a vida exuberante e a luz intensa... Mas deixemos estas considerações e vamos ao que importa. [v] Quando V.ª Ex.ª entender, pode mandar-me o original. Em face do orçamento e cálculo do director das oficinas verei o formato. *A priori* vou pelo da *Menina e Moça*, pois permite dilatar o volume. Só mais tarde poderei dizer a remuneração; mas uma é certa: a dos exemplares, de uma e outra tiragem. Este assunto é para tratar, depois, por ofício, fechando, como é óbvio, a conversação particular e mútuo acordo. É possível que na próxima semana – sábado – vá a Lisboa. Faço parte duma comissão oficial, que reúne neste dia. Não poderia eu ser o portador? Previno desde já V.ª Ex.ª que a Imprensa é morosa. Cada tipógrafo está com 5-6 obras por forma que não é fácil a rápida conclusão. Demais, dei ordem para apressar os livros susceptíveis de serem postos à venda ainda dentro do actual ano económico, porque, enfim, ao lado espiritual e intelectual, tenho que olhar também para as receitas, como condição necessária da realização da obra a que me propus. Uma coisa asseguro a V.ª Ex.ª: é que a Imprensa da Universidade não vive da exploração dos autores, embora, como é evidente, não faça edições para perder dinheiro. Aguardo a sua resposta. Sou de V.ª Ex.ª ad.ᵒʳ mt.º at.º e ob.º

Joaquim de Carvalho

VI

Revista da Universidade de Coimbra
(Portugal)
Redacção   ct   10; 29-4-4-93

6/8/927

Exmo Senhor

Demorei a resposta à carta de V.ª Ex.ª porque quis examinar de
novo as possibilidades da Imprensa, e uma vez mais verifiquei as
gravíssimas dificuldades com que este ano terá de viver. O orçamento actual é escassíssimo. Tão escasso que tiveram de suspender-se
variadas edições por falta de papel e de dinheiro para o adquirir. Por
outro lado a crise de vendas é pavorosa, por forma que sou forçado
a cair nos Impressos do Estado e nos livros de venda universitária.

Dou a V.ª Ex.ª estas explicações para lhe dizer que no momento,
e porventura durante todo este ano económico, não poderá imprimir-
-se a colectânea dos seus artigos – *Cultura Estrangeira e Cultura
Portuguesa* –, que tenho lido no *Diário de Notícias* com prazer.
Embora esses artigos tenham sob o ponto de vista filosófico uma
visão muito unilateral, quasi exclusivamente tomista, num país onde
a crítica filosófica rareia [,] havia interesse em salvaguardá-los como
expoentes dum sector do espírito português contemporâneo.

Aceitei a direcção da Imprensa da Universidade por sentir que nela
poderia também fazer um pouco magistério. As dificuldades actuais
não me afastam deste propósito, mas vejo que tenho de saber esperar. V.ª Ex.ª sofre, e com V.ª Ex.ª numerosos [v] autores. Já tiveram
de suspender-se as *Cartas* do P[adre]. A[ntónio]. Vieira e as *Décadas*
de J[oão]. de Barros por falta de papel! Desejo cordialmente que V.ª
Ex.ª recupere a sua saúde, e possa enviar-me o original das *Cartas*

de Sr.ª D. Carolina. Se V.ª Ex.ª quiser, ia-se compondo o original das *Cartas*, aguardando-se a hora favorável do prefácio. Sairei para a Figueira nos fins do corrente mês, por forma que se V.ª Ex.ª aceitar este alvitre era favor enviar o original até dia 20.

Conviria até que o volume saísse aquando da Miscelânea de estudos em honra da nossa boa amiga. Este volume constituído pela colaboração de dezenas de filólogos, eruditos e críticos literários, em variadas línguas, deve estar concluído em Dezembro. Ultrapassará 1.000 páginas de grande formato (*Revista da Universidade*) e creio será a mais admirável homenagem que ainda se fez em Portugal a um escritor.

Creia V.ª Ex.ª na consideração do de V.ª Ex.ª ad.ᵒʳ mt.º at.º

Joaquim de Carvalho

VII

Revista da Universidade de Coimbra
(Portugal)
Redacção   ct   10; 29-4-4-94

31/8/927
Ex.ᵐᵒ Senhor
Mal recebida a carta de V.ª Ex.ª escrevi logo ao Sr. Joaquim de Vasconcelos[6]. Até hoje não recebi resposta: daí esta demora. Logo que a receba – e não posso prever, porque ele anda muito achacado com a doença e a velhice, escreverei. Em todo o caso quero dizer-lhe que

---

[6] Joaquim de Vasconcelos (1849-1936), erudito, arqueólogo, professor, publicista, historiador e crítico de arte, marido de D. Carolina Michaëllis, a sua obra extensa reparte-se pela história da arte, da música à história literária, da qual os estudos de arte ornamental, das cerâmicas e a *História da Ourivesaria e Joalharia Portuguesa*, em 2 vols., os estudos sobre Francisco de Holanda ou Damião de Góis, ou a *Bibliografia Camoniana*, 1880, são de relevar. Difusor dos temas portugueses na Alemanha.

me honra muito o convite de V.ª Ex.ª, mas creio que o que é justo e bem é V.ª Ex.ª fazer o prefácio. Compor-se-ão as cartas, e depois de feito este serviço aguardaremos a oportunidade que a V.ª Ex.ª seja mais propícia. Sigo amanhã para a Figueira da Foz. Lá estarei até vésperas da abertura da Universidade. Sem embargo pode V.ª Ex.ª escrever-me para Coimbra. Lá receberei o correio, por devolução do portador.

De V.ª Ex.ª ad.ᵒʳ mt.º at.º

Joaquim de Carvalho

VIII

Revista da Universidade de Coimbra
(Portugal)
Redacção ct 10; 29-4-4-92 (catalogação fora de ordem)

6/11/927

Ex.ᵐᵒ Senhor

Por ter ido a Lisboa ao funeral de Luís Derouet[7] só hoje respondo à carta de V.ª Ex.ª. Se bem me recordo, em Julho ou Agosto escrevi ao Sr. Joaquim de Vasconcelos. Ainda não recebi resposta – o que aliás desculpo, porque sei que os achaques da idade, e da doença o quebrantaram muitíssimo. Falarei ou escreverei ao filho, que frequentemente vem a Coimbra. Isto significa que o assunto está ainda – e contra minha vontade – no mesmo pé. O volume é – ou antes – deverá ser um *Festschriften* ou *Mèlanges* de estudos vários, que a fatalidade, porém, converte de facto em *In Memoriam*. A publicação das *Cartas* destoaria neste volume – que já tem impressas perto de

---

[7] Ortografado «Deruet». L. Derouet (1880-1927), jornalista republicano e director da Imprensa Nacional de Lisboa, fora atacado a 1 desse mês a tiros de revólver à saída da Imprensa Nacional por um tipógrafo desempregado e no dia seguinte falecia no hospital de S. José, sendo sepultado a 3 de novembro.

1.000 páginas e que V.ª Ex.ª, quando receber em volume à parte, será o primeiro a concordar que a publicação se deve fazer em volume à parte, independente. Ontem mandei expedir-lhe os 3 últimos volumes da *Revista da Universidade*, que V.ª Ex.ª receberá de uma forma pouco correcta, como tarifa do caminho-de-ferro, mas que desculpará sabendo que a [v] dotação da *Revista* é exígua. Lembro-me que, há 5 ou 6 anos, quando a Universidade me cometeu a direcção ou secretaria da Revista, o Dr. Mendes dos Remédios me falara em V.ª Ex.ª Mandei inscrever o seu nome, e tenho a certeza de que um volume pelo menos, fora expedido por minha ordem. O empregado – o Meigre da B.ca – morreu, e como era um pouco desordenado, verifico que ocorreu com V.ª Ex.ª o que sei já ter-se dado com outros! Agora espero que o caso fique arrumado, oxalá que por dilatados anos. Só terá novo volume no próximo ano, e precisamente o In Memoriam da nossa saudosa amiga. Creia V.ª Ex.ª na consideração do seu ad.or mt.o at.o

Joaquim de Carvalho

P. S. Darei ordem amanhã para lhe ser remetido também o *Boletim da Biblioteca da Universidade*, que também dirijo.

IX

Revista da Universidade de Coimbra
(Portugal)
Redacção   ct   10; 29-4-4-95

14/11/927
Ex.mo Senhor
Deve V.ª Ex.ª ter recebido já um jogo dos fascículos e volumes do *Boletim da Revista da Universidade* que ainda existem. Mandei também o volume comemorativo da fundação da cadeira de estudos

camonianos, honrando-me de ter sido como que o editor deste livro. Quanto ao volume da *Revista da Universidade* que V.ª Ex.ª tem em duplicado peço-lhe o favor de o fazer chegar às mãos do Dr. Custódio José Vieira[8], defensor da minha Faculdade na tormenta de 1919, e a quem, desde então, é oferecido. Lembro-me que talvez V.ª Ex.ª o possa deixar na livraria Portugália, do Sr. Correia[9]. É um favor, que desde já agradeço. Agradecendo muito os favores da sua carta, peço-lhe que creia na consideração do de V.ª Ex.ª ad.ºr mt.º at.º

Joaquim de Carvalho

1928

X

9/1/928   ct 10; 29-4-4-96

Ex.ᵐᵒ Senhor

Perdoa-me o silêncio? Ausência de Coimbra e doença minha e de minha Esposa obrigaram-me a esta e outras faltas. Mando o prometido Instituto e por estes dias 3 volumes. Quanto às Cantigas de Reys peço o favor de as conservar até haver portador para Coimbra. de V.ª Ex.ª ª ad.ºr mt.º at.º

Joaquim de Carvalho

---

[8] Custódio José Vieira, mais conhecido, à época, como um dos grandes intérpretes do fado coimbrão, licenciara-se em Direito em 1906. Conhecido, também, por ser um dos protagonistas do chamado «Enterro do Grau», em 1919 assumira activa defesa da manutenção da Faculdade de Letras em Coimbra, opondo-se ao teor do decreto (de Leonardo Coimbra) que a extinguia.

[9] A Livraria Portugália, à Rua do Carmo, em Lisboa, fora fundada em 1918 por Heitor Antunes e José António Correia; em 1937 seria comprada por Raul Luís Dias e Pedro de Andrade, tendo no plano editorial desempenhado importante papel, sob influência de João Gaspar Simões, na divulgação da literatura *presencista*.

Revista da Universidade de Coimbra
(Portugal)
Redacção   ct 10; 29-4-4-97

2/3/928

Ex.mo Amigo e Sr.

Li e reli a sua carta, que me amargurou. Conheço V.ª Ex.ª pelo
que tem escrito, mais ainda pelo que me confidenciou o inolvidável
e desventurado Costa Ferreira[10] que tão seu amigo era. Sou pai
de 6 filhos, cuja única riqueza é o meu ordenado, e esta situação
e aquele conhecimento fizeram-me sentir a sua dor com individualização particular. Possa a mudança de ares trazer-lhe esperanças
e alegrias! Nós estamos, na ideologia política, em pólos opostos.
Sinto-me cada vez mais republicano, num crescendo onde há muito
de reacção emotiva contra as torpezas desta estúpida ditadura, mas
onde a reacção intelectual contra a «sociologia da ordem» se apura
num conceito de estado liberal. Se falo nisto é para lhe significar
que compreendi a sua concepção de vida, cuja evolução, precisamente porque foi sempre ao arrepio [v] dos interesses dominantes e
das vantagens pessoais, só traduz isenção moral. Por isso não julgo
que tinha o direito de pensar numa nova ética ou de repudiar
o que se seguiu corajosa e intelectualmente perante os *idola theatri*.
O caso de V.ª Ex.ª – permita que assim diga, é afinal um exemplar desta devastação que atingiu todos os sectores da nossa pátria.
Só a democracia, orientada por homens de inteligência do geral,
pode trazer a paz – mormente àqueles homens que intimamente

---

[10] António Aurélio da Costa Ferreira (1879-1922), educador e propugnador pela
laicização do ensino e pelo reforço do chamado ensino liceal. O pedagogo, homem
do aparelho republicano e maçon, foi ministro e deputado. A referência de Joaquim
de Carvalho ao «desventurado» prende-se com o suicídio deste aos 43 anos.

viveram as dolorosas e contraditórias experiências dos últimos anos, longe da balbúrdia, e afervoraram o respeito por todos os homens e todas as opiniões. Será talvez o único benefício da actual situação, e se o fosse, perdoaria a expiação! Mas isto é divagação talvez; o que lamento é não poder ser-lhe prestável como desejava. Que lhe posso fazer de útil? Quer V.ª Ex.ª fazer uma tradução, p. ex., ou uma reedição, de largas possibilidades de venda? Asseguro-lhe que teria, feito o volume, o que nenhum editor lhe daria.

As *Cartas* de D. Carolina, serão sem dúvida, depois das que dirigi [fl2] de Antero e Ol[iveira]. Martins, as mais pessoais. Sabia quanto ela estimava V.ª Ex.ª, mas não julguei que se abrisse tanto em confidências morais. Serão todas publicáveis? Não creio: assim as do período da guerra pela alusão a B. Carqueja[11] e Carlos Michaëllis – e as do incidente Gregório de Matos[12]. D. Carolina estimava também o A. Lopes Vieira[13], de quem também sou amigo, e a publicidade deste incidente a qual a muitos lucrava, só trazendo aborrecimentos. As outras referências pessoais parecem-me inofensivas: por isso vou entregar o original na tipografia.

---

[11] Bento de Sousa Carqueja (1860-1935), economista e professor da Escola Normal do Porto, do Politécnico e, após 1915, da Universidade do Porto, publicista e jornalista, mormente do *Comércio do Porto* de que era proprietário, propagandista da modernização agrícola e do mutualismo.

[12] Em 1916, Garcia Tejada atribuíra o poema «Buscando Cristo» não ao poeta brasileiro barroco, satírico e «místico», Gregório de Matos, mas a um poeta peruano o que desencadearia polémica acesa.

[13] Afonso Lopes Vieira (1878-1946), o poeta de S. Pedro de Muel seria uma das vozes do chamado nacionalismo literário, de matiz tradicionalista a raiar o saudosismo, quer na poesia, fortemente sugestiva e sensível (*O Encoberto*, 1905; *Ao soldado desconhecido*, 1921; *Onde a terra acaba e o mar começa*, 1930) quer na prosa (*A Campanha vicentina*, 1914; *A Fé e o Império*, 1932, por exemplo), embora se escute clara identidade autoral já nos primeiros passos, formalmente muito conseguidos (*Poesias escolhidas. 1892-1902*, 1904), credora da lírica de João de Deus e da *ars poetica* de Junqueiro (*Ar livre*, 1906). Reivindicado pela extrema-direita integralista na década de 1915-25, a alma republicana e vagamente anarquista da juventude refugiar-se-ia numa espécie de isolamento conservador, mas crítico, no final da vida.

– Tem V.ª Ex.ª os livros sobre A[lbrecht]. Dürer[14], de Joaquim de Vasconcelos? Peço que me responda com a possível brevidade.

Desejando cordialmente que o seu coração de pai tenha em breve motivos para alegrias, peço-lhe que creia na subida estima do seu ad.ᵒʳ at.º

Joaquim de Carvalho

P.S. Tem o 1.º volume da *História da Índia*[15], de Castanheda, edição da Imprensa?

XII

Revista da Universidade de Coimbra
(Portugal)
Redacção   ct 10; 29-4-4-98

13/4/928
Meu Ex.ᵐᵒ Amigo
Perdoe-me o silêncio, mas só nas férias tenho vagar para fazer certas leituras e trabalhos fadigosos. Demais necessitava concluir trabalhos antigos, e este egoísmo dera causa a sacrificar o meu correio, com certo indecoro. Suponho que a mudança de ares tenha feito bem a sua filha e V.ª Ex.ª não tenha sofrido as amarguras que o torturaram. A tarja da sua carta leva-me a crer que tem um desgosto: porém não comparável ao da doença da sua filha. A demora na expedição

---

[14] Albrecht Dürer (1471-1528), o célebre humanista alemão, gravador, pintor, matemático, crítico de arte, ao qual Joaquim de Vasconcelos dedicara vários trabalhos, entre eles, *O retrato de Damião de Góis por AD* e *AD e a sua influência na Península* (1877).

[15] Da *História da conquista & descobrimento da Índia pelos Portugueses*, de Fernão Lopes de Castanheda (c. 1500-1559), fora reeditado o 1.º vol. pela Imprensa da Universidade, em 1924.

do cartanhudo resulta do propósito de [o] fazer acompanhar de mais alguma coisa. O seu original está na Imprensa. O director da oficina não teve, porém, meios de o distribuir. Fora e longe de toda a acção ou comércio político, a atitude do Governo para com V.ª Ex.ª não me surpreendeu, contudo. É lógica como são lógicos todos os atropelos, desde que a raiz ou fundamento do actual edifício político se baseia, a meu ver, numa contradição. Amante [v] da ordem, pelo acordo das vontades, sinto que, politicamente, se deu um salto tremendo para o desconhecido... Que ele não seja um abismo, são todos os meus votos de patriota.

Penso numa Biblioteca Filosófica, e num vasto movimento de traduções. Creio que assim concorrerei para nos libertarmos do excessivo historicismo e autodidactismo da actual cultura portuguesa. Abrirá com a *Ética* de Spinoza, cuja tradução faço em horas de descanso. A Biblioteca Filosófica como a de F[elix]. Meiner, de Leipzig. Quer V.ª Ex.ª traduzir algum filósofo? Espero começar mais esta empresa em Janeiro – uma vez que vejo asseguradas as Bibliotecas de Escritores Portugueses e Cronistas.

Creia V.ª Ex.ª na estima e consideração do de V.ª Ex.ª ad.ᵒʳ mt.º at.º

Joaquim de Carvalho

P.S. Tenho a sair 2 volumes dum *Arquivo Histórico*, com o carácter do de Braamcamp[16]. Este ano ainda, iniciarei uma revista de síntese – de história das ideias, no sentido largo. É possível que para este Jornal bata à porta de V.ª Ex.ª. A ideia está ainda em fermentação...

---

[16] Anselmo Braamcamp Freire (1849-1921), arqueólogo, genealogista, escritor, fundador do *Arquivo Histórico Português* (1903), referência da historiografia e do documentalismo, "honra e lustre da erudição portuguesa" como anota Joaquim de Carvalho (*OC*, III, 29), teve também influência política decisiva ao aderir em 1907 ao republicanismo, sendo eleito para a presidência do município de Lisboa antes da revolução e depois, nas Constituintes (1911), presidente do Congresso.

Revista da Universidade de Coimbra
(Portugal)
Redacção   ct   10; 29-4-4-99

22/4/928
Meu Exmo Amigo

Os que fazeres da semana, não me permitiram responder à sua carta, que cordialmente agradeço. Não estranhe V.ª Ex.ª nunca a demora, e não a interprete como sinónimo de desatenção. Como é evidente, não me permito fixar a sua colaboração na Biblioteca Filosófica em projecto – e que será realização porque o querer para mim não se traduz por dever, como parece ser na cristalização da nossa língua – observo apenas que desde os meus tempos de assistente, quando nas aulas comentava o *Discurso do método*, guardo uma tradução em borrão deste heróico livro. É um simples borrão; mas que em borrão conservarei se quiser ser o seu tradutor. Demais, as possibilidades de divergência são tantas, que se me afigura impossível uma tradução por assim dizer objectiva. Comte e S. Tomás seriam bem vindos, e do último sobretudo os opúsculos nitidamente filosóficos, como *De aeternitatis mundi*, *De ente et essentia*, e *De unitate intellectus*, Comte dar-lhe-ia [v] ensejo para um ensaio breve das suas ideias, do que V.ª Ex.ª chama com nitidez a catilinização de Comte. Interpretado estritamente, como justificação do horror ou incapacidade da aventura metafísica, – e tal parece ter sido a influência comteana em Portugal, as suas ideias, teriam um significado notável. Sob o ponto de vista do sistema da nossa cultura não teria melhor início a nossa Biblioteca Filosófica, mas deliberadamente a iniciarei com Spinoza, pelas infinitas preposições da *Ética* e pelo plano puramente metafísico em que se coloca. Demais se pensava em português, como demonstra – ou julga demonstrar o meu amigo

Dr. C[arl]. Gebhardt[17] – não lhe devemos um sentimento particular – se há o direito de os ter perante quem viveu e pensou universalmente, com humanitas seu modestia. E depois há uma razão pessoal: sou moderador da Societas Spinoziana (Haia) e mal me fica se em 1632 [1932] no centenário de Spinoza, a *Ethica* não se encontra traduzida na nossa língua.

[fl2] Fala-me V.ª Ex.ª do livro de Sílvio Lima[18], sobre Ética de Guyau.[19] É um moço de 24 anos. Fez esse livro o ano passado, apresentando-o em Julho como dissertação de bacharelato na Faculdade. É um rapaz inteligente, com uma cultura rara na sua idade: passou este inverno (regressou há dias) em Paris e Genebra, trabalhando sobre a recognição. Sem dúvida aquele livro é desequilibrado, sacrificando terrivelmente à erudição e furtando-se a análises profundas e a relações, designadamente, a expansão de Guyau e *élan-vital* de Bergson, para não referir as hesitações no terreno propriamente ético[20]. Em todo o caso, sinceramente creio que é uma boa promessa

---

[17] Carl Gebhardt (1881-1934), discípulo de Kuno Fisher e de W. Windelband, à época o grande especialista spinoziano; presidente da *Societas Spinoziana* fora o responsável pela chamada de Joaquim de Carvalho para moderador desta organização filosófica internacional. Além da tese da especialização, publicara *Inedita Spinozana*, Heidelberg, Carl Winter, 1916 e *Spinoza. Vier Reden*, (*passim*, 1927).

[18] Sílvio V. M. Lima (1904-1993) editara em 1927 na Atlântida, *Ensaio sobre a ética de Guyau nas suas relações com a crise moral contemporânea*, dissertação do único finalista, nesse ano, da licenciatura (e não bacharelato, como por lapso escreve Carvalho) em Filosofia pela Faculdade de Letras de Coimbra. Assistente de Carvalho em 1929, depois professor auxiliar, será expulso por Salazar na purga de maio de 1935. Preparava à data da carta *O problema da recognição*, a primeira dissertação, de facto, em Psicologia experimental defendida numa universidade portuguesa, co-orientada em Genebra por É. Claparède e Helena Antipoff.

[19] Pimenta, em carta de 17?-4-1929 achara o *Ensaio sobre a ética de Guyau*, "assaz desordenado, desequilibrado, desproporcionado. Nada me obriga a falar do livro – porque nem sei quem mo mandou. Mas preferia calar-me a falar de azedume ou discordância de pessoa que fosse da sua estima. Quem é?" - in «Cartas de Alfredo Pimenta...», art. e op. cit., p. 949.

[20] *V. g.* a hesitação hermenêutica face ao inegável apelo acrático de J.-M. Guyau. Surpreendido o mestre pela publicação do *Ensaio* de Lima, que lho oferecera e dedicara? Quanto de autêntico há na crítica eclipsa o teor conclusivo do inicial estudo do discípulo: erguendo uma filosofia do sujeito fundada na concepção ética da tolerância, legível não no atomismo mas na pluralidade da *res publica*, Sílvio Lima diagnosticava

de alguém e não vejo ninguém que, como ele, na sua idade, sinta os problemas e os pense numa atitude, como dizer, europeia. É um rapaz, e como tal merece da minha parte – que capaz sou ainda, toda a simpatia. [2v] Unicamente digo o que penso acerca dele: não hesite V.ª Ex.ª em o criticar, por todos os motivos. Assumindo as responsabilidades da publicação, que para mim foi surpresa, a crítica seria até conveniente. É tão mortífero este ar de confidência em que certos livros se apresentam! Há que reagir contra este torpor da confidência, e só a crítica pode ser o instrumento de renovação. Desculpe V.ª Ex.ª o descosido desta carta. O dia foi inteiramente consagrado ao convívio epistolar e não posso dar ainda por findo[s] todos os meus deveres. Recebi esta manhã a sua carta. Estimo saber que lhe agradará a lembrança. A propósito: tem as *Cartas* do P[adre]. A[ntónio]. Vieira?

De V.ª Ex.ª ª ad.ᵒʳ mt.º at.º e grato

Joaquim de Carvalho

com Guyau a raiz da *crise moral contemporânea*, a partir dos crescentes sintomas de intolerância que estreitavam num funil a consciência democrática gerando o anti--humanismo em diversos campos dos intelectuais, ao desprezarem a ética da existência e do pensar. Contra profecias apocalípticas, dogmas triunfais da ciência (que tampouco reconhecia como é historicamente mutante o seu saber) e totalizações da verdade, Lima subscrevia Guyau no apelo de Bayle à tolerância, à liberdade de crer e descrer: "as metafísicas autoritárias e as religiões são bons guias para os povos crianças: *é tempo de caminharmos sós*, de abominarmos os pretendidos apóstolos, os missionários, os pregadores de todo o género, de sermos os guias de nós próprios e de procurarmos em nós próprios a «revelação»".

Revista da Universidade de Coimbra
(Portugal)
Redacção   ct   10; 29-4-4-100

20/5/928
Meu Ex.ᵐᵒ Amigo

Que sua filha esteja a caminho dum seguro restabelecimento! Não respondi, porque esperava ir a Lisboa. Vejo esta viagem adiada para não sei quando; mas não obstante pode V.ª Ex.ª mandar entregar os livros duplicados no Alto de Santa Catarina, I, em casa do Dr. João Maria Santiago Prezado[21], meu concunhado, e onde costumo hospedar-me. Se eu tardar na ida a Lisboa, minha cunhada poderá mandar-mos. Escrevo à pressa, porque nos domingos saldo as minhas dívidas espirituais. E tenho tanta carta a responder, e tanto livro para agradecer! Todos os dias os recebo e nem sempre lhes posso dedicar o tempo que merecem, os que o merecem!

Ex corde o cumprimenta,

Joaquim de Carvalho

---

[21] Santiago Prezado (1883-1971) conterrâneo, amigo e cunhado de Carvalho, dramaturgo, escritor e diplomata, teve intervenção activa na greve académica coimbrã de 1907. Ligado ao antigo poder republicano, neste ano, 1928, Santiago Prezado iria exilar-se em Paris, onde permaneceria até 1933.

Revista da Universidade de Coimbra
(Portugal)
Redacção   ct   10; 29-4-4-101

7/8/928

Meu Exmo Amigo

Perdoa-me este já longo – e indecoroso – silêncio? Estava em Lisboa, quando V.º Ex.ª mandou entregar os volumes. Fui eu próprio o portador. Começaram depois os exames e com eles o cansaço e inapetência para qualquer trabalho. Os últimos dias – de preparação para férias – obrigaram-me a por e a deixar em ordem várias coisas. Recebi – e muito agradeço – o *Tratado de versificação*, que levo comigo e lerei nos Palheiros de Buarcos, para onde sigo depois de amanhã. Em Setembro escreverei sobre a colectânea da sua *Cultura Nacional e Estrangeira*. Está em provas a folha da *Correspondência* de D. Carolina; mas só se lê a composição depois de concluídas as *Cantigas de Amigo* prontas e feitas. Tudo isto resulta da exiguidade mental – e sobretudo da circunstância de ainda ignorar o que é atribuído à Imprensa.

Que V.ª Ex.ª e os seus passem bem, são os votos cordiais do seu ad.^{or} mt.º at.º

Joaquim de Carvalho

P.S. Sei que V.ª Ex.ª não navega no hispanismo. Viu em *Nosotros* (Argentina)[22] um capítulo do livro de Cambó[23], o catalanista, sobre

---

[22] Revista de crítica e pensamento político (1907-1943) fundada por A. Bianchi e R. Giusti, que Carvalho desambigua da homónima mexicana.

[23] Francesc Cambó (1876-1947), várias vezes ministro do governo central madrileno, líder conservador liberal da chamada Liga Nacionalista, tivera um papel relevante no manifesto autonomista catalão de 1919.

o ideal ibérico, como único ideal colectivo de Espanha? A ideia é velha e persistente: na sua pena, porém, é para V.ª Ex.ª ver corroborado o que as sondagens particulares me têm dito: um ideal federalista, ou antes, algo como a Alemanha.

XVI

Revista da Universidade de Coimbra
(Portugal)
Redacção   ct   10; 29-4-4-102

4/9/928
Meu Ex.ᵐᵒ Amigo

Perdoa-me este já indecoroso silêncio? Sou figueirense, e na Figueira tenho a casa de meus pais, mas para os poupar ao barulho dos 6 netos resolvi vir para os Palheiros, mal suspeitando que aqui faria a mais deliciosa e salutar casa de repouso e silêncio. Regressei aos 18 anos, isto é, a um estado semi-terrestre, semi aquático, sentindo uma plenitude de vida física que me exalta... Pouco tenho lido, e menos ainda trabalhado, mas adquiri um capital que talvez consinta um grande esforço no próximo Inverno. Veremos se faço o que quero e há muito venho adiando! O meu artigo na *História da Literatura* é, neste 2.º tomo, de mera introdução escolar, livrarias e traduções. É um *aperçu*, sem aparato [v] erudito. Espero fazer o capítulo sobre a literatura mística e moralizante do século XVI, e porventura o do humanismo. Num e noutro talvez chegue a conclusões novas, dando unidade e coerência ao que anda disperso. A *História [da Literatura]* é, como V.ª Ex.ª disse no seu folhetim do *Diário de Notícias*, fragmentária, sem um plano sistemático oscilará irregularmente com os colaboradores; mas seja como for, é uma tentativa que deve amparar--se, e quando não realize um plano, deixará pelo menos a posição e a solução actual de alguns problemas. O que é ridículo é a pequenina intriga que se faz em torno do Albino Forjaz [Sampaio][24]. Ele foi o animador, como hoje se diz, e se a responsabilidade é de quem anima e se todos sentimos o valor da empresa, não compreendo certas adversativas e mesquinhas escusas. Regressarei a Coimbra à volta do dia 20. Espero mandar a V.ª Ex.ª alguns livros – 3 ou 4.

Que V.ª Ex.ª e os seus passem bem são cordiais desejos do seu grato ad.or e amigo

Joaquim de Carvalho

XVII

Revista da Universidade
de Coimbra
(Portugal)
Redacção   ct 10; 29-4-4-103

3/10/928
Meu Ex.mo Amigo
Perdoa-me este silêncio? Li o seu *Tratado de Versificação*,]que li[com muito prazer e proveito, porque nunca estudei tecnicamente este assunto. Aprendi, portanto, mas parece-me que ele ficaria mais completo se tivesse escrito o que a sua sensibilidade, e observação [,] decerto lhe teria sugerido acerca do retorno interior, inerente ao verso puro. Era afinal o desenvolvimento das ideias da p. 155. Lembro-me de ter folheado, na *Revista Met. e moral*, um artigo de Estève sobre P[aul]. Valéry[25] e, sinceramente, é esta vaga reminis-

---

[24] Albino Forjaz de Sampaio (1884-1949), o poeta de *Palavras Cínicas*, jornalista republicano e bibliófilo, dirigia a *História da Literatura Portuguesa Ilustrada* (, em 4 vols., 1929-1942).

[25] Trata-se do artigo do *normalien* sobre a estética e poética de Paul Valéry, do agregado em Filosofia Claude-Louis Estève (1890-1933), antigo aluno de Alain e de

cência que me fez sugerir esta omissão. Este assunto interessa-me actualmente sobremaneira, como elemento compreensivo do génio poético de Antero, que Adolfo Coelho apenas aflorou. Porque não escreve sobre ele? A variedade das suas informações, desde a poesia medieval à contemporânea, impressiona-me.

[v] Alguns dos seus juízos chocaram-me. Tais, o de considerar, p. 63, o século XVII – o século áureo da poesia – (avanço sem dúvida na técnica do *crochet*, mas onde a poesia?) e de «isolamento salutar» (p. 133) a insignificante atitude de contra-reforma, intelectualmente inferior e moralmente baixa, pela dissimulação, que se viveu no século XVII. Vida interior não houve: a própria perfeição mística, que mal foi antevista no século XVI, degenerou na prática ascética, ritual sem significação profunda. Bernardes dá-nos apenas a oração mental mas sem alacridade, quasi silogisticamente. Vivia-se de fórmulas, respeitadas – e ai de quem não as respeitasse! – mas não sentidas numa adesão sincera e fervorosa. Repito que aprendi, porque nunca tinha estudado esse assunto. Não posso, dignamente, ser crítico, pois. Espero [que] este ano ainda verá prosas da sua colectânea dos folhetins. Pelo presente mês pode enviar o original? Que os seus passem bem, são os cordiais desejos do seu ad.[or] e amigo

Joaquim de Carvalho

Brunschvicg, editado pela *Revue de Métaphysique et de Morale*, 35, 1928, jan-mar, (I), pp. 55-105.

Revista da Universidade de Coimbra
(Portugal)
Redacção   ct 10; 29-4-4-104

13/11/928

Meu Exmo e prezado amigo

Perdoa-me esta demora? As obrigações universitárias e buro-
cráticas, e as exigências do meu trabalho pessoal forçaram-me a
consagrar o domingo à correspondência epistolar; mas nem sempre
as coisas correm como desejamos, e não tenho escrito com vagar
no domingo. Escrevo hoje um pouco à pressa. Tenciono ir em breve
ao Porto para mostrar as provas e o original por compor, das cartas
de D. Carolina. Desisti de tratar este assunto epistolarmente, porque J[oaquim]. de Vasconcelos está alquebradíssimo com a idade.
Se lhe mandam as provas retê-las-ia muito tempo. Espero o original,
e para evitar demoras, encomendei já o papel. Deve dar entrada
no fim do corrente mês. Pela extensão do original, suponho que
se terá o livro impresso por alturas da Páscoa. É tarde? A conversa
do L[uís]. Chaves[26] tem hoje... interesse histórico. Reporta-se a uma
época em que nos não tratávamos. Mando um livro de V[ergílio].
Correia[27], e [v] estes dias mandarei um outro sobre o Folclore de
Vinhais. Tenho adiantadíssima a tradução do *Discurso do Método*
e das *Meditações Metafísicas*. Com este volume iniciarei a colecção

---

[26] Luís Chaves (1889-1975), arqueólogo, publicista e conservador do museu
Etnológico Dr. Leite de Vasconcelos.

[27] Vergílio Correia Pinto da Fonseca (1888-1944), arqueólogo, professor e jornalista,
da geração artística coimbrã de *A Rajada*, com Afonso Duarte, amigo dos *esotéricos*
de António Sardinha, aproximara-se de um republicanismo conservador e era amigo
pessoal de Carvalho, o qual dedica um emocionado *In memoriam* "ao inolvidável
companheiro desta jornada em que anelamos servir algo que alente e transcenda os
deveres quotidianos" (*OC*, V, 205).

filosófica, seguindo-se-lhe, da minha parte, a *Ética* de Spinoza. Espero que um discípulo meu traduza Berkeley – os *Diálogos de Hylas*...[28] Não quer pensar num volume?

Eu creio que, no actual momento, o nosso dever é proporcionar a criação dum meio filosófico, ou antes, interesses pelas ideias gerais. A insistência e persistência deve ser o nosso lema. Sabe de alguém conhecedor do alemão, vivendo nessa cidade, que queira traduzir Max Scheler, ou os *Fundamentos da Metafísica dos Costumes*, de Kant? Que a sua filha esteja a caminho do completo restabelecimento são os desejos cordialíssimos do seu amigo e ad.or

Joaquim de Carvalho

P.S. Estas estúpidas organizações universitárias obrigam-me a adiar uma vez mais o velho projecto de uma revista de filosofia – e com pena, pois tenho já alguns discípulos que escreveriam.

P.S. Permita-me a observação: Clenardus é a forma latina de Cleynards, de Driert, cujo verdadeiro nome, no entanto, era Nicolas Beker. Este só recentemente se descobriu.

---

[28] A edição portuguesa de *Three Dialogues between Hylas and Philonous* (1713), de Berkeley, não sairá. Será Vieira de Almeida quem traduzirá de Berkeley, mais tarde (1958), para a Biblioteca Filosófica que J. de C. dirigia na Atlântica, o *Tratado do Conhecimento Humano*.

Revista da Universidade de Coimbra
(Portugal)
Redacção   ct 10; 29-4-4-105

19/11/928

Meu Ex.mo e prezado amigo

Desvaneceu-me a sua gentileza, não por vaidade pessoal, mas como expressão da espinosiana *humanitas seu modestia*, isto é, dissolução do egoísmo na compreensão e entendimento entre os espíritos. Por pensar que estamos em pólos diversos na concepção da vida, assim considero a sua oferta, que me sensibiliza moral e intelectualmente. O original fica hoje na Imprensa, e pelos fins deste mês espero que receberá as provas, na ortografia oficial, por imposição da lei. Mando, por empréstimo, dois folhetos sobre Clenardo, os quais estimo duplamente: como desenvolvimento do que eu dissera, de passagem pela primeira vez, e porque estas separatas constituem as delícias das bibliotecas de estudiosos. Mando também um opúsculo meu, cuja laceração lhe dirá ser caro, pois fico apenas com um exemplar.

Amanhã verei o que se passou com o *Boletim da Biblioteca*, pois fiz inscrever o seu nome. Escrevo à pressa, e com espírito ansioso: espero o 7.º filho que oxalá seja varão! *Ex corde* o saúda o seu amigo e ad.or at.ssmo

Joaquim de Carvalho

XX

Revista da Universidade de Coimbra
(Portugal)
Redacção   ct   10; 29-4-4-106

25/11/928

Meu Exmo e prezado amigo

Está já o original na gaveta do compositor: em breve receberá provas. O prefácio será composto no fim.

Ao cabo de dolorosas apreensões e de terríveis horas de expectativa, vi-me enriquecido com o 7.º filho – um varão em potência.

Lavrando à pressa, porque tenho a tarde ocupada, e ainda aguardo resposta [a] várias cartas. Aperta-lhe afectuosamente as mãos o seu amigo e ad.^{or}

Joaquim de Carvalho

P. S. às 11 da manhã. Acabo de receber a sua carta, que agradeço. Pode reter os folhetos pelo tempo que necessitar.

XXI

Revista da Universidade de Coimbra
(Portugal)
Redacção   ct   10; 29-4-4-107

26/11/928

Exmo Senhor e amigo

Que a saúde de sua filha lhe não dê cuidados!

Estive na quarta-feira passada como Sr. J[oaquim]. de Vasconcelos, na casa de Cedofeita. Falámos das cartas de V.ª Ex.ª ficando assente sob estas 2 condições:

1ª) As cartas não conterem matéria que dê motivo a discussões ou a juízos desagradáveis sobre pessoas

2ª) que o *imprimatur* será dado, para cada folha, pelo Sr. J[oaquim]. de Vasconcelos, ou antes, deseja seguir o volume *pari]e[passu* que se for preparando para o prelo

Sinceramente creio razoáveis as condições, dada a natureza destas publicações, mormente pelo cuidado que a família tem em evitar que se inicie uma fúria na publicação das cartas da Sr.ª D. Carolina. Se V.ª Ex.ª aceitar estes pontos de vista pode mandar-me o original. Não escrevi há mais tempo, ando extremamente sem capacidade de esforço. Espero curar-me com uma fuga ao estrangeiro – [v] único processo de me desenvencilhar desta vida de trabalhos, com que a Minerva oficial vai presenteando. Mandei os *Itinerários* – de Pantaleão de Aveiro[29]. Belo livro, prejudicado pelo prefácio – uma das minhas fraquezas, se devo ter esta confidência íntima. Creia V.ª Ex.ª na consideração e estima do seu ad.ºr e am.ºº

Joaquim de Carvalho

---

[29] *Itinerário da Terra Santa e suas particularidades* (1593), de Frei Pantaleão de Aveiro, escritor religioso (sécs. XVI-XVII), fora prefaciado por António Baião na edição da Imprensa da Universidade (1927).

Revista da Universidade de Coimbra
(Portugal)
Redacção   ct 10; 29-4-4-108

4/12/928

Exmo Senhor

A saída de J[úlio]. Dantas[30] para Londres leva-me a crer que não se reunirá tão breve a comissão de Sevilha. Era esta comissão que me levaria a essa cidade, e por isso vejo muito remota a viagem. Terá, pois, de recorrer ao correio, a menos que V.ª Ex.ª encontre portador para o original.

É quasi certo sair em Janeiro para Paris: e como lá me demorarei um mês ou mais, não gostava de sair sem deixar a correr o livro de V.ª Ex.ª. Poderá, assim, começar a impressão no mês corrente? Suponho resolvido o caso, pelo que respeita ao Sr. J[oaquim]. de Vasconcelos.[a]

De V.ª Ex.ª ad.or mt.º at.º e ob.º

Joaquim de Carvalho

a) Deste Sr. não tive novas.

---

[30] Júlio Dantas (1876-1962) dramaturgo e escritor, sumo pontífice da República das Letras Locais durante décadas (imortalizado, em 1916, pelo «Manifesto Anti-Dantas», de Almada Negreiros), presidente efectivo e depois honorário da Academia das Ciências de Lisboa.

Revista da Universidade de Coimbra
(Portugal)
Redacção   ct   10; 29-4-4-109

31/12/928

Meu Exmo e prezado amigo

Boas-festas, e que o novo ano seja feliz e próspero para todos os seus! Perdoe-me este silêncio, mas tenho trabalhado ardorosamente, sacrificando o prazer epistolar ao de recuperar tempo perdido. Li os dois folhetos. Remeti ao Prof. Roersch[31] o que lhe interessava pelo assunto clenardiano. Talvez o convide a uma revisão, mas mais que não alterará o que escreveu, na substância. Li com muito prazer o ensaio breve sobre o verso, mas tenho ainda dúvidas. Afigura-se-me que consequência psicológica do seu conceito é o deleite resultar da simples expressão. Pode e poesia ser apenas som harmonioso, ou praga intelectual de *puzzle*? Confesso que é um elemento; mas é não precisamente pela conexão com a criação espiritual do verso que ele adquiriu o maior valor? Dir-se-á que o sentimento não é o fim da poesia: que ela o sugere, e não o exprime. Mas não há na poesia um juízo, na sua própria raiz? Tenho o livro de Roersch sobre Clenardo, assim como alguns que confesso não ter visto (no livro no prelo), designadamente o de Tennant sobre Escoto[32]. Tem a minha biblioteca ao seu dispor. Consinta-me que lhe diga que as mais [v]

---

[31] Alphonse Roersch (1870-1951), especialista do humanismo de Quinhentos e colaborador da *Bibliotheca Belgica*, iria publicar, em 1929 e 1934, o estudo sobre a origem familiar de Clenardo, na *Revue Belge de Philologie et d´Histoire*.

[32] Tratar-se-á, com grande probabilidade, de uma referência ao estudo do filósofo e teólogo britânico Frederick Robert Tennant (1866-1957), *Origin and Propagation of Sin* (1901-02) tentativa de síntese entre o evolucionismo e a dogmática criacionista e que em 1928 acabara de publicar o I dos dois volumes de *Philosophical Theology (I. The Soul and its faculties)*, Cambridge, U. P.

notáveis Introduções à filosofia são alemãs – Windelband[33], Külpe[34] e Jerusalem[35] – as quais possuo em traduções inglesas? Sobre Escoto (Duns) prelo em 1927, na Inglaterra, um notável livro de Harris[36], salvo erro. Comprei-o para a Biblioteca da Universidade, e está, como os meus, à sua disposição. Considero como dever na Imprensa preparar não somente os meios para colaboração ou comunicação do autor com o público – corolário afinal do meu cada vez maior liberalismo; mas no seu caso permite-me, de vez em quando, dois dedos de conversa? Penso sobretudo em Espinosa, pois V.ª Ex.ª não viu apenas os fundamentos – ou antes – a preparação do sistema que só culmina no livro V. da *Ética*. Penso mesmo, que o que há de eterno em Espinosa não é o sistema: é a maneira de pensar. E é com um princípio espinosiano – o *conatus* – isto é, o direito do ser a perseverar no seu ser, que termino esta carta, porque traduzo no sentido de cada um reivindicar o que considera a verdade, chamando-a a si, e no dever de se mostrarem os juízos do que no pensamento alheio parece erro. Por estes dias mandarei as *Cantigas de Amigo*, cujo editor, aqui para nós, me deixou estupefacto! Ideias inadequadas, diria Espinosa, fórmula delicada e benévola! Aperta-lhe afectuosamente as mãos o de V.ª Ex.ª o ad.ᵒʳ e amigo grato,

Joaquim de Carvalho

---

[33] Wilhelm Windelband (1848-1915), filósofo alemão, com Rickert e Dilthey a mais relevante referência par J. de C. Este *post* kantiano pretendeu refutar a ortodoxia kantiana através do esforço hermenêutico da *teoria dos valores* que seria continuada por Dilthey e que, com Simmel, inspiraria doutro lado a Sociologia antipositivista de Weber. Entre 1878 e 1880 publicou a *História da filosofia moderna na sua relação com a cultura geral e as ciências particulares*, título que supõe todo o programa epistemológico que a *Weltanschauung* iria corporizar. Em 1914 publicou a *Introdução à Filosofia,* de certo modo retomando os temas de *Prelúdios* (1884).

[34] Oswald Külpe, professor de Wurzburg (1862-1915) que se celebrizou na polémica com Wundt e Titchener, escrevera uma *Introduction to philosophy,* NY, Macmillan, 4ª, 1915.

[35] William Jersualem, *Introduction to philosophy,* NY, Macmillan, 1917.

[36] Ch. R. Schiller Harris, *Duns Soctus. Philosophical doctrines of DS,* Oxford, vol. I., 1927.

1929

XXIV

Revista da Universidade de Coimbra
(Portugal)
Redacção   ct   10; 29-4-4-110

25/1/929

Meu Exmo e prezado amigo

Tenho estado de cama, com gripe. Levantei-me hoje ainda combalido, por não poder sofrer a criação do luto. Daí resulta esta demora,
que perdoará. No ponto de vista didáctico, a melhor Introdução
à filosofia que conheço é a de:

Oswald Külpe – *Introduction to philosophy* (transl. by Pillsburg
and E. Titchener, Londres, Allen (possuo a 4ª ed., 1915)

Especulativamente, são notáveis:

F. Paulsen – *Introduzione alla filosofia*, Turim, trad. Bocca][37] / e
Wilhelm Windelband – *An Introduction to philosophy*, transl. by
J. Mccabe, Londres, Fisher Unwin.[38]

Aquela notável pela crítica da teoria do conhecimento, mate-
rialismo, etc.; esta, pela [v] teoria da filosofia dos valores, da qual
Windelband foi um dos mais profundos criadores e intérpretes.
De passagem, direi que as Histórias da Filosofia de Wind[elband].
são as melhores. Estão traduzidas em italiano[39].

---

[37] F[riedrich]ederico Paulsen, *Introduzione alla filosofia*; trad. del Dott. L. Gentilini,
Milano, Fratelli Bocca, 1911. Discipulo de Fechner, Paulsen (1846-1908) dedicou particular atenção à epistemologia dos saberes.

[38] A 1.ª edição desta tradução inglesa saíra em 1921.

[39] Wilhelm Windelband, *Storia della filosofia*, trad. italiana autorizzata curata sulla
5ª edizione tedesca di E. Zaniboni, Milano, Remo Sandron, [s.d.].

Vão para os livreiros as *Cantigas de Amigo*: consente-me que lhe peça a indicação do n.º que deseja? Tenho-o numa carta sua, mas o tempo que eu perdia a procurá-la aflige-me. A V.ª Ex.ª não dará, decerto, tanto trabalho. Pode continuar a enviar as provas como tem feito? É meio o melhor, porque fica registada a entrada, e momentos depois vão para a oficina. Terça-feira próxima argumentarei numa tese de doutoramento sobre a teoria da eternidade das almas no Livro V da *Ética*, de Spinoza. Confesso ser-me agradável este dever, porque à transcendência do assunto – um dos maiores *puzzles* da história da filosofia (como o *Teeteto* e *Parménides* de Platão, e antinomias de Kant) [,] nada conheço mais belo na ordem moral especulativa. O Livro I, isto é, [a] teoria da substância e atributos, constitui o átrio, apenas. Malebranche e Bayle são em parte responsáveis desta visão estreita, que se concretizou no *Maledictus* dos teólogos. Em 1932 teremos o 3.º centenário do seu nascimento, e confesso que trabalharei [fl2] para que então em Portugal ele seja reconhecido como *Benedictus*, pela única adesão digna do espinozismo, a evidência e o amor intelectual de Deus. Reitero as minhas desculpas por este longo silêncio.

Ex corde

Joaquim de Carvalho

P. S. Spinoza teria mesmo uma influência benéfica: o amor das coisas gerais, universais e eternas, e talvez o desterro desta centralidade monográfica, sem horizonte nem amanhã, que nos invadiu, e é quasi sinónimo da estupidificação[40] colectiva, e do messianismo actuais. Qualquer filósofo teria esse mérito. Por isso nos encon-

---

[40] Leitura possível (com borrão). É uma expressão que, em cartas a outros dirigidas, J. de C. também utiliza.

tramos, enfim, partindo de vias diversas e que se desconhecem: Tomás de Aquino e Spinoza

P. S. Tenho outras *Introduções à Filosofia*, como as de Wundt e de Jerusalem. Aquelas, porém, são as melhores, em meu juízo e de maior fortuna europeia.

XXV

26/1/929   ct   10; 29-4-4-111

Meu Exmo e prezado amigo

Devem ter-se cruzado as nossas cartas. Estou ainda em casa, porém desenvolto e trabalhando. Só a coriza me inibe de sair... Para a parte técnica pode escrever directamente ao Sr. Cândido Nazareth[41], director das oficinas. É impossível, na verdade, estar concluído na Páscoa. O texto é muito grande; o trabalho na oficina muitíssimo, e a gripe também tem concorrido para um menor rendimento. O seu livro tem compositor certo: isto implica um aumento regular, quebrado só por coisas acidentais.

Ex corde

Joaquim de Carvalho

---

[41] Cândido Nazareth (1867-1948), chefe das oficinas e braço direito de Joaquim de Carvalho na administração da Imprensa da Universidade, foi no dizer de Vitorino Nemésio, que com ele muito privou enquanto revisor da editora, um "detentor, por excelência de um dos maiores saberes biobibliográficos do Portugal de oitocentos--novecentos". Em grande parte, como se verá, a justificação da liquidação salazarista da Imprensa da Universidade recairá sobre a figura de Cândido Nazareth.

Revista da Universidade de Coimbra
(Portugal)
Redacção   ct 10; 29-4-4-112

3/2/929
Meu Exmo amigo

Agradeço cordialmente as suas cartas. Convalescente ainda fui à Universidade e as horas passadas na Sala dos Capelos deram sinais de recaída. Levantei-me hoje, mas creio que amanhã já poderei retomar as aulas sem perigo.

Sei bem que a historicidade, que nos saturou, trouxe o relativo, impondo uma data ao que se apresenta como que intemporal e levando-nos a conceber os produtos do espírito como mais ou menos acidentais, mais ou menos condicionados. Mas é isto justificar a autoridade? A autoridade figura-se-me intelectualmente um suicídio – um travesseiro cómodo, porventura, mas que só pode guiar a atitude de comentador e justificar a erudição miúda. O risco da verdade não é mais belo que a própria verdade?

[v] Conheço apenas 2 edições do *Quod nihil scitur* – aparte o texto publicado na *Revista de História* com a tradução. Traduções há mais: uma galega, publicada na revista *Nós* (da qual vi alguns números) e uma castelhana, publicada pela livraria madrilena «Renacimiento». Quando assistente, comentei este livro em aulas práticas de História da Filosofia, e este ano, no curso Teórico fiz pela primeira vez referência ao *Carmen de Cometa*[42], que obtive por fotocópia do raríssimo – senão único – exemplar conhecido, existente em Munich. No ano passado falei com Basílio de Vasconcelos

---

[42] Com *Quod nihil scitur*, uma outra obra de referência (1577) de Francisco Sanches, o médico e filósofo juedeoportuguês (c. 1551-1623) ao qual J. de C. dedicou estudos decisivos.

– tradutor da *Revista de História*, assentando-se nova tradução e revisão da tradução. Estou pois vinculado, e por isso só mais tarde, por desinteresse do Sr. B. Vasconcelos, poderíamos pensar na sua tradução[43]. Possuo quasi toda a bibliografia sobre Sanches – e na Biblioteca da Universidade há muitos elementos, embora faltem os textos mais antigos. É particularmente notável uma tese de Sanches, apresentando com nitidez o problema da antiguidade ou modernidade do seu cepticismo. Lamento ter perdido os cotejos que há anos fiz do *Quod Nihil Scitur* com Descartes – salvo erro nas respostas às objecções às *Meditações Metafísicas*. Amanhã mandarei expedir os *Dispersos* de Camilo, cujo último volume está no prelo (V). Ponho ponto, por necessidade de pôr em dia este correio, por vezes impertinente.

Ex corde

Joaquim de Carvalho

P.S. Acabo de ler no *Século* uma carta do meu pobre e desventurado amigo H[enrique]. de Vilhena[44]. Não sei do que se trata: basta-me saber que ele, tipo da dignidade, corta cerce qualquer miséria, com que quiseram atingir V.ª Ex.ª

---

[43] Seria Basílio de Vasconcelos o tradutor da obra de Sanches (*Que nada se sabe*) e Joaquim de Carvalho o seu editor e autor do estudo introdutório. Seria ainda co-tradutor dos *Tratados filosóficos*, de Francisco Sanches, juntamente com Miguel Pinto de Meneses (Lisboa, IAC, 1955).

[44] Henrique Jardim de Vilhena (1879-1958), descendente de duas *dinastias* de lentes liberais, a dos Pereiras Jardins e a dos Vilhenas, escritor, médico e catedrático em Belas-Artes e na Faculdade de Medicina, em Lisboa, reitor fugaz em Coimbra (1925-26). Foi Joaquim de Carvalho o escolhido para o seu elogio de recepção à Academias das Ciências (1937), destacando aí: "não sei o que o futuro reserva aos escritos literários do sr. Vilhena, e se o suspeitasse não o diria, porque abomino os vaticínios proféticos; contento-me apenas em reconhecer com aplauso que ele venceu a rivalidade surda que de há muito e em todas as latitudes existe entre o enlevo da criação artística e o esforço de explicação científica" (*OC*, VIII, 39).

Revista da Universidade de Coimbra
(Portugal)
Redacção   ct 10; 29-4-4-113

10/2/929
Meu Exmo amigo

Deve ter recebido já os meus folhetos, que desejou possuir. Não mandei o livro sobre Leão Hebreu, porque tenho apenas 2 exemplares. Este trabalho, porventura o melhor que fiz, teve alguma aceitação no estrangeiro, e pouco a pouco, por compra e ofertas, fui ficando sem exemplares. Farei um dia 2ª edição, quando chegar à idade em que se olha para trás, e então terá V.ª Ex.ª um exemplar. Confesso ter oferecido o folheto sobre a questão universitária de 1919 por gentileza – assim como o livro sobre Gouveia. Ao que sei hoje, vexa-me ter escrito tão pouco, mas desculpo-me com os 24 anos; e quanto à resposta, se mantenho a linha moral, absolutamente, e a ideologia, magoa-me a violência com que arrebatadamente o escrevi numa noite. Vai receber as provas das *Cartas* da Sr.ª D. Carolina. Escrevo à pressa porque o A[lbino]. F[orjaz]. de Sampaio impôs-me o capítulo sobre Humanismo, e tenho diante de mim oito dias. Sei que é apenas introdutório, mas para o meu feitio cada período sofreu uma condensação, e um trabalho de eliminação de factos incidentes, que é moroso. Demais, neste momento, a erudição aborrece-me.

Cordialmente

Joaquim de Carvalho

XXVIII

Revista da Universidade de Coimbra
(Portugal)
Redacção   ct   10; 29-4-4-114

6/3/929

Meu Exmo e prezado amigo

Perdoe-me este silêncio. Tenho passado mal e sobretudo com uma inapetência para estar sentado à mesa, que me confrange. Eu compreendo: é a reacção do corpo, e a ela me abandonei, trocando-a pelo prazer de ler e sobretudo de respirar. Nós vivemos sob o mais estúpido dos regimes universitários que podem conceber-se: simples autómatos de aulas, estudantes e professores. Começo a sentir-lhe os efeitos físicos, porque os morais há muito me dilaceraram. Seguem hoje as provas das *Cartas* C[arolina]. Michaëllis, cujo prefácio recebi. A sua nota sobre P[edro]. Hisp[ano]. aguça-me o desejo de dar notícia – apenas notícia por agora – da notável descoberta de Grabmann na *História da Filosofia Medieval* de Munich[45]. Mandou-me a comunicação que fez à Academia de Munich, e devo torná-la pública em Portugal. Hoje pode assegurar-se absolutamente que era português não só pelo *curriculum* na universidade de Siena, na Itália, como pelo *explicit* [v] da Psicologia que descobriu em Madrid, e no qual se declara português. Grabmann confirma este livro o melhor tratado de Psicologia da idade-média. Aguardo ansiosamente a edição que promete. Sinto a pena que tenha procurado colaborador em Espanha, e não em Portugal. É injusto,

---

[45] Martin Grabmann, *Mittelalterliches Geistleben*, München, 1926: estudo utilizado por Joaquim de Carvalho no seu capítulo «Cultura filosófica e científica – Período Medieval» (1932) incluído na *História de Portugal*, de Barcelos (cf. *OC*, III, 236-276), "notável descoberta" que sustentou a tese da naturalidade portuguesa de Pedro Hispano que Carvalho também avocou.

mas compreendo, porque foi em Espanha que descobriu, e foi em Espanha que trabalhou, além de que lá encontrou facilmente um paleógrafo que lhe resolva as dúvidas. Conhece V.ª Ex.ª o *Chronicon Spinozanum?* Há na Biblioteca Nacional 3 ou 4 volumes. Se o folhear verá que Spinoza não é apenas objecto de história.

Aperta-lhe afectuosamente as mãos o seu ad.ᵒʳ e amigo

Joaquim de Carvalho

P. S. Em que volume vai actualmente a *Revue des sciences religieuses* (ou eclesiais)[46]? Publica-se ainda na Bélgica? Quanto custa? Na Biblioteca da Universidade há apenas 3 ou 4 volumes, até 1914. Conheço esta obra, utilíssima pela bibliografia e por um estudo sobre U. J. Casale.

XXIX

Revista da Universidade de Coimbra
(Portugal)
Redacção   ct   10; 29-4-4-115

16/4/929

Meu Ex.ᵐᵒ e prezado amigo

Perdoe-me este indecoroso silêncio. Aconselharam-me repouso, e de facto pratiquei-o na medida do possível. Devia ter mandado o orçamento, mas o Nazareth tem horror a indicá-los, sem original à vista – e a experiência desagradável de há 3 ou 4 anos forçam-me a transigir com ele. Ordene V.ª Ex.ª o seu trabalho, que depois se verá. Não segui as

---

[46] Dado o carácter dubitativo, supõe-se que J. de. C. inquiria não sobre a francesa, de Arras, *Revue des sciences ecclésiastiques,* que fora dirigida e fundada em 1860 e depois muito influenciada pelo teólogo belga Thomas Bouquillon (1840-1902), mas a *Revue d´histoire eccléssiastique*, da Universidade de Lovaina e fundada em 1900.

Novidades, jornal que raras vezes vejo, mas falaram-me da polémica em termos agradáveis para V.ª Ex.ª Vi apenas um artigo da redacção, e como espectador pareceu-me interessante para quem estude um dia a fenomenologia da estupidificação da hora actual. Escrevo à pressa: parto daqui a pouco para essa cidade, onde estarei uns 10 ou 15 dias de serviço de exames. Sou forçado a este laconismo telegráfico, mas não quero deixar de lhe agradecer, com espírito gratíssimo, a referência à Imprensa, no folhetim sobre as *Cantigas*.

[v] Sem vaidade julgo que com uma oficina antiquada e com orçamento reduzidos poucos poderiam ter feito mais, sem nunca desatender o trabalho oficial – e com a satisfação moral de nunca ter enviado uma ordem de serviço e ter castigado apenas dois compositores com advertências, que eles foram os primeiros a reconhecer a justiça e necessidade. Releve-me esta confidência, que não devia ter feito, e creia na cordial estima e consideração do seu ad.ᵒʳ m.ᵗᵒ a.ᵗᵒ.

Joaquim de Carvalho

xxx

Lisboa
16/4/929   ct   10; 29-4-4-116

Meu Ex.ᵐᵒ Amigo

Escrevi-lhe esta manhã, às 8; duas horas depois saía, com destino à Estação, e no caminho encontrei o carteiro, o qual me trazia um livro de V.ª Ex.ª – precisamente aquele em que V.ª Ex.ª me pedia orçamento. Mandei dizer a [v] minha mulher que incumbisse alguém de distribuir os exemplares ao[s] Dr.s M[endes] [dos]. Remédios e Reis. Escrevo a correr, na Escola Normal Superior.

Cordialmente,

Joaquim de Carvalho

XXXI

Coimbra ct 10; 29-4-4-117

6/6/929

Meu Exmo e prezado amigo

Perdoa-me o meu silêncio? Tenho tido actos e sobretudo uma montanha de exercícios escritos por alunos – papelada fastidiosa e sobretudo triste de ler pelo desinteresse. Bois, pincham a nora...

O J[oaquim de]. V[asconcelos]. tem lá as provas. Soube recentemente que tem estado mal – os 80anos – mas irei escrever ao filho hoje mesmo. O Código do D[ias]. Ferreira[47] nunca foi edição da Imprensa, mas do autor. Procurei umas «capilhas» debalde, porém, por ser livro antigo. Não o posso servir, portanto, nem nos meus livros jurídicos possuo hoje um. Dei-o há anos a um condiscípulo, meu compa[d]re. Não o tenho visto também nos alfarrabistas – espécie quasi morta em Coimbra, lamentavelmente. Sonhei hoje que a Universidade de Toulouse em comemoração do seu 7.º centenário publicou uma pauta histórica da sua vida interna com litografias da Imprensa. Que dirá do Sanches? Não vi ainda o volume. O Celestino da Costa[48], que foi lá [,] deve ter um exemplar. O M[ário]. de Fig[ueiredo].[49]

---

[47] José Dias Ferreira (1837-1909), foi um jurisconsulto e político fundador do Partido Constituinte, preferencial aliado do Partido Regenerador; o comentário ao Código Civil, dito de Seabra (1867), fora editado pela Imprensa Nacional (1870-1876).

[48] Augusto Celestino da Costa (1884-1956), médico histologista e embriologista e professor catedrático da U. de Lisboa, seria afastado por Salazar, em 1942, do Instituto de Alta Cultura, compulsivamente reformado em 1947 e depois reintegrado.

[49] Mário de Figueiredo (1890-1969), monárquico e católico, colega e amigo de Salazar desde o seminário de Viseu à cátedra de Coimbra, integrava ainda, como titular da Justiças e dos Cultos, o ministério de Vicente de Freitas. Do qual se iria demitir, no início de julho deste ano, dada a chamada «questão dos sinos», abrindo uma longa fissura com Salazar (cf. Ana Rita Almeida e António Araújo, «A voz dos sinos (...)», *Estudos,* N. S., 5 (2005), pp. 459-489.

disse-me não encontrar o número. Escrevi ao Le Gentil[50], que demorará. Se o Bataillon[51] ainda estivesse em Bordéus, a resposta seria na volta do correio. Tenciono ir para os Palheiros em Julho – porventura meados, no bom propósito de trabalhar sobre Spinoza, pois é possível que este Inverno aí faça umas palestras (3 ou 4). sobre o Espinosismo e as inquietações actuais. «Não há outra filosofia», dizia o Lessing salvo erro, e mesmo repudiando-a, o espírito se eleva. Recordo com prazer os horas cavacas de Lisboa – justamente o que Lisboa hoje oferece de agradável, num ambiente horroroso de cidade porto de mar, sem o encanto da província e com um ar torpe de cosmopolitismo reles. Esperemos pelo cosmopolitismo: pode ser então sedutora. Agora, é repugnante. Cordialmente,

Joaquim de Carvalho

P. S. Diga-me dos livros jurídicos que existem impressos, os que interessarão ao seu filho. Tem o Cardoso? Está no Instituto. Anseio servi-lo, por todos os motivos.

---

[50] Georges Le Gentil (1875-1953), hispanista e lusófilo, estudioso da literatura portuguesa, de Camões e Fernão Mendes Pinto a Garrett, Doutor *Honoris Causa* pela Universidade de Coimbra (1934).

[51] Marcel Bataillon (1895-1977), hispanista e lusófilo com quem Carvalho privou de muito perto, pacifista assumido após a incorporação em 1914-18, autor da obra de referência nos estudos erasmianos, *Erasme et l'Espagne* (1937). Em 1930 Joaquim de Carvalho editaria em *O Instituto* (79, 4ª S., n.º 8) «Damião de Goes et Reginald de Pole», de Bataillon, a quem depois chamaria a Coimbra para uma série de Conferências, em 1946. Sobre o seu impacto nos estudos portugueses, leia-se de J. V. Pina Martins, «Dialogando com Marcel Bataillon», *Humanitas*, XLVII (1995), pp. 1150-1156.

Revista da Universidade de Coimbra

(Portugal)

Redacção   ct   10; 29-4-4-118

R. de Buarcos, 302, Palheiros

Figueira da Foz

1/9/929

Meu Exmo Amigo

Saúde e paz! Muito obrigado pela sua carta. Não costumo ler esse
jornal, mas um amigo de Coimbra mandou-me um exemplar. Não
liguei importância: há um fundo de verdade, porém deturpado pela
maldade de um pateta que escreve a Carta de Lisboa, e que me dizem
ser o disfarçado Sílvio Pélico, o tipo mais acabado do ressentido
moralmente[52]. Deve-se na verdade ao Nazareth a compilação das
Cartas de Antero, assim como se me tornou extremamente a fácil
a compilação das *Prosas* pela diligência e cuidado com que durante
anos foi arquivando jornais e revistas. Isto mesmo se diz no prefácio:
mas já estudante ainda, colaborei na 1ª edição das *Cartas*, reven-
do o texto. Na nova edição das *Cartas*, em projecto, ambos temos
trabalhado. [v] É claro que isto não tem importância. As cartas de
D. Carolina estão ainda na mão de Carlos Michaëllis – cuja profissão o converteu em verdadeiro ferroviário e *chauffeur*. Escrevi-lhe
já daqui, mas ainda não recebi resposta. Quando vier a 3ª feira eu
comunicarei ao Nazareth que componha todo o original.

Congratulei-me com as boas-novas que me dá dos seus. Eu poderei dizer o mesmo. Estou aqui desde 9 de Agosto – e ainda não fui

---

[52] Antigo condiscípulo em direito, filho do homónimo republicano histórico,
Sílvio Pélico fora um dos delatores dos mestres juristas «germanófilos» no célebre
processo de purga de 1919, episódio no qual, por outra via, a tentativa de extinção
da Faculdade de Letras de Coimbra não deixa de entroncar.

ao casino nem a cines. Leio e cuido do físico, e os meus pequenos passam os dias na praia, à chapada do Sol, incólumes à ardência do calor pelo hábito. Dormem com o sono ideal – o do cabrito montez. Scheler[53] e Eucken[54] têm sido os meus companheiros e na verdade começo a crer que o actual historicismo da filosofia parece é sinal de impotência. Scheler sobretudo, pela sua embriaguez de essência, pelo sentido dos valores, das «vivências», abre para nós ocidentais perspectivas místicas. Que recupere bem, e os seus, e Lisboa lhe dê a tranquilidade de ânimo, possível, nestes anos de calamidade, do império do ódio, da negação e do ressentimento!

Aperta-lhe afectuosamente as mãos o seu amigo e ad.[or]

Joaquim de Carvalho

XXXIII

Revista da Universidade de Coimbra
(Portugal)   ct   10; 29-4-4-119

10/11/929

Meu Exmo Amigo

Perdoe-me esta demora, mas não imagina a balbúrdia dos últimos dias. A sua carta magoou-me profundamente, pelo horror da sua situação e por nada poder fazer-lhe. Recomendei ao Nazareth que apressasse a composição dos *Estudos*, e a si peço que modere os

---

[53] Note-se, como o próprio aqui admite, do acervo das filosofias contemporâneas, a teoria do valor e a reconstrução ética de Max Scheler (1874-1928) terão constituí-do, juntamente com a historiologia de Dilthey, a maior influência na mundividência teórica de Joaquim de Carvalho.

[54] Rudolf Ch. Eucken (1846-1926), filósofo alemão e Nobel da Literatura (1908), distinguira-se pelo seu plano prático de uma filosofia idealista e pelo activismo no campo da Ética e Pedagogia.

pedidos de exemplares deste livro por forma a dar-me ensanchas[55] de uma maior remuneração em dinheiro. De Carlos Vasconcelos, nada. Tornei a escrever-lhe. O meu amigo é vítima deste ambiente de estupidez e ressentimento que nos envolve, porque um homem que possui a sua independência [d]e espírito, qualquer que seja o fragor com que expande as suas dúvidas e as suas certezas, não deve ser abandonado. Exprimiu um aspecto da vida intelectual da nação, e o respeito por esta exige que honrada e dignamente lhe dêem as condições elementares de vida. Quando teremos esta mentalidade a orientar o Estado? Sentir-me-ia feliz, se um dia, por exortação [v] pudesse vê-la dominante, desterrando esta fatalidade geográfica, que nos pôs a meia dúzia de horas de África. Será possível? Não desanimo, porque no fundo é um dever tão categórico, como outro qualquer, da ordem privada.

Mandei-lhe ontem uma separata minha. Julga errado o método que segui, as ideias gerais que me guiaram, as interpretações que faço? É a primeira tentativa, pois retorqui o aumento com maior amplitude. Mandei também os livros, que decerto se cruzaram com a sua carta. Em breve seguirão outros.

Aperta-lhe afectuosamente as mãos o seu amigo e ad.ᵒʳ

Joaquim de Carvalho

---

[55] *Ensancha*, termo muito usado por J. Carvalho e oriundo do vocabulário profissional tipográfico: folga no encaixe lateral da lombada da capa de um livro; aqui com o sentido de folga orçamental.

Revista da Universidade de Coimbra
(Portugal)
Redacção   ct   10; 29-4-4-120

29/12/929

Meu Exmo e prezado amigo

Saúde e paz e que o novo ano lhe decorra tranquilo e próspero! Mandarei amanhã o que deseja, salvo as *Cartas* de Nogueira[56], porque ficaram apenas para venda 3 ou 4 dezenas. É uma separata, da qual se tiraram 100 exemplares, grande parte dos quais foi oferecida ao editor. Lamento não poder satisfazê-lo, porém a ninguém foram oferecidas. Já está no prelo o 1º volume da Biblioteca Filosófica – as *Últimas conversações* de Renouvier[57], traduzidas pelo A[ntónio]. Sérgio. Em breve começará o *Discurso do método*, traduzido por mim[58], e os *Fundamentos da metafísica dos costumes*, traduzido por uma discípula minha, pouco filósofa, mas muito conhecedora do alemão[59]. Não quer dar-me um volume? Não proponho livro algum, pois a minha ambição é a de ver dilatada a Biblioteca em todos os sectores do pensamento. O *Discurso sobre o espírito positivo* [v] de Comte, ou um tratado de S. Tomás, não o seduzem? Desejo – agora que marchem quasi por si a Biblioteca de Escritores

---

[56] As *Cartas*, atribuídas a Vicente Nogueira, são um manifesto independentista do século XVII que Carvalho acabara de reeditar.

[57] Charles Renouvier (1815-1903), matemático e filósofo, é um dos pensadores republicanos mais influentes na época entre nós, em autores como Sérgio, Proença e o próprio Carvalho. Não por caso este inicia a colecção filosófica com uma obra de Renouvier e o seu conceito de personalismo será determinante na visão res publicana do historiador.

[58] Não chegará a editar esta versão, que Pimenta conheceu, da obra de Descartes mas sim as *Meditações Metafísicas* na versão de António Sérgio (1930).

[59] Não se conhece qualquer versão desta tradução; apenas a encomendada por Joaquim de Carvalho a Paulo Quintela (1948), incluída na Biblioteca Filosófica da Atlântica e só publicada em 1960, por Sílvio Lima.

Portugueses, *Scriptores rerum lusitanorum*, e Subsídios para a História da Arte, com as quasi pretendi, antes de tudo, cumprir o meu dever de português – concorrer para criar um meio filosófico, onde, sobre os valores nacionais, que me cumpre propagar num ponto de vista de individual acordo de sentimentos, vivam as puras preocupações intelectuais, que não conhecem pátria.

A minha Faculdade acolheu há um ano a minha proposta para publicar uma Revista de Filosofia, da qual eu seria secretário. Publicada pela Faculdade, porém livre e honestamente sem fronteiras universitárias, colaborando todos os que em Portugal se elevam a preocupações filosóficas. Era e será – no meu pensamento – o instrumento de formação desse meio, de que tanto carecemos. Pedi já para Lisboa a verba, e se a quero publicar pela Faculdade [fl2] é precisamente para gozar de mais ampla liberdade, que a Imprensa me não consente. Conto consigo, não é verdade?

– Entreguei logo o original ao Nazareth para fazer o orçamento. Ainda me não deu.

– Estou a acabar um artigo sobre os antepassados de Spinoza[60]. Nada concluo, porque infelizmente não faço luz nestas trevas; porém desfaço erros, sobretudo do Dumin-Borkowzky o mais profundo biógrafo de Spinoza – parece spinozista apesar de jesuíta. É um verbo encantador que muito tratei na Haia, e que vai ficar triste com o desfazer do seu castelo. Renovo os desejos de bom Ano – para

---

[60] Trata-se do artigo «Lugar de origens dos antepassados de Baruch Espinosa», in *Miscelânea* de homenagem a D. Carolina Michaëllis (*Revista da Universidade de Coimbra*, XI, 1930) no qual, contra a tese de Stanislas von Dumin-Borkowzky. S. I. (*Der Iunge de Spinoza. Leben und Werdegang in Lichte der Welphilosophie*, Münster, 1910), da origem galega de Vidiferra, Orense, e "enquanto não surge o documento decisivo", demonstra essa impossibilidade por se tratar de uma família de cristão-velhos e advoga a origem na Vidigueira, Beja, com ramificações a Évora e Porto, pois "é para Portugal que nos devemos volver. Em Amesterdão (...), foi tradição ininterrupta que a família de Espinosa era originária de Portugal, e embora a comunidade de crenças e de amarguras identificasse espiritualmente os emigrados, não se confundiam, comos nos nossos tempos, «os judeus da nação portuguesa» com «os judeus da nação espanhola». A tradição familiar e por assim dizer de pátria mantinha-se" (*OC*, I, 394-95).

si, para os seus, e para este pobre país, dilacerado por divisões e queimado por um vento, que cada vez mais se me afigura estúpida e moralmente esterilizador! Aperta-lhe afectuosamente as mãos o seu amigo e ad.ᵒʳ

Joaquim de Carvalho

1930

XXXV

Revista da Universidade de Coimbra
(Portugal)
Redacção   ct   10; 29-4-4-121

5/1/929[61]
Meu Ex.ᵐᵒ e prezado amigo

A sua carta, tão dolorida, deixou-me uma impressão funda de tristeza, no que este sentimento tem de simpatia pessoal, e no que tem de significação geral. V.ª Ex.ª em parte será vítima de si próprio, mas é-o mais, incomparavelmente, deste meio estúpido em que vivemos, sem fortes e generosos valores morais. Em vez de valores de união, valores de desunião, – e isto em todos os sectores.

Esta noção criminosa, do Estado bandeira de partido, – e tudo e todos, sacrificam a este conceito, – o desprezo do indivíduo e o esquecimento de que a estima ou simpatia não são identificação, mas reconhecimento profundo da independência de outrem – levaram-nos a esta situação de guerra. Quando surgirá uma geração suficientemente honrada e esclarecida, que rompa com estas torpezas e instaure as condições morais de um conviver humano!

---

[61] A lápis, noutra ortografia, – 1930.

Devolvo o original e o orçamento. Procurei aqui arranjar o [v] editor. A Atlântida não pode, porque tem no prelo uma nova edição da *História da Literatura* do Dr. [Mendes dos] Remédios – e aguarda oportunidade para lhe publicar o seu manuscrito que já leu. G. Cunha[62], homem novo e inteligente, não pode. Aos outros não falei. Se dei estes passos foi para lhe ser agradável, atenuando a notícia que, de meu dever, dar-lhe-ei: não posso, pelo regulamento publicar as suas *Reflexões*[63]. Cabíveis e – em parte oportunas, e em parte verdadeiras – têm em todo o caso uma significação política, e um tom de polémica, que o regulamento me não consente publicar. A Academia vive há 15 anos, pelo menos, do favor da Imprensa: isto é, a Imprensa publica, e não recebe nada, por falta de recursos. A publicação das suas *Reflexões* representaria na Casa do convento de Jesus como que uma declaração de guerra – coisa que não está nos meus intuitos, nem devo fazer por forma alguma. A esta razão de bom senso, junta-se cominatoriamente o regulamento, que desde 1892 proíbe se imprima qualquer publicação que tenha ou possa ter qualquer significado político actual, e alimente polémicas. Perdoe a demora, mas logo que recebi o original entreguei-o ao Sr. Nazareth, e só depois, dia 2, o vi. Em breve seguem os livros, com coisas novas. Aperta-lhe afectuosamente as mãos o seu ad.^or e amigo

Joaquim de Carvalho

---

[62] Rui Gonçalves Cunha, proprietário e editor da Livraria Cunha, à Portagem, em Coimbra, na gíria conhecido por «Cunha das valsas» por se dedicar ao comércio de pautas e edições musicais. Muito frequentado, no quase meio século da ditadura, pelos intelectuais oposicionistas.

[63] Como há um hiato, neste período, na correspondência de Pimenta, não se sabe se seria uma II série de *Sombras de Príncipes. Pretextos e Reflexões*, ou reedição do livro publicado pelo autor vimaranense em 1922.

20/1/930   ct   10; 29-4-4-122

Meu Exmo amigo

Está a brochar o *Código Civil* / nova edição/. 4ª-feira já há exemplares. Irão os 2 *Códigos*, e um livro novo. A *Embaixada* ou foi edição da Academia ou separata do Instituto, e num caso como noutro não existem aqui exemplares. Desculpe escrever postal, coisa do meu desagrado, porém aqui no gabinete, e por falta de tempo, não posso escrever carta. Só sou eu em casa! Aqui a máquina administrativa enrola-me. Cumprimenta-o afectuosamente o seu amigo e ad.^{or}

Joaquim de Carvalho

Revista da Universidade de Coimbra
(Portugal)
Redacção   ct   10; 29-4-4-123

2/2/930

Meu Exmo amigo

A sua carta de ontem deu-me muito prazer, porque nos encontramos no mesmo sentimento. Eu conto. Quando esteve Reitor o H[enrique]. de Vilhena, em 1926, falei-lhe da necessidade de pensar na comemoração europeia do 4.º centenário da Universidade – por forma que se patenteasse ter sido uma transferência e não uma transladação... Apresentei no Senado, ao qual ao tempo eu pertencia, a proposta, que foi acolhida. Sobreveio isto que começou em 28 de Maio. Ele saiu, porém como eu fora indicado como organizador do plano, exortei o seu sucessor, o meu colega Almeida Ribeiro, a dar consistência ao voto. Submeti então ao juízo dos colegas o plano de trabalhos a começar e a realizar desde já na publicação de dois sistematizados – Organização do ensino, bio-bibliografia dos mestres; monografias de disciplinas, fazenda [da] Universidade, etc. – [v] o que tudo consta das actas do Senado. Nomeou-se depois uma comissão e aqui mais concretamente apresentei e desenvolvi a minha ideia! Publicação de fontes documentais e estudos mono-gráficos, os quais começariam imediatamente, por forma que em 1937[64] surgisse à luz pública, com a data deste ano. A forma e as-pecto idêntico aos livros do Centenário de Ceuta. Propus 10 contos anuais para o papel e impressão, e outras coisas, que todas foram votadas. Simplesmente, porém, tudo ficou satisfeito com o programa e dormiu descansadamente. Eu, que comprometera o meu nome, comecei a aborrecer-ma com a inércia, e pensei que o melhor seria reagir de fora para dentro. Numa reunião do Instituto propus que se publicassem as *Memórias históricas da Universidade* do Leitão Ferreira – o mais profundo, embora sem crítica – estudo histórico da Universidade, cuja 2ª parte está inédita, salvo a vida do A[ndré]. de Resende, que o Aarão [de Lacerda][65] publicou. Mais uma vez, senti a aprovação, e aqui com certo interesse, pois logo se solicitou dinheiro. Pedi-o, de novo, à Junta de educação nacional, mas até agora, os míseros dinheiros não vieram. Não limitei a isto a minha acção de motor. Há aqui em Coimbra um rapaz que reunia alguma consideração para [fl2] catalogar as centenas de apostilhas e lições dos séculos XVI e XVII, que jazem desconhecidas na Biblioteca. Solicitei, entre outras razões que invoquei, a nomeação do rapaz, por ser competente e um auxiliar das publicações do centenário. O rapaz é nomeado em fins de 26 ou princípios de 27, começa

---

[64] Por lapso está escrito 1947.

[65] Discípulo de Joaquim de Vasconcelos, Aarão de Lacerda (1890-1947), foi um escritor e professor de história de arte na Faculdade de Letras do Porto e na ESBAP.

a trabalhar, mas a breve trecho aparece-me um verdadeiro vagabundo do papel velho, sem espírito de ordem e continuidade. Neste momento, precisamente, chamei-o à ordem; amuou, mas quando voltar há-de trabalhar muito sentido. De tudo isto uma coisa se conclui: nada há feito, e só o Instituto espera o ensejo de publicar o Leitão Ferreira. O momento não é favorável para insistir. Aqui para nós, a mentalidade dominante vive de negações, e contenta-se com o rito externo e decorativo. E claro que este espírito estúpido e de reacção há-de passar, e hão-de ser os revolucionários de hoje os que farão em 1947 [1937] [2v] a afirmação do espírito de conservação. Tem sido esta a regra – por mim falo, pois não sendo um tradicionalista, e muito menos passadista – a tradição só é viva na medida em que é actual, – a actualidade e o sentimento racionalizado do futuro conduzem sempre a uma espécie de acção de continuidade de fisionomia tradicional. Tenho como raros, o sentimento universitário, e não imagina a ternura com que penso que vivo à sombra da Universidade e nesta casa entre a Sé Velha e a Universidade, – porventura um dos locais mais augustos de Portugal, me nasceram seis filhos e se desenvolveu a minha vida! Sou forçado a sentir a realidade viva do espírito nacional e sem vaidade creio que atingi a compreensão difícil do desenvolvimento deste espírito atrás das variações individuais e dos marcos passados do seu curso. Perdoe esta confidência, que não é vaidade mas efusão sentimental – a qual me dá porventura a explicação da minha acção na Imprensa da Universidade que não conhece partidos, nem escolas, nem ideologias e que consegui transformar num lugar onde tudo se pode manifestar, sob o fluir do que anima [fl3] o pretérito. Já vê, portanto, como a sua carta me deu alegria. Se me consente, dir-lhe-ei que aguarde o momento, em que eu apele para a sua pena, no sentido desta comemoração que não deve ser provinciana, nem meramente pantagruélica, nem assoardora destes discos, do 1.º estabelecimento científico, gloriosas tradições, etc. – sem revestir uma forma séria.

Muitas felicitações pela anuência do R[icardo]. Jorge[66]. Tive muita alegria em sabê-lo. Ontem na revisão vi provas de mais uma folha. Amanhã segue um livro, e para o mês que vem, outro ou outros. Aperta-lhe afectuosamente as mãos o seu grato ad.^{or} e amigo

Joaquim de Carvalho

XXXVIII

28/2/930   ct 10; 29-4-4-124

Meu Exmo amigo

O Sr. Nazareth deve ter o original do prefácio. Jamais retive um original em casa – e se é certo, como verificamos – que ele o não tem na pasta de um original, seguramente, por equívoco, o pôs noutra. Ele vai procurar melhor. Se amanhã ou depois não encontrar, procurarei eu – mas repito, será caso virgem. Os meus deveres oficiais enchem a vida de 3 homens: o hábito metódico, quasi maquinal já, salva-me da confusão, aliás fácil. Os livros, os que posso dispor – seguem hoje. Afectuosamente,

Joaquim de Carvalho

---

[66] R. Jorge aceitara prefaciar o volume dos *Estudos Filosóficos e Críticos*, de Pimenta. Cf. nota *167*.

3/3/930 ct 10; 29-4-4-125

Meu Exmo amigo

Ao vir hoje para a Imprensa passei pelo gabinete do Sr. Nazareth. Lá tinha numa gaveta o original do prefácio. Irá escrever-lhe. Isto só corrobora o que eu dizia – ou melhor, o valor do hábito e da ordem nos nossos actos, o qual permite ler no passado e asseverar o futuro e libertar-nos de muitas coisas.

Afectuosamente,

Joaquim de Carvalho

XL

5/3/930 ct 10; 29-4-4-126

Meu Exmo amigo

Está aqui em Coimbra um jovem *normalien* francês, que veio preparar uma tese sobre G[uerra]. Junqueiro[67]. Por incumbência de colegas de Paris, sou seu guia e daí o pedido que hoje lhe faço de me indicar os números ou datas dos seus artigos sobre Junqueiro. Ele viu já quasi toda a bibliografia de livros e revistas. Entra no pélago dos jornais – onde confesso mal sei navegar. Agradecendo, disponha do seu grato amigo e ad.^{or}

Joaquim de Carvalho

---

[67] Trata-se de Pierre Hourcade (ver *infra*, nota 126)

Revista da Universidade de Coimbra

(Portugal)

Redacção   ct 10; 29-4-4-127

24/3/930

Meu Exmo amigo

Perdoe-me o silêncio – como sempre resultante dos quefazeres [sic] e do cansaço. Louvo-me por se ter lembrado da Imprensa relativamente às *Fontes*[68], cuja organização constitui um real serviço, tanto mais apreciável quanto é certo serem cegas as edições, feitas há anos por Caeiro da Mata[69] e [Paulo] Merêa[70], – cegas e restritíssimas na amplitude.

Quando acabar o volume dos *Estudos*, cuja demora a si cabe pelo aumento do texto nas provas, o que não censuro, claro, poderemos começar com as *Fontes*; conviria, porém, que o original viesse, na medida do possível, completo.

Por estes dias lhe mandarei a tradução das *Últimas conversações*, de Renouvier, feita pelo A[ntónio]. Sérgio, e dentro de poucos meses 2 volumes: a *Estética Contemporânea*, de Neumann[71], e as *Meditações metafísicas*, de Descartes. Outras estão no prelo.

---

[68] Referência a *Fontes Medievais da História de Portugal*, obra de Pimenta que seria publicada em Lisboa, pela Sá da Costa, em 1948.

[69] José Cairo da Mata (1877-1963), jurista e catedrático de direito, seria por várias vezes ministro no Estado Novo.

[70] Manuel Paulo Merêa (1889-1977), catedrático de direito em Coimbra, o mais relevante historiador do direito na época, e fundador da Academia Portuguesa de História, docente de História do Direito nas Universidades de Coimbra e de Lisboa, desenvolveu relevante actividade no terreno historiográfico (*v. g.*, na colecção *Documentos medievais portugueses*) sendo co-autor (com Damião Peres) do manual liceal de referência da I República, *História de Portugal*, Coimbra, Coimbra Editora, 1920.

[71] Foi editada pela Imprensa da Universidade, em 1930, a obra do ensaísta e crítico literário Ernst Neumann (1862-1915). Como se referiu, também as *Meditações Metafísicas* apareceriam no mesmo ano, em tradução de António Sérgio.

[v] É quasi certo ir a França no mês de Maio. Irei pagar a visita dos professores franceses, percorrendo 4 ou 5 universidades com dois discos, que estou gravando, sobre os humanistas portugueses educados em França, e sobre Antero. Concluir-se-á o seu livro em Abril? Há toda a conveniência, para poder receber a remuneração da Imprensa em Julho, e eu deixar o assunto arrumado. Que me diz? Não li as últimas provas; ao abrir o pacote pareceu-me ser notável o estudo sobre *Vimaranis monumenta*, que não possuo, e desejaria ter. Aperta-lhe afectuosamente as mãos o seu grato amigo e ad.^{or}

Joaquim de Carvalho

XLII

9/4/930   ct 10; 29-4-4-128

Meu Exmo e prezado amigo

Há 10 dias que estou engripado: daí o silêncio. Levantei-me ainda combalido, mas que fazer, se tenho de ir aí fazer uma palestra sobre o Keyserling[72]? Li-o na cama, sem consistência, porque só sei traba-lhar à mesa, ou reflectir entufado no meu hábito – que é libertador; por isso, me afadigo agora, vencendo a resistência física. Recebi os Documentos de Guimarães (2 volumes); muito e muito obrigado. Devo agradecer para a Sociedade M[artins]. Sarmento[73]? e a quem? A si é que o devo, mas pode pairar estranho o meu silêncio.

Os Brasões, ou de outros livros aí lhe irão ter, logo que eu possa sair. Receio que sairei de casa para o comboio, que me leva a Lisboa.

---

[72] Hermann von Keyserling (1880-1946), filósofo aristocrata alemão cujas teses irracionalistas foram por alguns erroneamente interpretadas como fundamento do nacional-socialismo (v. nota 76).

[73] A Sociedade Martins Sarmento fora instituída em 1881, em Guimarães em homenagem ao arqueólogo e etnólogo Francisco Martins Sarmento.

Conheço o Maimónides, na tradução do Munk[74]. Há na Biblioteca da Universidade 2 volumes (falta o 3º) e tanto como o texto, as notas são de um valor incalculável. Estudei-o muito há anos. Muito bem o seu folhetim – tanto sobre os Reis, como sobre U[riel]. da Costa. Desconhecia os artigos de Darmesteter[75], mas lamentei a omissão [v] da tradução do Epitáfio. Creio que Uriel exagerou no *Exemplar*: os dois exprimem a verdade; porém, o articulista devia ter visto para além dos dois, relacionando-os. É bem certo: a letra mata o espírito. Deixo no tinteiro várias coisas, para retomar o Keyserling – sem dúvida o mais insuportável e impertinente dos europeus actuais, mas sedutor enquanto apetece inspirar o mundo de qualidade, sem misticismo, que é o ópio da inteligência. Na minha palestra colocar--me-ei no ponto de vista da antropologia filosófica – o grande tema dos nossos tempos[76]. Direi, e não lerei; quer dizer, não faço literatura, mas saberei dominar a atenção, prendendo-a e encaminhando-a para o plano em que me coloco? Será a minha 1ª palestra filosófica, para o grande público.

---

[74] S. Munk, trata-se do tradutor oitocentista de *Moréh Nebuchim*, de Maimónides, e o grande especialista da filosofia árabe e judaica (*Mélanges de philosophie juive et arabe*, Paris, 1859), colaborador nesta área no *Dictionnaire des Sciences philosophiques*, de Franck.

[75] James Darmesteter (1849-1894). Erudito , filólogo, orientalista francês, especialmente da Pérsia Antiga e do Judaísmo, discípulo de Michel Bréal, editor dos *Livros Sagrados do Oriente*, de Max Müller.

[76] Na recepção a Hermann Keyserling na Academia das Ciências de Lisboa, excurso spinoziano no fluir da *natura naturens*, e na racionalidade apreensível na *natura naturata*, dir-se-á que esta *irritação* levará Carvalho a criar um dos seus grandes textos teóricos, na linha daquele que duas décadas depois escreverá em «Saber e filosofar», não só ao intuir no problema nuclear da filosofia do homenageado, a "análise espectral" da actualidade trágica "da essência e do destino do homem e da civilização", pois desde o alvorecer metafísico, a filosofia coloca-se sempre como uma réplica às interrogações das coisas e da vida; mas ao estabelecer um autêntico programa filosófico, perpetuamente móbil, "a filosofia não oferece verdades eternas: é a reflexão do que surge como imediato ou longínquo", uma tensão do espírito, "um desumanizar-se para ressentir e criar a vida, uma desarticulação das ideias ou dos sentimentos para os articular de novo" (cf. *OC*, I, 355-365). Nesta carta, Carvalho não se enganara: a «impertinência» de Keyserling daria depois episódica face, a *civilizada*, filosófica e culta, a um leivão programático ariano, embora sem ligações ao nazismo.

Saúda-o afectuosamente o seu grato amigo e ad.^{or}

Joaquim de Carvalho

Coimbra   ct 10; 29-4-4-129

12/4/930

Meu Exmo e prezado amigo

Após 10 dias, vim hoje pela primeira vez à Imprensa: seguem mais três livros. Já não farei a conferência sobre Keyserling, lerei apenas um discurso na Academia. O homem como filósofo exprime apenas – e bem por vezes – esta reacção contra o intelectual que data do Nietzsche e é uma das características do nosso tempo; e por outro lado, aparte a sua visão clara do Ocidente, (*Conheci[ment] o Criador*), tem o sentido dos valores. Porém a parte do racional e irracional no homem é para ele muito confusa – como para todos afinal. Escrevo a correr. *Ex corde*

Joaquim de Carvalho

Coimbra   ct 10; 29-4-4-130

4/5/930

Meu Exmo e prezado amigo

Perdoe-me este silêncio! Tenho andado muito mal disposto por anomalia do fígado causada pela estadia em Lisboa. Num dia tive de sofrer um almoço na Legação da Alemanha e um jantar no Av[enida]. Palace, e estas comezainas e variedade de bebidas, a quem, como eu, é frugal e se habituou a comidas quasi de doente, para manter a saúde, a capacidade de trabalho e a alegria, provocam sempre uma reacção do organismo. Agora, porém, começo a sentir-me regressar ao habitual. Não irei agora a França, porque julguei de meu dever desistir, apesar de ter o itinerário fixado, etc. Irei, pois, no fim desta semana, para Lisboa, fazer o serviço gratuito e obrigatório de 6 júris de exames. Procurá-lo-ei, na Bertrand, e espero ter o prazer não só de o ver, mas conferir largamente. Keyserling nada, absolutamente nada, me perguntou de estranho. Moses Amzalak[77] falou-me realmente numa pergunta insólita que ele dirigiu, creio que ao ministro de Portugal na Alemanha. Não sei ao certo o que fora: suponho, porém, que era relativa a Vénus... Poucas pessoas perceberam a posição de ironia que tomei no discurso da Academia. Quando me falaram para o fazer logo disse que nem elogiaria, nem criticaria: espectador apenas, embora velasse a crítica por uma ironia subtil. Keyserling compreendeu [v] muito bem esta atitude, porque com certa mágoa me confessou que me havia colocado no ponto de vista de Sirius. Não foi a falta de adjectivos que o sensibilizou: foi a posição exterior que tomei. Conversei largamente com ele no Buçaco. Creio que no livro que está escrevendo sobre a América do Sul nos tratará bem. Fiquei com essa convicção, pelo que me disse, e pelo que assentiu a certas opiniões que lhe expus. Uma virtude porém: a sinceridade, e realmente nesse passeio pelo vale dos fetos, sozinho comigo, nem foi conferente, nem paradoxal, nem reservado. Se assim foi, não se terá perdido tudo, tanto mais que o Dr. A[gostinho]. de Campos habilmente o encaminhou também para este rumo.

Pelo dia 11-12, passarei pela Bertrand, e lá deixarei dito um recado para nos encontrarmos – a menos que os 6 júris me absorvam,

---

[77] Moisés Bensabat Amzalak (1892-1970), professor universitário de economia, destacou-se também nos estudos navais e sobre a presença judaica peninsular. Afinidades electivas e o interesse pelos estudos judaicos aproximavam Carvalho e Amzalak no final da década de 20.

como receio, todas as horas do dia. É possível que no Instituto Rocha Cabral[78] faça duas palestras sobre Descartes e Espinosa – coisas gerais, claro, tendentes a salientar dois estilos de pensamento. Começo a crer que se inicia certo interesse pelas ideias filosóficas: erro? Para o próximo Inverno quero preparar, para aí, um *cursillo* sobre a evolução das ideias em Portugal. Até breve. Afectuosamente aperta-lhe as mãos o seu amigo e ad.[or]

Joaquim de Carvalho

XLV

ct 10; 29-4-4-131

Meu Exmo e prezado amigo

Acabo de receber uma carta do Dr. A. Correia (Brasil), propondo-me a tradução da Suma Teologica. Devo-a a si: por isso cordialmente lhe agradeço este colaborador e desde já fica entendido entre nós que o meu amigo reverá as provas, não vá o tradutor inserir brasilianismos...

Escrevo a correr. Afectuosamente

Joaquim de Carvalho

6/5/1930 P.S. Claro [,] é para a nova colecção Filósofos e Moralistas. Vou pedir-lhe que dispense o texto latino.

---

[78] Instituo de investigação científica, ligado à bacteriologia e química, fundado em Lisboa em 1922, pela mão de Ferreira de Mira.

Lisboa   ct 10; 29-4-4-132

9/5/1930

Meu Exmo amigo

Aproveito a manhã – a 2ª que passo em casa, desde que vim para aqui – para lhe agradecer a sua carta. Creio que não devemos pensar no livro do Grabmann, com quem permuto livros. E não devemos pensar por 2 motivos: pelo editor, e pelo autor. Um e outro devem ser exigentíssimos. Sobretudo aquele, pois o meu amigo não teria margem para remuneração. Fala a experiência, recente, a propósito do livro de Hessen[79] sobre a filosofia dos valores, que o Moncada[80] quer traduzir[81]. Pense, pois, num livro ou autor caído no domínio público – francês, italiano ou espanhol. Qualquer que seja será bem vindo: não olho à ideologia, e permito-me apenas sugerir que tem toda a conveniência em trabalhar num texto que possa ter largo público. Por exemplo – a Lógica, ou arte de pensar de Port Royal; um ensaio de Maine de Biran[82]. A Lógica, que não é grande, teria, além dos usuais, o público escolar – o que lhe seria vantajoso

---

[79] Johannes Hessen (1899-1971), filósofo e teólogo católico alemão, crítico da dogmática e da teologia tomista, doutorou-se com uma tese sobre *Religionphilosophie des Neukantianismus* (Friburg, 1919) em aproximação a Max Scheler, sendo implacável crítico quer do darwinismo social e suas derivas totalitárias quer da dogmatização do nada que recobriu, como escolástica antiescolástica, o pensamento europeu contemporâneo.

[80] Luís Cabral de Moncada (1888-1974), o especialista e mais influente mestre de Filosofia do Direito ao tempo de Carvalho; aproximou-os, sobretudo, a despeito das insuperadas divergências políticas e ideológicas, o mútuo interesse pela filosofia alemã e em particular pelas escolas neokantianas e pela discussão da Fenomenologia husserliana.

[81] *Filosofia dos Valores*, foi inicialmente editado na colecção *Studium,* da Arménio Amado Ed.ª (Coimbra), depois revisto (1953) e conheceria inúmeras reedições.

[82] Filósofo ecléctico francês (1766-1824) que marcou, na tentativa de síntese entre o platonismo e o cristianismo, a chamada reacção espiritualista.

economicamente. E Condillac[83]? por exemplo o *Tratado das Sensações*. Aquele, porém, parece-me que lhe seria mais remunerador. É claro que isto é conversa, porque repito, tudo será bem vindo. Até breve. Cordialmente

Joaquim de Carvalho

XLVII

Coimbra

ct 10; 29-4-4-133

S/C   6/7/930

Meu Ex.mo e prezado amigo

Lamentei não lhe ter dado um abraço de despedida, e lamento sobretudo os motivos que o desassossegaram. Escrevo a correr para lhe dizer que o Dr. R[icardo]. J[orge]. receberá em breve as provas, e que a 1.ª folha do apêndice ficou ontem composta. Caí num pélago de exames, e vim encontrar aqui muito correio atrasado: por isso escrevo a correr.

Com os meus respeitos a sua Ex.ma Esposa, e felicitações pelo seu filho, que é um perfeito rapaz, deseja-lhe boa viagem o seu amigo e ad.or

Joaquim de Carvalho

---

[83] Discípulo do empirismo de Bacon e de Locke, Condillac (1715-1780) defenderia o sensualismo gnosiológico.

143

Coimbra S/C

ct 10; 29-4-4-134

1/8/930

Meu Exmo e prezado amigo

Saúde e paz! Estou em oblativos de saída para os Palheiros. Farei na 2.ª feira uma palestra ligeira sobre o feminismo na nossa literatura de quinhentos e 3.ª feira sairei daqui, demorando-me 10-15 dias na Figueira, pois conto partir para Inglaterra. Assistirei ao Congresso de Oxford[84] e em especial aos Congressos sobre Hobbes e Spinoza, que se realizam simultaneamente. Acho muito bem o índice: tem paciência para o organizar? É possível que de Inglaterra lhe escreva. A fenomenologia vai ter as honras de uma sessão: Heidegger[85] será o proponente. Leva-me essencialmente lá o desejo de me avistar com conhecidos e de organizar a colaboração para a revista de filosofia, que quero fazer sair este Inverno, e para a qual conto consigo. Escrevo à pressa. Tenho de ordenar a palestra, que apesar de ligeira, e feita em atenção ao grande público feminino nacional e estrangeiro, que frequenta o curso, me obriga a 2-3 horas de encadeamento de ideias e factos. Faço-o apenas para não magoar o Mendes dos Remédios. Mando-lhe um folheto. Em Setembro irá todo o volume, que é grande: 1.100 páginas – e com ele os novos livros da Imprensa.

[v] Desejando-lhe boas férias e a conquista, pelo repouso, de novas capacidades de trabalho, e com os meus cumprimentos

---

[84] VI Congresso Internacional de Filosofia.

[85] Cotejando com o conjunto da obra, trata-se de uma raríssima referência ao filósofo alemão. Refira-se que o congresso sobre Espinosa tivera grande impacto no meio filosófico: Leo Strauss, num melhor exemplo, redigirá o seu primeiro ensaio de fôlego, *Die Religionkritik Spinozas* (...), Berlin, Akademie-Verlag, 1930, sob esse cenário e tomando em particular a influência de Uriel da Costa, em convergência com Carvalho.

a sua Exma Esposa, aperta-lhe afectuosamente as mãos o seu ad.^{or} e amigo

Joaquim de Carvalho

XLIX

[bilhete postal]   ct 10; 29-4-4-135

Oxford – Oriel College
3/9/930
Lembranças afectuosas !
Há 8 dias aqui estou instalado como um *fellow* e a experência que colhi deste congresso, mais que as ideias, ser-me-á útil.

Joaquim de Carvalho

L

Biblioteca Geral da Universidade de Coimbra   ct 10; 29-4-4-136
(Gabinete do Director)

11/11/930
Meu prezado amigo
Saúde e paz! Tem razão: o meu silêncio é já indecoroso. Eu, po-rém, não queria limitar-me às expansões do sentimento: desejava que a epístola fosse acompanhada do 1.º volume brochado. A obra está nos brochadores. Por toda a semana que vem está brochada. Depois conversaremos. Diga-me porém quantos exemplares quer.
Realmente devia ter-lhe escrito, mas que quer? Requeri em 20 de Setembro; em 22 nasceu-me uma filha – o oitavo – o que me obrigou a ficar nos Palheiros até quasi meados de Outubro. [v]

Depois começou a balbúrdia dos actos e das aulas, simultaneamente, e sobretudo o desbaste da correspondência atrasada de dois meses. Ainda não a pus em dia!

Não veja, pois, peço-lhe encarecidamente, no meu silêncio, senão o que ele representa de facto: desejo de fazer coincidir a epístola como envio do livro. No mais, a mais firme e constante estima, inalterável pelo que tem de profundo e consciente.

Aperta-lhe afectuosa e gratamente as mãos o seu amigo e ad.^{or}

Joaquim de Carvalho

[fl2] P. S. Com os seus livros irão coisas novas – os últimos livros da Imprensa.

LI

Imprensa da Universidade   ct   10; 29-4-4-137
Administração
Serviço da República

[dact.] Coimbra, 18 de Novembro de 1930

Exm.º Sr. Dr. Alfredo Pimenta

Envio junto cinco senhas de caminho de ferro com os números 19.678/82 correspondentes ao despacho, em tarifa, para a estação do Rossio de 5 pacotes com 35 exemplares do livro de V.ª Ex.ª – a "Estudos Filosóficos e Críticos", que acaba de ser impresso.

Sem mais sou com muita consideração, At.º e Vem.

O Administrador
Dr. Joaquim de Carvalho

[ms.] P. S. Cumprimentos afectuosos. Conte que na semana próxima o livro apareça nos escaparates. Preciso, e conciso o folhetim sobre Crisfal. Muito bem. Qualquer dia escrevo. Seguem outros livros. Assentaremos de comum acordo preço e remuneração antes de mandar ofício. Afectuosamente

Joaquim de Carvalho

LII

Prof. Joaquim de Carvalho   ct   10; 29-4-4-138
Universidade de Coimbra – Portugal

28/11/930
Meu prezado amigo
Ao cair da tarde – 4 ½ – o Nazareth mandava-me o processo do seu livro, e rapidamente veio fazer as contas, que desenvolvo no papel junto.

Creio que o livro deve ser vendido a 25$00: a sua remuneração não pode ir além de 1$200.

Concorda? Quanto mais caro se vendesse, claro mais receberia, mas haverá venda? Como lhe disse as 1.ªs importâncias recebidas serão facturadas em seu nome, por forma que logo que os livreiros paguem, a Imprensa lhe mandará a importância da sua remuneração.

Desejo que o livro apareça quanto antes nos livreiros; e por isso se concordar com o preço e remuneração pedia-lhe que me mandasse um telegrama – concordo, para amanhã mesmo se tratar da expedição. Há já pedidos – cerca de 20. Escrevo a correr. Entreguei o livro ao Remédios. Domingo escreverei epístola larga. Afectuosamente

Joaquim de Carvalho

P. S. O portão da casa fecha-se cedo: a rapariga tem de sair já; daí o laconismo e pressa.

LIII

Prof. Joaquim de Carvalho   ct   10; 29-4-4-139
Universidade de Coimbra – Portugal

3/12/930

Meu querido amigo:

Perdoe-me este silêncio! Avalia a minha vida, não é verdade? Ontem e anteontem tive de ler quasi toda a obra de Goblot, pois cometeram-me o encargo de o apresentar. Era um dever não apenas de gentileza, porque Goblot vai dar-nos as primícias do livro em que trabalha sobre o problema do conhecimento[86]. Começa a criar--se aqui um núcleo de interesses filosóficos, e as breves palavras que tinha de pronunciar tinham de respirar, não direi um ar de altitude, mas de seriedade. Conhecia bem o *Tratado de Lógica* e o *Sistema de Sciencias*: desconhecia porém a obra restante, na qual avulta um prestante exercício sobre os juízos de valor, o qual incide sobre a burguesia francesa: por outras palavras, como nasce e morre uma classe social.

O seu livro e as dedicatórias que lhe apôs penhoraram-me e penhorar-me-ão tão indelevelmente A filosofia levou-me [v] a uma atitude moral de pleno reconhecimento dos outros, quero dizer de autonomia moral de cada um. Nada me é mais hostil, pelo que tem de amplificação de egoísmo, do que a amizade baseada na plena

---

[86] Carvalho referia-se a *Le système des sciences* (1906) e a *La logique des jugements des valeurs* (1922), do lógico e filósofo francês Edmond Goblot (1858-1935), autor de *La Barrière et le Niveau* (1925), obra fundamental sobre a *distinction* que Passeron, Baudrillard e Bourdieu, utilizariam, conceito ao qual *in fine* Carvalho se refere.

148

comunidade e identidade de ideias e sentimentos. A tolerância, a esta luz, é ofensiva porque traduz no fundo sobranceria, não lhe parece?

Demais, na hora em que ficou assente a publicação do seu livro eu quis apenas consagrar o único crítico do jornalismo dos nossos dias, afirmar o espírito largo de independência e reconhecimento dos outros, sem olhar às ideias que defendem, e amparar moralmente uma pessoa ofendida: hoje digo-lhe que, para além destes sentimentos, se junta o da amizade. Vejo que o meu amigo tem público: aqui em Coimbra o seu livro tem sido vendido. No fim desta semana dir-lhe-ei o que há no resto do país: mas creio que este volume deve ser o 1.º da série, pois deve ser seguido da reunião das críticas posteriores. Há que pensar que não escreve só para o momento, [fl2] porque do seu trabalho deve ficar um índice das preocupações dos nossos dias. Comoveu-me a referência às cartas do desventurado Costa Ferreira. Fui muito amigo dele, e dos homens que tenho conhecido – aos 38 anos creio poder falar como poucos dos homens que tenho conhecido – foi o que mais senti próximo de mim. Foi a África para ganhar dinheiro que o habilitasse a instalar-se em casa própria em Coimbra, pois talvez não ignore que por minha proposta a Faculdade, indo ele em viagem, o propôs para professor de psicologia. Ao mesmo tempo ia despedir-se da antropologia... Senti muito a sua morte, que eu soube momentos depois de ter recebido uma carta dele, escrita quando passava o Equador. Foi um dia horroroso, consolando-me o meu muito querido Luciano Pereira da Silva[87], que também já lá vai, e a quem devo gratidão pela forma como acompanhou o meu

---

[87] Luciano Pereira da Silva (1864-1926), matemático e astrónomo, um dos grandes amigos de Carvalho, que o evocará exemplarmente no *In Memoriam*: "No pequeno círculo coimbrão ninguém como ele vivia no sentimento de que a vida é digna de ser vivida, e tão ampla e profundamente que se alguma vez concebeu a ascese e as mortificações foi para enobrecer com elas a longínqua humanidade dum planeta, tão longínquo que os seus movimentos não viessem perturbar a máquina maravilhosa do nosso mundo" (cf. *OC*, V, 162). Percebe-se melhor o tom carregado com que J. de C. escreve esta carta evocativa, porquanto também LPS morreu de forma trágica, assassinado por um louco, em Caminha.

trânsito para a maturidade. [2v] A um e outro conheci quando começava a minha vida de professor – aos 24 anos, e com o Luciano, meu vizinho, tive a mais completa intimidade intelectual – passeávamos todos os dias depois do jantar, e nunca falámos de homens – assim como, pelas epístolas sobretudo, intimidade moral com o C[osta]. Ferreira. As nossas cartas eram semanais, e depois da publicação feita pelo Vilhena apareceram-me outras, que um dia, se eu chegar a velho, rememorarei. O seu retrato, como o de Luciano, está aqui na minha presença. Mandei ontem o livro do Velasco[88]. Creio que esses concursos, em vez de um termo, são um início. De quê? Não sei, mas desde que os homens perderam o respeito mútuo, vamos entrar no reino da paixão, e então quanto mais violentos e hostis mais heróis. Pressinto coisas graves, a que não poderei ser indiferente, sob pena de trair os meus deveres impessoais – e até pessoais, porque provavelmente irão atingir [fl3] um colega que admiro e de quem sou amigo. É claro que, por não ter feito parte do júri, me não cumpre ter opiniões mas o desencadear das paixões terá consequências, perante as quais não devo ser espectador indiferente. Em fins de Janeiro – princípios de Fevereiro, conto ver na rua o 1.º número da Revista Filosófica, da qual serei secretário, precisamente porque o director pode e é impertinente para quem assina o seu nome e tem responsabilidade das suas ideias. É uma revista, à qual eu desejaria chamar Convívio, se não parecesse estranho, que tende a reunir todos que em Portugal se interessam pelas ideias gerais ou se quiser pela filosofia. Quer dar-me o gosto da sua colaboração? Sempre contei com ela. É publicada pela Faculdade precisamente para a autonomia ser maior. No começo das

---

[88] André Velasco (1895-1980), madrileno docente na Universidade de Lisboa, especialista de filologia clássica. No início do ano seguinte A. Pimenta republicaria em brochura *Os Senhores Profs. André Velasco e Queirós Veloso plagiadores – subsídios para as suas biografias mentais* (Lisboa, J. Fernandes Júnior).

férias próximas falar-lhe-ei mais longamente. Aperta-lhe afectuosa e gratamente as mãos o seu amigo e ad.ᵒʳ

Joaquim de Carvalho

LIV

Prof. Joaquim de Carvalho   ct   10; 29-4-4-140
Universidade de Coimbra – Portugal

7/12/930

Meu querido amigo:

Li o artigo da *Voz*: fez o seu dever denunciando essa torpeza e ao mesmo [tempo] pondo em foco a superficialidade do ensino superior. Precisamente o que nos concursos de Lisboa me ofende é a consagração da insignificância. Tinha, devo dize-lo, consideração pelo Velasco, mas compreendi a sua exclusão necessária quando, numa vinda a Coimbra, o meu colega, compadre e amigo Ventura[89] – o nosso único helenista, me disse o que fora a lição. Ventura sobre ser sabedor – é cientificamente o colega que mais estimo na minha Faculdade – é honrado. Propôs a reprovação de ambos os candidatos, sem reservas nem intrigas. Foi mesmo o único que manifestou, momentos antes da votação, a sua opinião informando como «técnico» o júri: o resultado sabe-o: Veslasco, 3 esferas brancas, e 8 pretas; Neves, 6 brancas e 5 pretas. Ventura protestou logo dizendo que não [v] mais trabalharia neste júri. Ora amanhã, 2.ª feira, ele tem de intervir num doutoramento e num concurso de professor auxiliar. Não vai, claro; e como me segredam há muito que sobre ele

---

[89] Carlos Simões Ventura (1893-1975), condiscípulo e amigo de J. de C., desde os tempos do Colégio Liceu Figueirense, republicano moderado, catedrático de filologia clássica, mais ligado à cultura latina a primomedieval do que ao helenismo, seria o refundador da revista *Humanitas* (1952).

vai se desabar uma tormenta, eu não sou nem posso ser indiferente a qualquer deliberação que o afecte na sua vida profissional. O raio que o ferir, ferir-me-á também, porque protestarei logo. Aqui tem a explicação das minhas palavras de há dias. O resto – o concurso ao qual não assisti, pois fui o único professor de Coimbra que não foi nomeado para esse júri – ficará para conversa. Em todo o caso, tenho a consciência tranquila, porque disse a alguém que mandasse vir o Lefourny. Não indiquei logo o título – mas tinha-o na *Revue neo-scholastique* e numa carta que me escreveu para o Alto de Santa Catarina. Esse alguém não suspeitava, como eu, do roubo: contentou--se com o que notara. É este contentamento fácil a prova – se outra não houvesse – da tal superficialidade a que aludo.

[fl2] Diga-me quantos volumes quer, ou melhor, as direcções das Revistas, às quais deseja enviar a). O envio far-se-á pela Imprensa. O seu livro tem tido muita venda. Logo que possa mandarei a remuneração; depende dos pagamentos dos livreiros à Imprensa. Escrevo a correr, por não ter tempo. Acabo de escrever uma longa epístola da 6 folhas ao A[ntónio]. Sérgio – sobre temas cartesianos, a propósito da sua tradução das *Meditações*, quasi concluída. Aí lhe irá ter. Em breve escreverei ao autor dos *Estudos*, como leitor. É claro que não posso confiar ao papel o que sei dos concursos. Não fiz parte e portanto só sei pelas confidências. Abraça-o afectuosamente o seu amigo e ad.or

Joaquim de Carvalho

a) Mande-me o número de cartões de visita, seus, necessários para estes envios. Pôr-se-ão nos volumes: agradecer-lhe-ão directamente. Não lhe parece o mais prático e simples?

Prof. *Joaquim de Carvalho*   ct   10; 29-4-4-141
Universidade de Coimbra – Portugal

12/12/930

Meu prezado amigo:

Saúde e paz! Duas linhas apenas, meramente informativas:

a) os livros serão expedidos pela Imprensa: por isso devolvo os cartões.

b) Pelo sistema de escrita da Imprensa, é impossível o desconto no débito de Aillaud. Sobre este ponto, porém, falaremos em princípios de Janeiro, depois das cobranças.

c) Recebi as provas do artigo crítico: no *Instituto* não é possível a publicação porque o jornal afastou sempre a crítica bibliográfica. Quis estabelecê-la, mas debalde. Aguardo a vinda do colega Ferrand d´ Almeida[90], aí em serviço de exames, para lhe falar. É ele que cuida da *Biblos*.

d) Num dos últimos volumes do *Boletim da Biblioteca* da *Universidade* encontra-se o sumário de um manuscrito com referência a poetas setecentistas. Preciosa é a edição da *Phoenix*, que o Dr. Simões de Castro[91] anotou. Escrevo nos reservados da Biblioteca. Pelos manuscritos dilata-se a obra poética setecentista e precisam-se autorias. Há nos volumes antigos do *Arquivo Bibliográfico* referências a estes manuscritos. Afectuosamente

Joaquim de Carvalho

---

[90] Ferrand Pimental de Almeida (1885-1963), ex-seminarista doutorado em Filologia Germânica (e depois em Teologia pela Universidade Gregoriana de Roma), desde 1925 catedrático da Faculdade de Letras de Coimbra, seria um homem do aparelho do Estado Novo.

[91] Augusto Mendes Simões de Castro (1845-1932), erudito e bibliógrafo, bibliotecário--adjunto da Biblioteca da Universidade, e sócio do Instituto, a cuja secção de Arqueologia presidiu longos anos.

P. S. Escreverei no domingo: hoje vai a correr. Li há anos um livro sobre o Gongorismo e Maneirismo. É uma tese.

P. S. Possui o *Arquivo Bibliográfico*? É do tempo.

LVI

Prof. Joaquim de Carvalho   ct   10; 29-4-4-142
Universidade de Coimbra – Portugal

16/12/930

Meu querido amigo:

São 10 ½: acabo de receber a sua carta. Perdoe a ausência da epístola prometida, porém estou trabalhando absorvidamente no meu capítulo da *História do Regime Republicano*: formação da ideologia republicana até 1880. Na 1.ª aberta escreverei longa epístola. Tenho de aproveitar estes dias de férias, até fim do ano: depois o Forjaz de Sampaio reclama os outros 8 dias para os místicos e moralistas. Vou daqui a pouco para a Imprensa: seguirá o livro do [Hernâni] Cidade[92], edição da Imprensa e que queria fazer depois com 2 que estão a brochar.

Conheço pessoalmente o Hallet, professor em Leeds, e vi em Oxford o livro grande: *Aeternitas*[93]. Não mo deu, nem tive dinheiro para o comprar. Deu-me sim a charpante deste livro, publicada no *Mind*[94].

---

[92] Hernâni Cidade (1887-1975), ex-seminarista em Évora e republicano diplomado pelo Curso Superior de Letras, herói e prisioneiro de guerra após La Lys (1918), jornalista e crítico, seria docente das Faculdades de Letras do Porto e, depois, de Lisboa, companheiro da aventura jornalística, com J. de C., Mário de Azevedo Gomes e outros, do *Diário Liberal*.

[93] Trata-se de *Aeternitas. A Sipnozistic Study*, de H. F. Hallet, uma reconstrução contemporânea da metafísica spinosiana, que saíra em Oxford (The Clarendon Press) em 1930.

[94] Conceituada revista de filosofia de Oxford, fundada por Alexander Bain em 1876, hoje mais associada à filosofia analítica.

É uma das mil separatas da minha livraria. Subtil e profunda a análise que faz da duração e tempo em Espinosa – diversas do sentido actual, assim como é justa a interpretação da eternidade das almas. É um rapaz da minha idade, inglês de boa cepa, com quem conversei muito em Oxford.

Mando-lhe também o livro do Descartes. Se quiser ler o artigo do *Mind*, que a *Aeternitas* desenvolve, mandar-lho-ei. Afectuosamente

Joaquim de Carvalho

P. S. Espinosa é o meu deus – no livro V. Em 1932 hei-de escrever um livro sobre ele.

LVII

Prof. Joaquim de Carvalho   ct 10; 29-4-4-143
Universidade de Coimbra – Portugal

24/12/930
Meu querido amigo:

Saúde e paz! Duas linhas apenas para desejar cordialmente alegria, paz e prosperidades para o seu lar, no único dia eterno da humanidade. Poderão perecer toas as teologias: a *caritas* subsistirá como a mensagem suprema, que nada atingirá. Recordo-o afectuosamente, e com esta recordação vai o pedido de desculpas pelo silêncio para com o intelectual. Volto à razão: imperativo de me absorver completamente no estudo, perante a necessidade de ter o capítulo acabado no fim do ano. Desculpa, não é verdade? Esta emigração e contacto com o homem do liberalismo têm-me feito bem. Moral e intelectualmente. Afectuosamente

Joaquim de Carvalho

Prof. Joaquim de Carvalho   ct   10; 29-4-4-144
Universidade de Coimbra – Portugal

25/12/930

Meu querido amigo:

Quando ontem regressei a casa encontrei a sua carta, que me entristeceu. Tinha-lhe escrito de manhã cedo – talvez às 7 ou 8 horas, como escrevera a todos os meus amigos, levando a carta para a Imprensa. A tolerância de ponto e o falecimento de um tipógrafo, que nascera na própria imprensa, onde o pai vive, forçaram-me a ir antes da hora habitual – 11 horas.

Entristeceu-me por o saber cansado: mas a confiança no seu bom médico e a experiência pessoal dizem-me que será uma crise passageira; e entristeceu-me ainda o nervosismo que depreendi, senão irritação pelo meu silêncio. Se não erro na suspeita, magoou-me, porque ignora as minhas intenções, levando à conta de indiferença o que há de intento de longa e meditada epístola. Fujo à dispersão da atenção, por saúde moral e física e a verdade é que devo saldar compromissos já muito antigos, que demais afectam interesses materiais de pessoas pobres. Refiro-me a Montalvor[95] e Moutinho, que não quero que sofram pela minha demora, e já estão sofrendo [v]. Não me conhece assaz, nem sabe o que pesa diariamente sobre mim. É possível, porém, que eu erre, e de ofendido lhe apareça um ofensor. Se assim for, rasgue tudo isto, – nem me está no intento, remoto ou proximamente, nem eu o faria. Vamos, porém, ao objecto da sua carta:

---

[95] Luís de Montalvor, o editor da *História do Regime Republicano em Portugal*, era o pseudónimo poético e profissional de Luís Saldanha da Gama da Silva Ramos (1891-1947), co-fundador de *Orpheu* (1915) e director de *Centauro* (1916) e da editorial Ática, colaborador da *Contemporânea* e da *presença*.

1) – Remuneração. Como creio já ter dito, tudo o que estiver apurado em 31 de Dezembro lhe será enviado nos primeiros dias de Janeiro. No Aillaud informaram-no mal: a Imprensa da Universidade é que liquida semestralmente. Trocaram as coisas.

2) – Eu não consigo autorização do Carlos Michaëllis. Não a e deu, e por informes devo considerar o seu silêncio como negativo. Creio ter-lhe dito as razões fundamentais: germanofilia. Oficialmente desobrigo-me, portanto. Pessoalmente, porém, nada tenho com a publicação, mas a sua amizade consente-me que lhe diga ser uma coisa grave? Tem todo o direito de as publicar. Pertencem-lhe as cartas; não é desagradável a publicação de certas cartas contra a vontade da família, podendo demais recordar coisas tristes? Não sabe que o Carlos Michaëllis foi demitido de professor da Faculdade Técnica [fl2] do Porto por germanofilia? A demissão foi para ele a fortuna: mas sei que isto o magoou imenso, como à mãe, sei que isto foi e é revoltante, e sei que ele deseja uma pedra sobre tudo isto. O respeito que devo à memória da mãe obriga-me a fazer estas interrogações, a que o meu amigo responderá como entender. Não lhe agrada a fórmula de publicar, por agora, o estudo inédito sobre Ribera? Que esta carga, após 2 dias de sossego, o vá encontrar melhor! Eu sei que Lisboa é o seu ganha-pão; mas Lisboa queima-o. Afectuosamente

Joaquim de Carvalho

LIX

Biblioteca Geral da Universidade de Coimbra   ct   10; 29-4-4-145
(Gabinete do Director)

10/2/931

Meu prezado amigo:

Passei os últimos 9 dias na cama, com a gripe da moda. Daí o silêncio. Saio hoje pela 1.ª vez, e ao escrever-lhe tenho a esperança de que esta carta o vá encontrar, senão restabelecido de todo, pelo menos na via do franco restabelecimento. Lamentei não o ver. Como sabia, pelo que me disse, que as horas menos molestas seriam as 1.ᵃˢ portuguesas meridianas, procurei-o nos dois últimos dias, mas não o vi nem ouvi o telefone. Do seu livro há apenas 270 exemplares. Hoje lamento não se ter feito uma edição de 1.500 [v] exemplares: far-se-á, porém, para o 2º volume. Bem-vinda a tradução do *Proslogium*[96]. Tiragem de 1.200 a 1.500 exemplares. Os seus leitores certos comprarão, e além deles, o público dos seminários. Creio que remuneração será pelo menos igual, senão maior, do que a dos *Estudos*. Mande quando puder o original para 2 folhas. Escrevo a correr. Tenho muito correio, e ainda me sinto fraco. Afectuosamente

Joaquim de Carvalho

P. S. Vou ver o que se pode mandar. Creio que 2 dos livros estão esgotados.

---

[96] A anunciada introdução ao *Proslogion*, tentando certificar o acerto do argumento ontológico de Santo Anselmo, nunca veria a luz do dia. Desconhece-se se A. P. chegou a fazer a tradução.

LX

Prof. Joaquim de Carvalho   ct   10; 29-4-4-146
Universidade de Coimbra – Portugal

2/3/931

Meu prezado amigo:

Saúde e paz! Já está bom? A doença do mês de Fevereiro complicou-me a vida: este mês tenho procurado recuperar o perdido, à custa do esforço e da tensão nervosa. Só lhe posso mandar a *Opera* de J[erónimo]. Osório. Estão a brochar exemplares porque o fundo guardava-se em papel. O outro não posso: há 4 exemplares do *De rebus*[97] e 6 ou 7 das *Cartas* de Nogueira. Estas são uma separata: a revista lá lhe irá ter. Estou escrevendo ainda o capítulo para a *História do Regime Republicano*; porém este mês ainda tenho de preparar 2 conferências para ler em França e Bélgica, para onde conto sair em 8 de Abril, para regressar no fim deste mês.

Escrevi a correr o capítulo sobre literatura religiosa para o Albino [Forjaz Sampaio][98]– a correr por falta de tempo, pois quasi todo o mês de Fevereiro estive na cama. Estes saltos para assuntos que não guardam entre si qualquer relação começa[m] a fazer-me mal. A aproximação dos 40 adverte-me de muitas coisas – e uma delas, é que a vida existe sob condições. Dei ordem ao tesoureiro para apurar o recebido do seu livro nestes dois meses. A venda *a crédito* (a cobrar em Maio) continua: a dinheiro deve ser insignificante. Há 240 exemplares apenas. Já vi que do volume terá de fazer-se

---

[97] *De rebus Emmanuelis (...) gestis*, de Jerónimo Osório.

[98] Albino Forjaz Sampaio (1884-1949), poeta, prosador e bibliófilo iniciara em 1929 a dirigia a edição, com Afonso Lopes Vieira, de uma *História da Lituratura Portuguesa Ilustrada*, em fascículos, só concluída em 1942, e na qual Joaquim de Carvalho colaborou.

edição de 1.500 exemplares; então verá que não é mau ser autor da Imprensa. Cordialmente

Joaquim de Carvalho

LXI

Imprensa da Universidade   ct   10; 29-4-4-147]
Administração
Serviço da República

[dact.] Coimbra, 13 de Março de 1931
   Exm.º Sr. Dr. Alfredo Pimenta
   Lisboa
   Envio a V.ª Ex.ª o incluso cheque com o n.º 122 da agência do Banco de Portugal, da importância de 465$00 respeitante ao recibo enviado por V.ª Ex.ª e cuja importância é por conta da remuneração do seu livro – "Estudos Filosóficos e Críticos".
   Agradeço que acuse a sua recepção
   De V.ª Ex.ª, At.º Mt.º e Obg.º

O Administrador

Joaquim de Carvalho

   [ms.] P. S. Das poesias do A[ndré]. de Resende há 6 exemplares. Figura no catálogo por esquecimento. Verei no entanto se lhe posso alcançar um exemplar. Sabe qual a dotação da Biblioteca da Universidade? [v] 7.500$00 para comprar os livros!!!

Na Faculdade não há também vintém. Em Julho, ano novo, comprarei a edição, assim como as *Mél[anges]*. Mandonnet (a). Tenho saudades do tempo em que podia comprar os livros!

Cordialmente,

Joaquim de Carvalho

(a) – Estas em particular interessam-me[99]. Quero começar este Verão a redigir a História da Filosofia Medieval em Portugal.

LXII

Prof. Joaquim de Carvalho   ct   10; 29-4-4-148
Universidade de Coimbra – Portugal

22/4/931

Meu querido amigo:

Perdoe o silêncio! Trabalhei intensamente na preparação das conferências até ao dia 9. Depois desisti de ir, porque esta horrorosa situação de guerra civil em que vivemos impôs-me o dever de não sair de Portugal. Devo esperar dias mais tranquilos. O meu patriotismo não me concedeu[100] a saída agora, mas esta comoção e o desejo de obter novos informes deram causa ao adiamento da resposta. O seu artigo é lucidíssimo, e fez muito bem em pôr diante do público as suas adversativas. Simplesmente me permiti dizer-lhe que esqueceu o sector bibliográfico italiano, da mais alta importância. Em torno da citação do Dante há uma bibliografia abundante, que em

---

[99] Referência às obras de Pierre-Marie Mandonnet (1858-1936), das quais Carvalho utilizará *Siger de Brabant et l´averorïsme au XIII.ᵉ siècle* (Louvain, 1911) no estudo sobre a origem portuguesa de Pedro Hispano na sua «Cultura Filosófica e Científica – Período Medieval», de facto só concluída em dezembro de 1932 e incluída na *História de Portugal*, ed. de Barcelos (*OC*, III, 245 e ss.).

[100] Leitura possível.

parte me foi [v] extractada pelo falecido professor de Turim – Pietro Egidi[101]. A este correspondente devo em especial o conhecimento do artigo de G. Petella – *Sull´ identitá di Pietro Ispano, médico in Siena e poi papa col filosofo dantesco (in Bulletino Sienese di Storia Patria*, ano VI, fasc. II, 1899). Tive este livro há 2 anos, por empréstimo [,] e dele colhi muitas coisas: bastam para o caso os 2 depoimentos:

a) Ricobaldo de Ferrara, contemporâneo: *Hic* (João XXI) *magnus magister in. scientiis plus delectabatur, quam omnibus reliquis in negotiis, cui nomen fuit magister Petrus Hispanus, qui tractatus in Logica composuit.*

(*Mo[numenta]. Ge[r]m[anica] Hist[oria]*, XVIII, 558)

b) Fra Salinbene, na *Chronica Parmense : ... magister Petrus Hispanus, qui factus Cardinalis et postea ipse sum factus Papa Iobannes XXI, [fl. 2] cum esset maguns sophista, logicus et disputator atque Theologus...*

c) Tolomeu de Luca (*Muratori*, XI, 1291) contemp[orâneo]. chama-lhe *"clericus et praecipue in mediicinis"*

É um começo de resposta. Não encontro porém os extractos da crítica a Nic[olau] António, os quais devem estar tão bem guardados que não dá com eles. De Grabmann possuo a comunicação feita à Academia de Munich, por oferta dele, o qual nos dá factos muito convincentes. Aguardo porém o volume da *Jörresgeschichte*, onde há novidades. Pedi-o já para a Alemanha. Recordo haver contemporaneamente 2 ou 3 *Petrus Hispanus*. Daí a trapalhada e confusões. O cartucho e o professor de Montpellier estão excluídos, aparecendo em seu lugar o professor de Siena. Não encontro, porém, os [*2v*] apontamentos. Serve-lhe isto para algo? Se puder escreverei um artigo, ordenando os factos que conheço. Padeço, no entanto, de parte das fontes bibliográficas e como irei em Novembro à Alemanha,

---

[101] Pietro Egidi (1872-1929). Historiador medievalista italiano.

retomando a viagem agora adiada, e apesar das conferências feitas, irei ver o Stapper – livro que me falta e cuido fundamental.

As folhas do A. J. Teixeira sobre Évora desapareceram há muitos anos. Só Nazareth tem um jogo, que um dia serão reproduzidas no Instituto.

Trabalho ainda na História da formação da ideologia republicana. O 3.º capítulo talvez lhe interesse. Está já bom? Se quiser ponho ao seu dispor a comunicação do Grabmann[102].

Afectuosamente,

Joaquim de Carvalho

LXIII

Prof. Joaquim de Carvalho   ct   10; 29-4-4-149
Universidade de Coimbra – Portugal

7/6/931

Meu prezado amigo:

Perdoe o silêncio! Há um mês que arrasto com revolta um estado de torpor e inapetência provocado por qualquer trapalhada intestinal. Entero-colite, ou coisa afim, que não sendo dolorosa fisicamente arruína física e intelectualmente. Daí o silêncio, e a limitação ao meio da vida de relação. Não há na Imprensa obra alguma de J. Inácio de Freitas – o grande revisor. Há, se não erro, manuscritos na Biblioteca da Universidade. Não cheguei a ler a sua crítica ao H[ernâni]. Cidade. O M[endes].dos Remédios, se não erro, falou-me dela, com agrado. Eruditamente, é um livro discutível: o seu mérito

---

102 Tratava-se de «Das latinishe Averruismus des 13. Jahrhunderts und seine Stelling zur christishen Weltanschauung», acabado de editar pela Bayerischen Akademie des Wissenchaften, já em 1931.

parece-me estar nas observações do poeta-nomencantínuo. Crítico, portanto. Coisa instável [.] recebi há dias um artigo de Stegmüller[103] contendo *quaestiones* inéditas de S[iger]. de Brabante, descobertas nos manuscritos da Biblioteca Nacional de Lisboa. Importante em si – S. Tomás ainda não estava canonizado [v] à data do manuscrito – e importante para nós, pois revela interesses filosóficos desconhecidos. O manuscrito foi copiado em Beja, se não erro, no século XV. É na história da nossa filosofia medieval a coisa notável do ano. Quando quer preparar o 2.º volume dos seus *Estudos*? Já tem original suficiente? Quer começar em Setembro? Em princípios de Julho recebe o certo que a Imprensa lhe deve. Está a proceder--se à cobrança. É horrível esta crise do livro – crise de produção e crise de venda. Um sociologista da escola de Durkheim colheria no facto observações agudas. Isto leva-nos porém para o campo da política. Onde não quero entrar. Como tem passado? e os seus?

Desejo ir para Buarcos em 15 de Julho, consegui-lo-ei? Cordialmente,

Joaquim de Carvalho

LXIV

Prof. Joaquim de Carvalho   ct   10; 29-4-4-150
Universidade de Coimbra – Portugal
   14/6/931
   Meu prezado amigo:
   Saúde e paz! Começo a arrastar o corpo com fadiga aterrando-me com este horrível serviço de exames. Li com prazer que o volume com o estudo de D. Carolina e as epístolas. Também eu desejei que

---

[103] O artigo de Friedrich Stegmüller, «Neugefundene Questionem des Siger von Brabant», Lovain, sep. de *Recherches de Théologie ancienne et médiévale*, saíra em abril desse ano. A "notável descoberta" será utilizada no corpo da sua «Cultura Filosófica e científica - Período medieval»; *OC*, III, 282 e ss.

saísse na Imprensa: compreende, porém, a minha posição, aliás justificada pelo que me diz. A bondade de uma querida amiga ressalta do epistolário: bondade, ideologia e saber. Não teria tido confidências idênticas com muitos portugueses: isto dará valor perdurável às cartas. Não percebi bem a sua proposta acerca do 2.º volume dos Estudos. Eu apenas posso dizer o seguinte: maior tiragem, para lhe aumentar a remuneração. Viu pelas contas que lhe enviei como fiz a coisa, e as possibilidades. Estou certo que nenhum editor limitaria tanto o lucro. Desejo poder ir [v] para os Palheiros em 15 de Julho. Logo que possa trabalhar sem fadiga, penso fazer a reedição do meu ensaio sobre Antero, dilatado com páginas novas, e ordenar os primeiros linguados da *História da Filosofia em Portugal*. Tenho muita coisa na cabeça e vária em apontamentos: é obra que exige, porém, muito trabalho e necessariamente uma ida a Paris, a qual só farei no fim. Sempre desejei chegar aos 40 anos com esta obra feita. Cumpri-lo-ei. Apeteço para o volume de D. Carolina muita venda. Em Espanha [não] devem tê-la, e para isso lembro o envio de um exemplar à *Revista de filosofia española*.

Cordialmente,

Joaquim de Carvalho

LXV

Prof. *Joaquim de Carvalho*   ct   10; 29-4-4-151
Universidade de Coimbra – Portugal

30/6/931

Meu prezado amigo:

Parabéns, parabéns![104] Aos meus amigos, que são políticos, frequentes vezes disse que o «seu caso» era um escândalo para a dignidade intelectual dos republicanos. Cada um tem o direito de seguir a rota que a sua razão lhe dite – porém, a penva[105] deve ser inviolável e àqueles que sobem e dirigem a República das Letras, qualquer que seja a sua ideologia, cumpre ao estado republicano, aliviá-lo das dificuldades da vida. Sempre o disse, a acrescento agora, que frequentemente ouvi assentimento e promessas. Entra uma relativa tranquilidade em sua casa: que seja por largos anos! O Dr. Baião[106] e o Dr. L. Coelho[107] são boas pessoas e estou certo que vai dar-se bem com eles. Procurei o ofício em que lhe comuniquei a remuneração devida pelo 1.º volume dos seus *Estudos*. O amanuense esqueceu-se de a copiar no [v] livro, e embora eu tenha guardado o rascunho, não o encontro agora. Creio que a Imprensa lhe devia à volta de 1.000$00. Deste dinheiro recebeu duas partes: 405$00 e 465$00. Ao apurar-se a venda, verifico um autêntico êxito, e por isso resolvi aumentar a remuneração para 1.200$00. Recebe pois 330$00, e com o envio desta quantia fica liquidado o seu crédito.

---

[104] Pela nomeação de AP para a Torre do Tombo.

[105] Pensamento.

[106] António E. V. Cotrim Simões Baião (1878-1961), da Academia de Ciências, era à data o director do Arquivo Nacional da Torre do Tombo, cargo que ocupava desde 1908, e dirigia os *Portugalia Monumenta Historica*, tendo uma vastíssima biblio-historiografia.

[107] Possidónio Mateus Laranjo Coelho (1877-1969), era à data conservador da Torre do Tombo e subdirector, na prática, desta instituição, com vasta bibliografia sobre variados temas.

Diga-me, porém, se eu em conversa passada lhe tinha oferecido mais do que 1.200$00. E diga-mo na volta do correio, para me poupar canseiras e ofícios em termos. Vai fazer-se o 2.º volume dos *Estudos*. Das emendas serei eu júri, não se amofine. Disseram-me que ia publicar um folheto de artigos sobre os plágios do Velasco. Não o faça! O homem foi morto, e a ressurreição dos seus artigos teria agora o aspecto de malevolência. É possível que o informe seja intriga: em todo o caso chegou-me aqui por gente vinda de Lisboa.

De novo! Grande abraço e por muitos anos!
Afectuosamente

Joaquim de Carvalho

LXVI

Prof. Joaquim de Carvalho   ct   10; 29-4-4-152
Universidade de Coimbra – Portugal

5/7/931
Meu prezado amigo:
Então o que é isso? Lembre-se que a Torre é uma casa do outro mundo, onde não chegam os clamores da rua; chegam, sim, como em todas as casas, os passinhos e espreitadelas dos de dentro, e contra estes é que o meu amigo se deve precaver, não entrando em confidências, e não as ouvindo. Eu sei que a ditadura está morta. Sobrevive apenas pela incerteza do amanhã. Creio firmemente, porém, que não cairá revolucionariamente, porque hoje toda a tensão da oposição se dirige para o campo legal e moral. A marcha para a esquerda é irresistível – e para uma esquerda mais ou menos socializante. É fatal. Uma ditadura vive ou da morte de emoção política ou de um forte pensamento, tensíssimo, para um amanhã. Que vemos? Uma exaltação da emoção [v] política, já incoercível

e sem receio, e ausência completa de finalidade. Aguenta-se, apenas; e nestes termos, a sua queda é fatal, mais dia, menos dia. A queda pode pôr problemas graves de intranquilidade pessoal. Neste ponto, porém, foi feliz: a Torre é infinitamente mais estável que o Arquivo Colonial, e além de tudo, e acima de tudo, não esqueça que tem amigos. Muitos destes, não teriam a coragem de o nomear: não têm porém coragem de o demitir, e uma vez mais verá que a roda dos seus camaradas de Coimbra o não esquecerá. Digo-lhe isto, porque o sei – porque com vários falei a seu respeito. Não sou, nem quero ser político, mas sem vaidade creio que se disser a qualquer o que sinto a seu respeito, serei ouvido, porque é justo. O ter recusado e renunciado a tudo o que me ofereceram, porque fui um menino bonito, deu-me grande autoridade, e o nosso país é pequenino e todos nos conhecemos, uma afirmação de justiça cala facilmente. Eu sei que Dantas, feminil [*fl2*] e perfumado, só olha para os seus peniculários [*sic*] e não perdoa as críticas. Nada receie, porém. Entre ele e o meu amigo interpõe-se o Dr. Baião, e sobretudo o seu nome e autoridade. Se me consente, lembro-lhe que marque a sua ida para a Torre, quanto antes, com qualquer publicação documental. Faça obra de arquivista – e o resto virá por si, e nada receie do futuro. Desnecessário será dizer-lhe que conte com a Imprensa.

Não recebi hoje a ordem de pagamento, que lhe mandei. Não se esqueça de a mandar. Creio que tem direito a 30 dias de licença, concedida pelo director. Quando for a Lisboa irei saudá-lo aí – e de par os Drs. Baião e Laranjo, que muito estimo e atenciosos têm sido para as minhas impertinências. Afectuosamente

Joaquim de Carvalho

[2v] P. S. Estou terminando o estudo sobre o socialismo de Antero e [Oliveira] Martins. Estes períodos deram-me muito trabalho, apesar

de concisos. Grande época, esta do século XIX. Depois do século
XVI, é o grande século da nossa história.

LXVII

Prof. Joaquim de Carvalho   ct   10; 29-4-4-153
Universidade de
Coimbra – Portugal

1/8/931
Meu prezado amigo:
Saúde e paz! Perdoe o silêncio, mas estes últimos tempos tudo se
juntou: exames, escritos, e conferências [,] curso de férias. Suspendi
o trato epistolar, tão do meu agrado. Não louvo, nem admiro o seu
opúsculo sobre os *Plágios* de Velasco e Q[ueirós]. Veloso[108]. Aquele,
esmagador e justo na hora própria, soa como um dobre. Morto o
homem para quê a execução de uma triste memória? A parte referente a este não é justa. Sem dúvida que utilizou D. Carolina. Matéria
de facto, porém, e por outro lado, o carácter desses artigos da revista – *História da Literatura Portuguesa* exige que o autor se ponha
à la page e dê ao seu escrito a feição das generalidades didácticas.
Em monografia, [v] exige-se todo o aparato: em visão sintética, só
construção e ordenação da matéria. Nos meus artigos desta *História*
os factos – quasi todos – são conhecidos: a construção, sua ordenação
e posição crítica pertencem-me, assim como não indiquei nunca onde
fui colher os factos, nem acentuei novidade nos que tinham passado
despercebidos, assim também procedeu Q. Veloso. Eu nunca fiz uma

---

[108] José Maria de Queirós Veloso (1860-1952) vinha da remota tarimba partidária
da monarquia constitucional e sem qualquer formação universitária concluída, fora por
nomeação política professor da Escola de Habilitações para o Magistério Secundário,
transitando, após 1911, para a Faculdade de Letras da recém-formada Universidade
de Lisboa, na qual foi repetidamente director.

citação: quando aludia a coisa mais importante punha apenas entre parêntesis o nome do autor. Por tudo isto, me não pareceu o seu opúsculo bem. Não posso ir vê-lo à Estação Velha. Estou de abalada também. Acabei ontem às $4^1/_2$ da tarde o *cursillo* sobre Antero. Entrei em férias, pois, e amanhã – ou 4.ª feira tudo depende de uma coisa – partirei para os Palheiros, 113 (Estrada de Buarcos), com o meu rancho. Lá passarei dois meses – lendo sobretudo, mas [fl2] escrevendo também. Quero fazer nova edição do meu livrito sobre Antero, muito dilatada, e levo comigo material para começar a História da filosofia em Portugal. Das 11 ao meio dia é a minha hora interna de serviço na Imprensa – e hoje mais do que o usual pela proximidade da despedida. Que passe bem com os seus, e num retiro ordene e prepare, com sentido de duração – o seu 2.º volume dos *Estudos*. Não li um artigo seu sobre S.ᵗᵒ António. Sílvio Lima falou-me dele com elogio. Até o guardou, e vindo-me ver – estive com gripe 5 dias na semana passada – falou-me do sentido *laico* que nesse artigo expõe. Muitos parabéns pela formatura do seu filho. Que tenha lançado para a vida um homem, e que ele não sofra o que o pai tem sofrido!

Cordialmente,

Joaquim de Carvalho

LXVIII

Coimbra   ct 10; 29-4-4-154

9/10/931

Meu prezado amigo:

Saúde e paz! Também eu digo: que longo silêncio! Oxalá eles lhe tenham dado, com o repouso merecido, novas capacidades para se fazer ouvir. Os meus significam acima de tudo vida física,

– cansaço de nadador e sonos profundos, enormes, quasi vexató-
rios. Li como vagabundo, só: nada de trabalho a fio. Que angústias
são as que invoca veladamente? Diga duas explicações, se não
sou indiscreto. Hoje sequer livros. Era desnecessário pedi-los.
Já sabe que aí lhe vão ter sempre. Para o natal conto com o original. Saúde e moderação dos nervos lhe desejo cordialmente.
Se fosse espinozista, sofreria menos. Cordialmente,

Joaquim de Carvalho

LXIX

Coimbra   CT 10; 29-4-4-155

15/11/931
Meu prezado amigo:

Saúde e paz! Não tenho dormido. Pelo contrário. Bem desperto
com o despertador da Minerva oficial, que até anteontem zuniu
aos meus ouvidos com a cega-rega dos exames. As horas livres
de boa disposição aproveitei-as para escrever um discurso, que
lerei na Academia, e que decerto o vai irritar – o que se é bom,
para ver se se convence que a história não prova nada – ou antes, prova tudo o que nós queremos. As vias da verdade estão
alhures. Segue amanhã o livro, acompanhado. Este ano vai ser
o grande ano da Imprensa. Verá como quinzenalmente há livros
novos – isto para mostrar que sou capaz de fazer e de fazer com
que outros façam, que é coisa difícil. Paz e saúde em sua casa.
Cordialmente,

Joaquim de Carvalho

P. S. Anuncio-lhe uma série de livros dos de 30 anos de todas as cores e feitios:

Publicado: Osório de Oliveira[109].

Para breve: Nemésio[110], Gaspar Simões[111], e Correia da Silva (Paço d´Arcos), malogrado que muito estimei.

No prelo: [José] Marinho[112], C[astelo]. Branco Chaves[113] e Feliciano Ramos[114].

LXX

7/12/931   ct   10; 29-4-4-156

Meu prezado amigo:

Saúde e paz! Tem razão em notar o meu silêncio! Mas eu também o tenho em silêncios... A 2ª quinzena de Novembro foi para mim um quinzena discursiva, e tanto trabalhei que dei cabo do fígado. O excesso de estar sentado, comprimindo a víscera, deu em resulta-do uma certa dificuldade de saída de bílis – daí trapalhadas várias, das quais estou a quasi livre. Estes discursitos são tanto mais boni-tos quanto parecem mais simples, e sem o apoio de factos; porém a simplicidade, precisão e dissimulação dos factos sob uma forma

---

[109] José Osório de Oliveira (1900-1964), poeta e crítico literário, filho de Ana de Castro Osório, de quem Carvalho editara e prefaciara *Geografia Literária*.

[110] Vitorino Nemésio (1901-1978) foi um colaborador próximo, como revisor da Imprensa, de JC, que editaria, em 1932, *Sob os signos de agora*, colectânea de temas brasileiros e portugueses.

[111] Também João Gaspar Simões (1903-1987), conterrâneo de JC, foi um dos seus mais próximos colaboradores e revisor da Imprensa da Universidade, tendo editado, em 1931, *O mistério da poesia*.

[112] José Marinho (1904-1975) concluiria em 1932 a obra talvez aqui referenciada, *Aforismos sobre o que mais importa*, mas cuja edição se terá gorado por vontade do autor.

[113] Em 1932 editaria Joaquim de Carvalho os *Estudos críticos*, de Castelo Branco Chaves (1900-1992).

[114] Em 1933 editaria Joaquim de Carvalho *Ensaios de crítica literária*, de Feliciano Ramos.

que os compreenda e deixe adivinhar são para mim – como para todos, segundo creio, um esforço laborioso. Estão ambos a imprimir – o da festa de Newton, na *Revista da Faculdade de Ciências*, o da Academia, em voluminho. Daí [v] conto ter provas no fim desta semana, e]de[um e outro lá lhe irão parar logo que estejam impressos. Estou agora a escrever um artigo para a *História de Portugal* do D[amião]. Peres, sobre a evolução das ideias filosóficas até D. João III. Trabalho de conjunto, claro, e segunda tentativa mais externa e profunda da grande obra que quero escrever. Nos intervalos junto novas reflexões para um estudo fenomenológico e sociológico do ódio e paixões conexas, asco, aversão e malevolência. É para os meus filhos – para que pelo mal apreendam o bem. Quando me manda os originais? São 3: Torre, 2.º volume [dos] *Estudos*, e *Monologium*. No Natal, como lembrança, terá livros novos. Saúde e paz em sua casa. Cordialmente,

Joaquim de Carvalho

P. S. O discurso na Academia vai irritá-lo, agradar-lhe, surpreendê-lo, ao que suponho, porque há lá de tudo – e principalmente muito da minha maneira de ser, discretamente dito.

LXXI

Coimbra, 30/12/931   ct   10; 29-4-4-157

Meu prezado amigo:

Saúde e paz, e que o novo-ano lhe seja venturoso! Vi nos jornais a sua nomeação para Guimarães[115]. Saúdo e parabéns. A sua vida

---

[115] AP fora nomeado director do Arquivo Municipal de Guimarães, em acumulação não remunerada.

e a sua saúde vão decorrer certamente mais calmas, e creio bem que vai começar para si uma nova actividade intelectual. Faltar-lhe-á o estímulo da cidade – porque, por muito mal que dela se diga, a civilização e o requinte de espírito são produtos do urbanismo. Começará a sofrer da falta de sugestões das conversas e das montras dos livreiros; porém em compensação os seus nervos apaziguar-se-ão e o erudito tomará decididamente a dianteira sob as outras facetas do seu espírito. Seja como for, eu congratulo-me, e que por muitos anos saboreie as delícias da quietude e remanso. [v] Eu também tenho a ambição de ir viver um dia para Figueira na casa paterna. Nela vou juntando os meus livros e papéis na esperança de horacianamente gozar a crescença das couves e das galinhas, e recordar com alguma satisfação e paz de alma os anos decorridos. Quando abandona a urbe – ou antes, o horrível porto de mar? Quero pedir-lhe um favor, que não explico: que diga, ou faça dizer duas linhas no *Diário de Notícias* acerca da *Literatura Portuguesa* de [Aubrey] Bell[116]. Foi uma temeridade que a Imprensa cometeu: 3.000 exemplares. Se a coisa pega permiti-me fazer outras de certo estilo: daí o meu interesse, que é também o interesse dos tradutores. Claro, juízo franco: o silêncio é que seria calamitoso, porque o livro se não venderia. Que os anos vindouros realize[m] as suas esperanças deste ano que finda! Cordial e afectuosamente,

Joaquim de Carvalho

P. S. Em 31. Acabo de receber a sua carta. O livro segue hoje. Li a sua *Cultura* de 24: certa pelo que respeita às capacidades de imparcial objectividade do autor: parece-me porém que roçou

---

[116] Em 1931 Joaquim de Carvalho editara na Imprensa da Universidade, *A Literatura portuguesa (história e crítica)*, de Aubrey F. G. Bell (1882-1950), um entusiasta lusitanista britânico.

apenas pelo problema teórico da explicação histórica. No meu discurso, em estilo pílulas, acedo à coisa, com argumentos que me parecem sérios. Está em provas.

1932

LXXII

Coimbra, s/c   3/1/932   ct: 10-29-4-4-158

Meu prezado amigo:

Saúde e paz e que a semente lançada à terra com precaução cresça! Enviarei amanhã 2 exemplares para o *Diário de Notícias*. E agora a explicação do meu interesse: Fez-se uma tiragem de 3.000 exemplares. Foi a maior despesa da Imprensa no meu tempo. Se a coisa pega, teremos obra e pano com muitas mangas para novas empresas de vulto; se não pega, estaremos mal. Como amigo da Imprensa, peço-lhe pois duas linhas no jornal, para o grande público saber da coisa, e comprar, se quiser. Eu não quero prejudicar o Dr. Remédios: por isso mesmo fixei o mesmo preço. Demais ele agora não é prejudicado porque me consta que já recebeu o que tinha a receber. Mas tenho [v] de fazer pela vida da casa que amo, e compreende que só com coisas deste vulto se ganha coisa que se veja. O resto, nestes tempos que vão correndo, mal chega para entreter a habilidade. Anuncio-lhe que este semestre, até Junho, vai ser cheio de coisas, em qualidade e quantidade. Vai entrar no prelo um livro de metafísica, de Geyser[117], traduzido por um franciscano meu amigo – o

---

[117] Joseph Geyser (1869-1948), filósofo alemão professor em Freiburg e depois em Munique. Na linha do neokantismo indagou, em paralelo com Nicolai Hartmann, a *Philosophia perennis*, sobretudo atento ao problema epistemológico da filosofia.

Dr. Luís F. dos Santos[118]. Obra notável, e admiravelmente traduzida. Depois vamos à metafísica – ou melhor teoria do conhecimento, não traduzida para francês, italiano ou espanhol. Quando pensa no *Monologium*[119]? Olhe que dentro de 4-5 anos temos que ter uma biblioteca filosófica, que reúna o Alcan ao F. Meiner – estudos e textos como dizia. E mais digo que vai ler Platão, traduzido directamente do grego. Isto começa a ser europeu...grato e afectuosamente,

Joaquim de Carvalho

LXXIII

Coimbra, 17/1/932   ct: 10-29-4-4-159

Meu prezado amigo:

Saúde e paz! Li ontem a sua *cultura*. Muito bem, e muito obrigado. A outra notícia em que me falava não cheguei a ler. Quando mandei comprar o jornal estava já esgotado, pelo relato da tragédia de Beja. Nos fins da próxima semana receberá novos livros. Escrevo à pressa. Hoje é dia de 20 cartas, pelo menos. Grato e afectuosamente,

Joaquim de Carvalho

---

[118] Luís Feliciano dos Santos traduziu *Alguns problemas da Metafísica com especial referência à crítica de Kant*, Coimbra, IU, 1932. Padre franciscano missionário seria tradutor e autor, nos anos 40, de gramáticas de línguas moçambicanas, em particular, do chope e do changana.

[119] Obra de apologética de Santo Anselmo.

Coimbra, 23/1/932   ct: 10-29-4-4-160

Meu prezado amigo:

Saúde e paz! Duas aulas diárias e o certo dão isto: só aos domingos tenho vagar e disposição para o correio. Por isso se me acumulam as epístolas, às vezes em número inverosímil, que eu desbasto com horas de escrita. Amanhã verei o que posso mandar: desde já digo que não posso enviar os de Ferrão – pouco perde – porque estão em depósito, embargados, para pagamento. Não lhe mandarei a reedição da *Menina e Moça*, porque tem a 1.º edição – e esta é igual. Qualquer dia seguem coisas boas. Não cheguei a ler a tal notícia. A venda é tímida – o que me entristeceu. Grata e cordialmente,

Joaquim de Carvalho

LXXV

Particular   [ct: 10-29-4-5-1]

Coimbra, 19/2/932

Meu prezado amigo:

Saúde e paz! Mando neste correio 3 livros um dos quais as *Memórias* do Paço d´Arcos[120]. Posso ainda dispor de 3 exemplares: vai um para si. Em breve mandarei mais coisas. A sua carta deixa-me entender a sua surpresa pela publicação do artigo do Tamagnini: que diria se eu lhe dissesse que também fiquei surpreendido quando, desencadeada a tormenta, soube a causa? É claro que se me

---

[120] *Vita Brevis*, volume organizado pelo próprio Joaquim de Carvalho.

pode atribuir responsabilidade, porém não as tive de facto, porque não só o Arquivo não era edição da Imprensa como ignorava que ele publicava tal moção da Faculdade de Ciências. Sempre fui – com o Luciano [Pereira da Silva] – contrário a tal revista, porque desconfiávamos da pedagogia do Ol[iveira]. Guimarães[121] [v] e do Tamagnini[122]. O Luciano, coitado, não chegou a ver os frutos de tanto pedagogo, mas eu senti que estive à beira de lhe suportar as consequências. Enfim, ossos do ofício, e sobretudo desta minha atitude toda baseada na confiança nos outros. Sempre a propugnei e propugnarei, mas verifico que há vantagem em desconfiar. É claro que toda a gente sabe que sou inassimilável pela ditadura: mas ofende-me moralmente julgar-se que sou capaz de me servir de outrem ou deste lugar para mesquinhas ou torpes ofensas apenas políticas. Demais, o jornal nunca foi edição da Imprensa. O caso magoou-me pelas suspeitas que podia gerar, a magoou-me ainda pela desconsideração do Tamagnini, pois nada me disse; mas calei-me e calar-me-ei. Tenho estado engripado. Cordial e afectuosamente,

Joaquim de Carvalho

---

[121] J. J. Oliveira Guimarães (1877-1960) docente da Faculdade de Teologia e depois de Letras da Universidade de Coimbra (depois, de Lisboa), especialista em temas de metodologia do ensino e pedagogia

[122] Eusébio Tamagnini Matos Encarnação (1880-1972), docente da Faculdade de Filosofia e depois de Ciências da Universidade de Coimbra, ministro da Instrução pública (1934-36) de Salazar, defensor de uma antropologia darwinista.

Prof. Joaquim de Carvalho   ct: 10-29-4-5-2
Universidade de Coimbra
Coimbra – Portugal

6/3/932

Meu querido amigo:

Saúde e paz! Perdoe-me o silêncio, porém tenho andado achacado, e sempre de pé. A encher o dia com esta variedade de ocupações, que já começa a fatigar-me. Do coração lhe agradeço a sua carta. Mas permite a pergunta? Foi incidental o seu encontro com o ministro[123]? Se assim foi está bem, e muito me penhorou. Tivemos boas relações; porque desde que ele enveredou pelo caminho do facciosismo estreito eu passei a ser um réprobo, e como tal a não praticar qualquer acto que pudesse despertar a ira das boas graças. Cumpro o meu dever, estudo. De certo, eu sei que estas coisas são passageiras e que resultam do sentimento da posição: por isso lhe não atribuo um valor categórico. Dizem-me que o director-geral Monteiro de Barros[124] aprecia com justiça a minha acção. Sem vaidade, creio que é seu dever, porém, por vir de pessoa [v] que em rigor não me conhece, que conheci aqui como leitor, e cujo gabinete no ministério nunca vi, o facto é para mim agradável. Amanhã mandar-lhe-ei mais livros, e em breve aí terá as provas dos *Vínculos*. Empregar-se-á melhor papel, como deseja. O formato e tipo, o do seu livro, porém. Tem havido muito trabalho, e sobretudo adoeceram mais tipógrafos. O andamento da oficina ressentiu-se. Pouco tenho trabalhado: leituras erradias, quasi sem método. O excesso de trabalho escolar

---

[123] Gustavo Cordeiro Ramos. Cf. nota 175

[124] Pedro A. Monteiro de Barros, da mesma geração de J. de C. (n. 1893), catedrático da Faculdade de Engenharia da Universidade do Porto, entre 1929 e 1932 director-geral do Ensino superior e das Belas-artes.

– 2 aulas diárias – reduzindo-me quasi à proporção de professor de Liceu, cansa-me, e sobretudo não me dá ensanchas para o trabalho pessoal. Tenho que preparar lições, rever matérias, e como este ano resolvi ler e comentar o maior número possível de diálogos platónicos, o tempo útil emprego-o ao serviço da Minerva oficial. Em todo o caso, sempre lhe irei mandar antes d[as] férias grandes as 3 conferências sobre Espinosa, que aí direi em Abril, já sabe: Deus e o mundo, o homem e a sua significação, a beatitude e a eternidade. Isto, porém, é o resultado de estudos antigos. Li o último livro do Gilson[125]. Quero relê-lo. A antropologia filosófica, de sugestão alemã, vai penetrando em França. Ainda bem. Grata e afectuosamente,

Joaquim de Carvalho

LXXVII

Prof. Joaquim de Carvalho   ct: 10-29-4-5-3
Universidade de Coimbra
Coimbra – Portugal

1/4/932
Meu querido amigo:

Saúde e paz! Excogitei, com o auxílio do tesoureiro da Imprensa, todas as formas de o servir: não é possível descobrir uma. A Imprensa não tem autonomia administrativa, não sendo possível sequer pagar a remuneração pelas dotações orçamentais. Por isso, se facturam em nome do autor, as vendas de livros até ao montante da remuneração, a qual sempre depende das vicissitudes da venda. Pessoalmente também,

---

[125] Étienne Gilson (1884-1978), filósofo francês e historiador da filosofia cristã, em particular no campo da neo-escolástica e do Tomismo. Provavelmente a referência à obra de Gilson seria já a *L' Esprit de la philosophie médiévale* (Vrin, 1932).

infelizmente, não posso servi-lo – o que muito me custa por todos os motivos e em especial pela jubilosa causa que agora compromete o seu orçamento doméstico. Sou pobríssimo – só sou rico de filhos, e tendo--me nascido o 9.º no domingo de Páscoa, – e já há muito me habituei à ideia das dificuldades [v] que me assaltarão quando um dia casarem minhas filhas. Se em Julho último suspeitasse do que agora carece, teria facturado em seu nome a venda dos *Estudos Críticos*; porém neste momento – como verifiquei, é impossível este recurso, porque tudo está exarado em nome da Imprensa. O que lhe asseguro é que com os *Vínculos* procederei com mais desembaraço, para nos não sentirmos tão presos às obrigações legais. Deixe-me falar-lhe de mim: passei a primeira semana de férias mal, num estado de fadiga anunciador de maus prenúncios. À convocação pelo nascimento do meu filho, seguida de profunda alegria, porque apetecíamos um varão, sucedeu de novo a fadiga a qual só se dissipará com a vida física durante o verão. Até lá arrastarei esta horrorosa astenia, que me arrasta sobretudo depois de almoço. Perdoe-me a pergunta: com quem casa sua filha? Dá-lhe esperanças de encontrar um esposo que a estime, respeite e a liberte de cuidados materiais da vida? Não levará a mal a pergunta, fi-lo apenas do desejo de o saber contente. Grata e afectuosamente,

Joaquim de Carvalho

P. S. Admirável a sua crítica a [Pierre] Hourcade[126]. O rapaz é ainda normalista – jovem demasiado para juízos definitivos. Terrivelmente céptica a sua crítica anti-histórica. O seu cepticismo quasi não o

---

[126] Pierre Hourcade (1906-1983), seria um dos especialistas de cultura portuguesa, com vasta obra e grande responsabilidade na divulgação internacional de Fernando Pessoa e dos *presencistas*. Por esta época terminava a sua *thesis minor* em Coimbra, onde seria leitor de francês, *Guerra Junqueiro et le problème des influences françaises dans son œuvre* (Paris 1932).

compreendo. Nunca leu Rickert[127]? Não compreendo sobretudo a superstição do facto.

[bilhete postal] ct 10; 29-4-5-4

Santiago de Compostela, 26/4/932[128]

Meu querido amigo:

Saúde e paz! Vim aqui a convite da Universidade fazer 3 lições--conferências sobre Antero. Aceitei o convite porque me pagaram menos mal (1.000$00) e porque me faltava conhecer a Galiza, para conhecer quasi toda a Espanha. Um dia cá virá também, porque o Instituto de Estudos Portugueses, bem dotado, quer cá trazer muita gente – 3 ou 4 por ano – sempre diferentes. Cordialmente,

Joaquim de Carvalho

---

[127] Heinrich J. Rickert (1863-1936), com Windelband, um dos líderes do movimento neokantiano de Baden, indo da distinção metodológica entre *Kulturwissenschaft und Naturwissenschaft* (1899) alicerçou novo caminho, não em direcção à hermenêutica, como Dilthey o fará, mas na exploração epistemológica do transcendentalismo kantiano (*Kant als Philosoph der modernen Kultur*, 1924) a partir do qual iria estabelecer *o Ideal typus* que Weber depois exploraria.

[128] Endereçado a Dr. Alfredo Pimenta, R. Pinheiro Chagas, 10-1°, Lisboa, Portugal, carimbo postal de entrada: 26-4-32

Prof. Joaquim de Carvalho   ct: 10-29-4-5-5
Universidade de Coimbra
Coimbra – Portugal

17/5/932
Meu querido amigo:
Saúde e paz! Regressei há pouco dessa cidade, onde estive apenas o dia de ontem. Levou-me lá o Garcia Morente[129], que aliás não
veio. Fez-se substituir, porém, por Juan Zaragüeta[130], discípulo-aluno
do Cardeal Mercier[131], e que decerto conhece. Com ele passei todo
o dia, e ainda fomos companheiros de viagem até ao Entroncamento.
Por falta de tempo não lhe telefonei. Não esteja zangado. O livro
do Fidelino [de Figueiredo][132] começou a ser composto antes das
conferências que ele fez na Academia, e além disso todos os livros impressos no papel dos *Vínculos*. Sofreu uma pausa até que
se conclua a impressão da *Lírica* de Camões, de grande tiragem.
Em breve lhe escrevo acerca da sua cultura em que se ocupa da
minha atitude anti-historicista.

---

[129] Manuel Garcia Morente (1886-1942) desde 1912 catedrático em Madrid, tradutor
de filosofia e filósofo espanhol com especial ligação às escolas alemãs de pensamento,
de Marburgo, a M. Scheler e a N. Hartmann.

[130] Juan Zaragüeta (1883-1974), filósofo, psicólogo, sacerdote e pedagogo. Licenciado
em Direito doutorou-se em Filosofia. Discípulo de Mercier em Lovaina, sobre o qual
escreverá os 2 vols. de *Lo concepto católico de la Vida según el Card. Mercier* (1941).

[131] Désiré F. J. Mercier (1851-1926), arcebispo de Bruxelas e doutor em Filosofia
encabeçou o movimento neotomista na teologia romana.

[132] Fidelino de Figueiredo (1889-1967), ensaísta, historiador e polígrafo que se
destacou pelo intenso trabalho editorial entre polémicas acesas que também gerou.
J. de C. apreciaria em crescendo a independência intelectual de que FF foi dando mostra.

Lia-a na véspera da saída para Santiago – onde passei 10 dias agradavelmente.

Cordial e gratamente,

Joaquim de Carvalho

P. S. Mando 2 livros.

LXXX

Prof. Joaquim de Carvalho   ct: 10-29-4-5-6
Universidade de Coimbra
Coimbra – Portugal

17/6/932
Meu querido amigo:

Saúde e paz! Tenho estado arrematado pelo Damião Peres, escrevendo 1.500$00 para a História de Portugal. É a 1.ª vez na vida que me acontece isto, que é horrível: avalio agora bem as suas torturas. Não estranhe pois o silêncio, pois todo me tenho dado ao estudo da organização escolar de D. João I a D. João II e das ideias filosóficas e científicas até este último – na justa medida de escrever aquelas páginas necessárias para pagar o que recebi. Não as enjeito, mas não tem o sopro da intenção desinteressada que é, como dizia o Kant, o que há de melhor no mundo.

—

Não lhe posso mandar os 2 livros do Bernardes porque os não tenho. Só me deixam os 2 que lhe mandei – Em Outubro aí terá *Lírica* de Camões, ainda não concluída.

—

Gostei muito da sua referência aos *Novos Ensaios*. Agradeço o ter posto a intenção com que é publicada a colecção. E a propósito, já que quer tratar histórica e filosoficamente – os dois métodos que Fichte tão bem distinguiu – o problema do argumento ontológico, deve esperar pela edição do Geyser, que estará impresso em Outubro. Já leva 170 p., falta um terço talvez. Recupera Kant com muita profundidade. Por Outubro terá grandes coisas – 8 ou 10 livros, alguns dos grandes, que ficam. Os seus *Vínculos* lá vão indo – e irão. Ponho ponto: regresso ao D. Afonso V. Cordial e afectuosamente,

Joaquim de Carvalho

LXXXI

Prof. Joaquim de Carvalho   ct: 10-29-4-5-7
Universidade de Coimbra
Coimbra – Portugal

Praia de Buarcos, 59
4/8/932
Meu querido amigo:

Saúde e paz! Vim para aqui ontem com o rancho dos meus filhos. Aqui passarei os dois meses de férias, trabalhando logo que me sinta refeito das canseiras dos últimos dois meses. Desejo publicar um livro sobre a filosofia de Espinosa. É o ano do centenário do meu filósofo e sentiria que a bibliografia mundial não acusasse pelo menos um livro em português. Cada vez me convenço mais que o espinozismo é uma maneira de pensar e uma prática de vida; por isso é perdurável, pairando muito acima da ordenação do sistema, necessariamente histórico.

Nem sempre leio o *Diário de Notícias*. Li, porém, a sua crítica às lições do Fidelino [de Figueiredo] – que está escrevendo hoje coisas [v] dignas de serem lidas. Sem ser propriamente filósofo, eleva-se às

185

ideias gerais – ou antes, os seus últimos escritos revelam-nos que trabalha filosoficamente, isto é, guiado por uma ideia geral. A sua crítica [é] muito boa, mas desconcertante. O meu amigo, político da autoridade, deixa-me frequentemente a impressão de que estabelece uma fractura entre os postulados da sua concepção filosófica, e as aplicações sociais desta concepção. Relativista, individualista, negador do colectivo, como pode mexer-se à vontade numa concepção social autoritarista que pressupõe necessariamente o transpersonalismo e o absolutismo de alguns valores, não individuais, como é óbvio?

Personalismo[133] e transpersonalismo – eis a grande oposição do nosso tempo. Filosoficamente personalista, politicamente trans-personalista, não há neste salto a razão do seu cepticismo, que é afinal a mina de tudo? Desculpe-me estas observações, que a sua crítica me despertaram. Em Outubro [fl2] lhe mandarei uma carrada de livros. Já temos 14 concluídos. Um deles – o de Geyser – *Alguns problemas capitais da metafísica* –, traduzido pelo franciscano Luís Feliciano dos Santos, que muito estimo e creio ser o nosso melhor tradutor do alemão – interessá-lo-á certamente, tanto mais que lhe oferece uma crítica subtil do argumento ontológico. É livro difícil de ler, mas creio que será benéfico para a formação do nosso incipiente meio filosófico. Quando prepara o 2.º volume dos *Estudos*? Quando me manda a sua tradução de S.to Anselmo? Para esta tradução creio que seria útil pôr no rodapé o texto latino. É livro que na Faculdade de Coimbra costuma ser comentado, e os dois textos seriam de auxílio para alunos. Que passe bem, com os seus, as férias. Grata e afectuosamente,

Joaquim de Carvalho

---

[133] Sobre *personalismo* político, cuja referência remete a Renouvier, leia-se a advertência de Carvalho escrita em 1933: "Ao escrever esta palavra, o autor tem em vista uma ideia oposta à noção vulgar. Personalismo não é empregue como sinónimo de caudilhismo ou poder pessoal, mas de poder público ao serviço dos valores da pessoa humana" (*OC*, VIII, 218n).

LXXXII

Prof. Joaquim de Carvalho   ct: 10-29-4-5-8
Universidade de Coimbra
Coimbra – Portugal

Praia de Buarcos, 59 / Figueira da Foz
23/8/932
Meu querido amigo:
Saúde e paz! Perdoe o silêncio. Durante a 1.ª quinzena trabalhei num capítulo para a *História* do D[amião]. Peres[134], sobre a
filosofia medieval em Portugal. Pus em dia algumas coisas, mas
apenas dou por findo o estudo sobre S.to António e Pedro Hispano.
Creio que sem aparato bibliográfico – que aliás podia fazer, dou ao
leitor uma síntese do estado actual dos problemas. Procurarei que
me dêem um jogo de provas limpas, para lhe oferecer. Em torno
do S.to António há um tema novo, nunca estudado: o do seu voluntarismo e dependência intelectual de S.to Agostinho. Indico-o
apenas. Na 2.ª quinzena, quando soube que a Junta da Educação
Nacional subsidiava com 5 contos a minha ida à Haia [,] retomei os
temas espinozistas. Para a cidade onde Sp[inoza]. morreu [v] partirei
logo que receba o passaporte, provavelmente 29 ou 30 do corrente.
No regresso da Haia, a 11 ou 12 de Setembro, conto visitar Lovaina,
Bruges e Gand, que nunca vi, apesar de já ter passado duas vezes
pela Bélgica. Não conheço o opúsculo de Leibniz em que me fala.
Será autêntico? Não tenho aqui maneira de o verificar. Conheço, sim,
a epístola que dirigiu a Sp[inoza]., e os passos dos *Novos Ensaios*
e da *Teodiceia*, e outros recolhidos por Freudenthal. As variações dos

---

[134] Damião Peres (1889-1976) vindo da extinta Faculdade do Porto foi catedrático de
História em Coimbra (1931-59) e um dos mais influentes historiadores do seu tempo cujo
paradigma historicizante e metódico a por si dirigida *História de Portugal*, dita de Barcelos e
iniciada em 1928, representaria. Note-se que J. de C. teve abundante colaboração na empresa.

juízos de Leibniz sobre Sp[inoza]. são um quebra-cabeças e [se] desconheço o opúsculo, não ignoro a importância do *Elucidarius Cab[b] alisticus* de Wachter, – e do anterior *Der Spinozismus im Judentlumb* – livros fundamentais ainda hoje, assim como a dissertação de Wolff, na *Bib[liotheca]. Heb[raica]. – Cabbalae cum spinozismus consensus contra Wachterum*. A crítica actual inclina-se a reduzir a influência da Cabala à exegese bíblica, devida justamente ao *Tratado Teológico-político*, porém é um assunto sobre o qual não posso ter uma opinião inteiramente pessoal, porque não sei hebreu. Quando os rabinos, conhecedores do Talmude e da Cabala divergem, que pode fazer uma alma cristã? Demais, o tema é externo [fl2] ao spinozismo, pelo menos à *Ética*, porque nunca me convenceram os argumentos acerca da invasão da crença em Jeová no Deus de Spinoza. Sei que é um assunto subtil e dificílimo; mas até onde pude descobrir, vi sempre a negação do antropomorfismo e do voluntarismo em Deus, na *Ética*. Deixemos isto, e falemos de si. O Nazareth tem ordem – e reiterar-lha-ei no sábado quando for a Coimbra – para compor o 2.º volume dos *Estudos* logo que possa. Agora a oficina com os 15 dias de férias a que o pessoal tem direito, diminui um pouco o trabalho. Não sei o que se tem passado em Coimbra, porque disse que não me mandaram as folhas que semanalmente se imprimem. Quando agora lá for, pôr-me-ei ao corrente. A sua carta anterior deixou-me desolado. A sua posição filosófica é devastadora. Numa pessoa em que o cepticismo, como dogmatismo ingénuo, não aborda sequer as fronteiras dos problemas? [2v] Quem se coloca no plano da erudição claro que é conduzido necessariamente ao relativismo e ao cepticismo. Mas a erudição é um meio, e não um fim, e milhares de opiniões contrárias nunca poderão destruir o rigor de um raciocínio lógico ou de um facto científico. Eu creio que se o meu amigo adoptasse a posição fenomenológica – de Husserl ou Scheler – chegaria à restauração da confiança na razão, e obteria a unidade do seu sentir e do seu pensar pela descoberta dos valores. A crítica estética não o levou até às fronteiras do belo que não morre, do belo em si? Pois dilate a descoberta a outros domínios, e estou convencido que conquistará a paz e o belo persiste como belo, embora seja uma descoberta pessoal, é porque tem uma essência: procuremos as essências, e o mundo começa a ter significação. A crença – a que alude no seu artigo-carta – só merece o espírito, mas não pode degolar-lhe a insígnia da impessoalidade universal. Da Haia lhe escreverei. Grata e afectuosamente,

Joaquim de Carvalho

P. S. Portugal é um país paradoxal: os que passam por ser da esquerda, como eu, são os absolutistas da confiança no espírito; os da direita, os cépticos e relativistas, como o meu amigo. Devemos a nós próprios a coerência e harmonia, não lhe parece?

LXXXIII

3/9/932   ct: 10-29-4-5-9

Meu querido amigo:

Só hoje recebi o passaporte, depois de o aguardar há 5 dias. Cheguei a desistir; mas parto, porque vou colher lições, embora só possa assistir à derradeira sessão do Congresso. Esta burocracia é horrível! Falei com o Nazareth. Tudo marchará logo que possa. De lá lhe mandarei novas. Grata e afectuosamente,

Joaquim de Carvalho

[bilhete postal]   ct 10; 29-4-5-10

Louvain, 15/9/932

Meu querido amigo:

Realizei o desejo; antes porém o deixarei permanecer como aspiração. Cidade de estudo, sem dúvida, mas sem a seriedade austera de Leide – a cidade universitária que até hoje mais me impressionou, e já percorri quasi 2 dezenas, entre elas Oxford, onde passei há 2 anos como *fellow*. Em 20 estarei em Buarcos.

Afectuosamente,

Joaquim de Carvalho

LXXXV

Prof. Joaquim de Carvalho   ct: 10-29-4-5-11
Universidade de Coimbra
Coimbra – Portugal

Praia de Buarcos, 59 / Figueira da Foz
27/9/932

Meu querido amigo:

Saúde e paz! Regressei no dai 22. Realmente escrevi-lhe apenas de Lovaina, porque nesta cidade passei dois dias tranquilos. Pela incúria burocrática pude assistir apenas à sessão final – o que não impede de publicar o que tinha feito e fora anunciado para as outras sessões. Outro que não eu, vociferaria agora: como compreendo

---

[135] Endereçado a Dr. Alfredo Pimenta, Guimarães, Portugal, carimbo postal de entrada: 15-IX-32

as coisas calo-me, e continuo a rota. Depois neste dia transformei--me em ferroviário, detendo-me apenas para ver a universidade, museus e livraria. Comprei alguns livros, entre eles o de Foucher de Careil – *Descartes, Leibniz et Spinoza,* o qual me custou 100 francos. Se o possui, fique sabendo que tem um livro raro, apesar de criticamente valer pouco[136]. O jesuíta Dumin-Borkowzky, autoridade suprema de *re spinozana,* com quem falei, está escrevendo um livro no qual considera Spinoza como expressão da mentalidade portuguesa. Veremos o que diz.

[v] Não recebi carta do Caetano Beirão[137]. Pelo menos, não a encontrei no regresso. Claro que me deu prazer a boa nova, e como é óbvio, se ele o desejar, o livro será impresso em Coimbra. Peço porém, que aguarde 1 ou 2 meses, porque a oficina deve estar inundada. Demais, desejaria ainda que o Nazareth visse sob o ponto de vista técnico o original, por causa das despesas. Diga-lhe que me escreva.

Demoro-me aqui até 6 de Outubro, por assim o exigir a saúde dos pequenos. Estou trabalhando num capítulo sobre a Filosofia medieval em Portugal, para a *História* do Peres. Escrevo-o à pressa; em todo o caso talvez encontre coisas que o interessam. Comprei em Paris uma tradução *De unitate intellectus*, de S. Tomás, com o intuito de a proporcionar a quem queira fazer a tradução portuguesa. Que tenha passado bem com os seus.

Grata e afectuosamente,

Joaquim de Carvalho

---

[136] Carvalho detectara a pista, pois esta mesma seria a fonte para a qual Pimenta o alertara: F. de Careil (Paris, 1863) edita de Leibniz as *Animadversiones ad Ioh. Georg. Wachteri librum de recondita Hebraeorum philosophia.* O texto de refutação da filosofia spinoziana será depois incluído como fonte e discutido por Carvalho em *Oróbio de Castro e o espinosismo* (Seara Nova, 1940; cf. *OC*, II, 107).

[137] Caetano Maria de Abreu Beirão (1892-1968), escritor e historiador monárquico e integralista, contemporâneo em Coimbra de J. de C. em Direito, publicara em 1919 a colectânea *Uma campanha Tradicionalista,* integrando em 1923 a Junta central da Acção Realista Portuguesa, liderada por AP.

4/11/932   ct: 10-29-4-5-12

Meu prezado amigo:

Saúde e paz! Perdoe o silêncio. Tenho passado os dias em actos: acabam no sábado. Demais, arrelias fundas, das que nos agitam o íntimo, e derivadas da injustiça – a meu ver – em relação a um nosso amigo comum. Contos largos... Escreverei domingo com vagar. Os livros seguirão quando houver possibilidade. Grande pacote! Recomendei logo o caso dos *Vínculos*. Dentro de 10 dias. Se não demorar provas, está tudo acabado. Já está composta a última folha e acabado o frontispício. Cordialmente,

Joaquim de Carvalho

P. S. Claro que o silêncio não prova indiferença: entendido para sempre!

Prof. Joaquim de Carvalho   ct: 10-29-4-5-13
Universidade de Coimbra
Coimbra – Portugal

6/11/932

Meu querido amigo:

Saúde e paz! Quando me anunciou o desejo de apresentar os *Vínculos* juntamente com o seu requerimento logo insisti com o Nazareth. Creio que a Imprensa fez o que pôde: não demore o meu amigo as provas. Amanhã vou mandar alçar o papel, para os brochadores, por forma que quando se imprimir a capa – cuja prova já vi – lhe possa remeter no dia seguinte alguns exemplares para si. A venda será mais tarde. Alguém me escreveu pedindo que patrocinasse uma pretensão, que me parece ser a sua. Por amizade, recusei, alegando a verdade: não quero prejudicar um amigo que já me havia manifestado um desejo, que parecia ser o mesmo. Não digo isto para que me agradeça, mas para saber com quem lida. Os livros seguem em breve: não tem havido verba de correio, mal chegando para satisfazer os pedidos dos livreiros.

[v] Não escrevi, porque o serviço de exames, e sobretudo o problema da sucessão do M. dos Remédios me quebrantaram o ânimo. Contos largos... Agradeço muito as suas palavras acerca deste nosso amigo. Há 6 meses que a sua vida era precária. Tinha um osteo-sarcoma na coxa – forma cancerosa das mais avassaladoras e das mais dolorosas. Paz à sua alma! Era honrado, e como raros professores tinha um profundo sentimento de solidariedade profissional. Por isto o recordarei sempre – e ainda pelo seu espírito de organizador. Pessoalmente, jamais esquecerei o auxílio moral que me prestou há dois anos, num incidente sem importância aparente, mas que era decisivo para afirmar os caracteres. Quando me despedi dele, no próprio dia em que saí para Buarcos, tive a sensação de me despedir de um moribundo – coisa horrível, porque apesar de[,] há anos, termos andado indiferentes, a velha amizade recobrara nos últimos tempos toda a sua sinceridade. Agradeço de novo as suas palavras, que sei serem também de um amigo.

Grata e afectuosamente,

Joaquim de Carvalho

Prof. Joaquim de Carvalho   ct: 10-29-4-5-14
Universidade de Coimbra
Coimbra – Portugal

10/11/932
Meu prezado amigo:
Saúde e paz! Seguem hoje os livros, e consinta que lhe devolva os 20$00. Mal parecia aceitá-los. O caso do amigo comum diz respeito à sucessão do Remédios. Julguei, julgo e julgarei que não se fez ampla justiça. A coisa, porém fica para um encontro que tivermos. Já está alçado o papel impresso dos *Vínculos*. Escrevo a correr.

Grata e afectuosamente,

Joaquim de Carvalho

Prof. Joaquim de Carvalho   ct: 10-29-4-5-15
Universidade de Coimbra
Coimbra – Portugal

27/11/932
Meu prezado amigo:
Saúde e paz! Começam a entrar no armazém os *Vínculos*. Apressei-me a cumprir as formalidades oficiais para evitar demora. Amanhã farei remeter 45 exemplares de algodão e 5 de linho. Ignoro as despesas e consequentemente não o posso taxar, nem propor a remuneração. O Nazareth está fazendo o processo. Por isso, peço-lhe

que não envie para os jornais, sem que eu lhe diga quando é posta à venda. Noticiário, crítica e venda, devem coincidir, não é verdade? É o nosso interesse. Escrevo à pressa. Tenho quasi concluída a parte sobre P[edro]. Hispano. Apesar de me faltarem uns elementos bibliográficos, escrevi 12-15 páginas do formato da *História de Portugal* e parece-me que fiz o primeiro ensaio de conjunto. Cordialmente,

Joaquim de Carvalho

[*v*] P. S. Já leu o livro de Geyser? Gostou? Na nossa língua jamais se imprimiu um livro desta natureza. Aquele meu amigo franciscano é o único português competente para traduzir livros desta natureza: tenho insistido com ele para traduzir Meinong[138] e os fenomenologistas.

XC

Prof. Joaquim de Carvalho   ct: 10-29-4-5-16
Universidade de Coimbra
Coimbra – Portugal

30/11/932
Meu prezado amigo:
Saúde e paz! Deve ter já em seu poder os livros. Peço-lhe que não se esqueça da recomendação que fiz: só daqui a 15 dias irá para os livreiros, e consequentemente convém que o noticiário e crítica dos jornais coincida[m] com esta data. Agora um pedido. Ocorreu-me um argumento novo a favor da autoria tradicional das *Sum[mulae]*. *Log[icales]*. Sugeriram-mo Michalski e Mandonnet; porém deste

---

[138] Alexius Meinong (1853-1920), filósofo austríaco que trabalhou no laboratório de psicologia e filosofia da Universidade de Gras, cuja tese mais relevante (*Gegenstandstheorie*) se baseia na suposta observação empírica de que é possível pensar em algo, mesmo que esse *objeto* não exista enquanto ser.

último a Biblioteca da Universidade possui apenas a 1.ª edição do *Siger de Brabant et l´averroïsme...*, Friburg, 1899. Ora como deve ter-se feito 2.ª edição deste livro notabilíssimo, venho perguntar-lhe se o possui, e no caso afirmativo, se mo empresta. Careço de apurar da parte que se ocupa da condenação do aristotelismo em 1277 – ao que suponho o volume 2.º. [v] Mandonnet, certamente, aditou na 2.ª edição factos e reflexões que não vêm na 1.ª edição, e é para melhor fundamentar a minha hipótese que careço de verificar estes acrescentos. Agora não posso mandar vir o livro. Já não sou director da Biblioteca, e no meu Instituto disponho apenas de 1.000$00, que tudo vai para revistas. Escrevo-lhe às 7 da manhã. Logo às 10 conto com carta sua acusando a recepção dos *Vínculos*.

Grata e cordialmente,

Joaquim de Carvalho

P. S. Se me mandar o livro de volta do correio, conto devolver-lho na 2.ª feira. Aproveitarei a manhã de domingo para colher as notas. Verá como a minha explicação destrói a explicação dominicana de Simonin.

XCI

Prof. Joaquim de Carvalho   ct: 10-29-4-5-17
Universidade de Coimbra
Coimbra – Portugal

6/12/932
Meu querido amigo:
Saúde e paz! Recebi tudo. Não posso ainda hoje mandar-lhe o Mandonnet porque duas conjugações seguidas de deveres de cortesia com os estrangeiros não me deixaram muito tempo.

No texto que me interessa não há novidade; há sim noutros pontos, que estou copiando e extractando notas. Foi afinal Grabmann, no seu último livro sobre o *Averroismus* (1931) que me deu o argumento decisivo contra Simonin: Pedro Hisp[ano]. não podia ser dominicano. A condenação de 1277 parecia-me já ser suficiente prova; porém a decisiva encontrei-a numa citação de Grabmann. Temos aqui todo o *Archivum francisc[anum]. bist[oriucm].* – salvo o volume que me interessa. Resolvo a questão por isso. 5.ª feira segue o Mandonnet.

Cordialmente,

Joaquim de Carvalho

P.S. Escreverei com vagar logo que me desembarace deste dever de não demorar o seu livro, cujo empréstimo muito agradeço.

XCII

Prof. Joaquim de Carvalho   ct: 10-29-4-5-18
Universidade de Coimbra
Coimbra – Portugal

31/12/932
Meu prezado amigo:
Saúde e paz, e que o novo ano lhe seja venturoso e próspero! Uma gripe insistente e reincidente fez-me perder grande parte das férias, roubando-me ao trabalho aliás com prazo, e ao comércio epistolar. Recebi e li os seus *Vínculos*[139], as *Cartas de D. Manuel*[140], e

---

[139] Alfredo Pimenta, *Vínculos Portugueses* (Coimbra, 1932).

[140] Alfredo Pimenta, *O pensamento político do Sr. D. Manuel II através das suas cartas* (Lisboa, 1932)

as críticas a Monzó[141] e Geyser. Como vê – muito tema de conversa. Pareceu-me muito bem a parte histórica dos *Vínculos*, precisa e objectiva. Procurei o folheto do Merêa, mas não o encontrei. Deve andar perdido nesta barafunda de separatas, mas se não aprecio o fundo, aprecio a marcha, que me parece lógica e coerente. Não assim a parte optativa e sociológica. Hoje é *absolutamente* impossível, visto que a evolução social, que é independente e um facto, tem consistido em transferir da família para o Estado a maioria das funções que àquela cabiam. Veja o meu [v] amigo a educação e instrução, as funções de assistência a velhos e crianças, como as funções de transmissão da propriedade e da economia se têm tornado dia a dia mais sociais. Isto mostra-nos a existência de um processo histórico em que a família vai sendo sucessivamente despojada de uma multidão de funções, no sentido de uma socialização crescente. A esta luz, os vínculos foram uma categoria histórica, não definitiva, pela morte das condições que a tornaram possível.

As *Cartas de D. Manuel* são interessantes como documento histórico, quero crer que só o futuro as poderá julgar. D. Manuel[II][142] pareceu-me ter tido a psicologia do hesitante e do tímido. Deve ter escrito cartas que não coincidirão com as que lhe escreveu: mas de todas suponho que ficará líquido o respeito ao seu juramento de rei constitucional. Vamos às críticas. Monzó é acima de tudo um escritor. Tem qualidades didácticas notáveis. Na crítica que fez ao livro de Boëhme o meu amigo [fl2] fez bem em acentuar a imprecisão do objectivo central, porém ao transferir depois a crítica para o pormenor, não fez bem e sobretudo espantou-me mais uma vez o seu cepticismo. Este chega ao inacreditável na crítica

---

[141] Provavelmente trata-se das críticas expendidas à obra *Las metafísicas del Cristianismo* (1930) do argentino Julio Navarro y Monzó (1882-1943).

[142] Falecera subitamente em Twickenham, em 2 de Julho de 1932. J. de C. irá dedicar, ao bibliófilo, páginas de sincera admiração.

a Geyser! Como é que, com as premissas cépticas do exórdio e da marcha da crítica conclui pelo valor do argumento ontológico? O meu amigo não se colocou na posição de Geyser. Havia que criticar a noção de formar da realidade – as espécies ônticas. Se admitir, como me parece necessário, que há objectos tangíveis, objectos físicos como os considera a física, [e] objectos ideias, como os números, e valores, inespaciais e intemporais, não é acaso levado ao reconhecimento de objectos supra-sensíveis, como a substância? Ora o fundamental reside precisamente na distinção do lógico, e do ontológico, e na descriminação de vários objectos ônticos, ou espécies de ser. A sua crítica é puramente antropológica: coloca-se apenas [2v] no ponto de vista do objecto sensível e tangível, mas toda a filosofia não tem sido a crítica deste objecto, e a descoberta de outras formas de ser? Demais, como fundar uma concepção de vida em geral e da sociedade em particular, de feição absolutista partindo de bases relativistas – de relativismo antropológico, isto é, de cepticismo? Foi uma coisa que nunca percebi. Eu sou absolutista em teoria do conhecimento: os pensamentos, precisamente porque se furtam por essência ao tempo e ao espaço, pois ao contrário das coisas não ocupam espaço nem têm as limitações do tempo – são absolutos; porém só se dão no espírito de cada um, e daí uma forma de relativismo na maneira de se realizarem, que fundamenta logicamente a minha concepção relativista da vida, e consequentemente a minha posição política de liberal e democrata. O meu amigo está precisamente no pólo oposto, tanto na fundamentação, como nos corolários. Não faz saltos mortais, logicamente? [fl3] Parece-me que sim. Geyser parte da fenomenologia de Husserl. Havia que criticar, pois, o logicismo e a intuição das essências, assim como a objectologia, antes de seguir Geyser no seu raciocínio. Este livro é notável – e para nós tem o grande mérito de marcar o termo do positivismo e do antropologismo da Teoria do conhecimento.

Vai ver na revista *Convívio*[143] –]que[cujo 1.º número lhe mandarei no fim de Janeiro, como se vai comportando o novo curso de filosofia inglesa e alemã. Quando outro mérito não tivesse, teria o de nos subtrair à arte fanada de procedência francesa, que muito mal nos tem feito.

Vamos às suas coisas. Os *Vínculos* têm tido boa venda, não tão fervente, porém, como os *Estudos críticos*. Por este [3v] andar mando a remuneração em Julho – e se até lá foi grande a venda, até talvez possa mandar remuneração maior. À cautela, pois, não mando ofício, para prevenir o caso de poder mandar mais dinheiro. Agora é impossível, porque não há dinheiro cobrado. Só se cobra em Junho. Vai escrever sobre as *Líricas*? Em Fevereiro receberá o 1.º volume dos *Autos* de Gil Vicente. Em breve vai um volumito em que são citadas as cartas que D. Carolina lhe escreveu. É uma tradução de A[ubrey]. Bell[144]. Nestes derradeiros dias de férias vou ver se termino o estudo para a *História de Portugal*.

Cordial e afectuosamente,

Joaquim de Carvalho

---

[143] Lembre-se que era o projectado primeiro título para a *Revista Filosófica*, só saída em 1951.

[144] Aubrey Fitz-Gerald Bell (1881-1950), fixado em Portugal desde 1911, este escritor e estudioso inglês dedicou-se em grande parte ao ensaísmo, à tradução e divulgação dos clássicos portugueses (Camões, Gil Vicente, Jerónimo Osório) e, após os finais da década de 30, à literatura castelhana.

1933

Prof. Joaquim de Carvalho   ct: 10-29-4-5-19
Universidade de Coimbra
Coimbra – Portugal

5/1/933
Meu prezado amigo:
Saúde e paz! Envio inclusa a tradução do meu colega e amigo
[,] Simões Ventura. Ao princípio defendeu-se, porque sem conhecer
o conjunto do qual o meu amigo destaca aquele passo, receava que
a interpretação não fosse correcta. É isto que ele exprime no cartão,
porém faz boa tradução que era o que importava. Não encontrei
o Dr. António de Vasconcelos[145], nem vi o O[liveira]. Guimarães.
Por isso mando apenas a tradução do Ventura, que é competente.

———

Li a sua crítica às *Líricas*. Está bem, é lógica, é fundamentada –,
mas não foi inteiramente equânime. Eu explico o meu parecer.
Perante a massa amorfa da *Lírica* o 1.º problema é o de fixar um
critério para a respectiva ordenação. Qual? Eis a perpétua dificuldade – tão grande ou maior que a ordem e cronologia [v] dos diálogos
de Platão. Os editores seguiram um – essa honra lhes cabe, e foram em rigor os primeiros a trazer um critério. Será bom? Creio
comigo que não. É demasiado subjectivo – por se basear numa
estimativa discutível – e além disso, quer a ideia nuclear – Infanta –,
quer a valorização estética, prestam-se a intermináveis divergências.

---

[145] António Ribeiro Garcia de Vasconcelos (1860-1941), ex-docente de Teologia,
era à época catedrático jubilado de História na Faculdade de Letras de Coimbra

Por isso há muito penso, que há que ensaiar um critério *estilométri-co* – como em relação a Platão –, e temático. Temos algumas coisas, poucas, cronologicamente apuradas: isto permitiria talvez estabelecer balizas para os períodos. Como vê, o meu ponto de vista é acima de tudo estilístico – externo, objectivo, redutível a constatações numéricas. Nunca foi ensaiado, e quero crer que será fecundo em resultados. Voltando ao ponto: o meu amigo insistiu – e bem – no precário da ideia que orientou os editores, mas não assinalou, como devia, – o que isto representa de novo, pessoal, e não se detuve sobre os resultados positivos. No seu ponto de vista, havia que demonstrar que as poesias excluídas eram autenticamente camonianas. Se tivesse [fl2] feito esta prova, então sim, a sua tese representava uma contri-buição definitiva e positiva para o problema As regras de Havet[146] são imperativas, claro; porém ele pensou na antiguidade, e para que uma edição seja crítica basta ser orientada por um critério normati-vo, coerente, lógico. O aparato – se dermos fé à honra dos editores, e neste caso J[osé]. M[aria]. Roiz [Rodrigues][147] é digno de respeito, – é secundário, porque é óbvio que ao aceitar umas poesias e repu-diar outras, o não fez sem reflexão. Não indicou suficientemente as razões? De acordo, e devia tê-lo feito; mas isto não é motivo bastante para taxar de a-crítica a nova edição. Seja como for, a sua crítica pres-tou um serviço. Basta dizer-lhe que me parece que raríssimas pessoas eram capazes de fazer obra idêntica, pelo saber e pela ordenação do assunto – e o país só lucra em que estes assuntos sejam tratados com elevação. Todos lucramos, e *al fin y al cabo* [2v] beneficiamos

---

[146] Referência às regras filológicas da métrica greco-latina, propostas por Louis Havet (1849-1925).

[147] José Maria Rodrigues (1857-1942), ex-teólogo em Coimbra, camonista, catedrático de filologia em Coimbra e depois em Lisboa, publicara uma edição prefaciada e anotada das *Líricas*, de Camões (1932), em colaboração com Afonso Lopes Vieira. Polemizara com Alfredo Pimenta também sobre a rota de navegação de Vasco de Gama proposta em *Os Lusíadas*.

com esta elevação de tom. Volto porém à minha, de que não foi equânime, deixando no olvido coisas que deviam ser acentuadas.

Esqueci-me de o felicitar, outro dia, pela escolha do seu nome para o *Dicionário*. Muito bem, e para além da consagração do seu nome, a colaboração pode e deve ser-lhe vantajosa economicamente. O importante, porém, é o aspecto moral. Por estes dias lhe mandarei 3 livros.

Cordial e afectuosamente,

Joaquim de Carvalho

P. S. Não teve também uma palavra para a beleza literária do prefácio. Tem um sabor clássico, tem um ritmo tão sereno, que – creio – havia a salientá-lo, pois me parece que não terá tido nossa língua muitas peças idênticas. A forma há-de persistir; o fundo, esse, discutível, e quanto mais o for, melhor, para ver se faz luz um dia.

XCIV

Prof. Joaquim de Carvalho   ct: 10-29-4-5-20
Universidade de Coimbra
Coimbra – Portugal

25/1/933

Meu querido amigo:

Saúde e paz! Pela segunda vez caí na cama com um ataque de gripe, e apesar de me ter levantado no domingo sinto-me ainda combalido! Devolvo o trecho latino: não me pergunte mais nada. Eu julgava ter adquirido pela experiência certo tacto com o homem: verifico que me enganei, e nesta verificação vai a dupla mágoa de o não servir, como desejava, e um certo sabor a amargo pela desilusão. Como foram argutos e felizes aqueles Jansenistas de Port-Royal!

Viveram juntos, comendo juntos, trabalhando com idêntico espírito e fins comuns, jamais deixaram de se tratar como Senhores que se vissem raríssimas vezes, e sempre cerimoniosamente. Tinham razão.

[v] Vamos à *Lírica*, na qual não há motivos para sabores amargos...Insisto em pensar que a sua crítica foi apenas negativa. Não basta; e porque penso que apesar dos defeitos tem méritos, creio que lhe cumpria acentuá-los também. Por isso digo não ter sido equânime. Então não é um mérito pôr ordem na barafunda? Insisto em dizer que depois de ter escrito a crítica, o meu amigo devia colocar-se no ponto de vista do estudioso de Camões, e examinar se as poesias eliminadas eram ou não do poeta. Se concluísse que o eram, a sua crítica teria então uma ressonância perdurável; caso contrário, deixava a querela quasi no mesmo pé, como deixou. Quero dizer: disparou muitas setas para o alvo, mas o alvo continuou, embora algumas acertassem na *mouche*. Só se destrói bem o que se substitui melhor, dizia o seu Comte, e o meu amigo não curou da substituição. O Dr. J[osé]. M[aria]. Roiz [Rodrigues] não é homem para se calar, e com o seu feitio de polemista, demais lutando por sua Dama, não me admira que lhe responda. Ponho ponto porque tenho muito correio.

Grata e cordialmente,

Joaquim de Carvalho

P. S. Os *Vínculos* têm tido boa venda. Se continuar assim e em Junho houver poucos exemplares talvez possa dar-lhe os 2.000$00.

Prof. Joaquim de Carvalho   ct: 10-29-4-5-21
Universidade de Coimbra
Coimbra – Portugal

2/2/933
Meu querido amigo:
Saúde e paz! Novo assalto da gripe, porém é mais benigna que a anterior. Estes frios, e a horrível casa em que habito, húmida e sem sol, são a causa destes quebrantos, que me molestam mais moralmente, pelo tempo perdido, que pelos estragos da saúde. Tenho quasi concluído o artigo, aliás pouco ainda – sobre a filosofia medieval entre nós. Gostava de saber a sua opinião, depois de receber aí o fascículo. Claro, que a recordação dos Jansenistas não era consigo: foi um desabafo, e sincero, por não lhe poder dar uma resposta e pelo aborrecimento que isso me causou.

Cordialmente,

Joaquim de Carvalho

P. S. Acabei de receber a sua carta. Vou ver se o tesoureiro já tem cobranças. Duvido porque a venda tem quasi exclusivamente sido feita pelos livreiros.

3/2/933   ct: 10-29-4-5-22

Meu querido amigo:

À pressa: confirma-se, infelizmente, a minha suspeita. Impossível por não haver ainda cobranças. Em princípio só em Julho; porém logo que seja possível irá algo – tenho recomendado isto ao tesoureiro.

Cordialmente

Joaquim de Carvalho

Prof. Joaquim de Carvalho   ct: 10-29-4-5-23
Universidade de Coimbra
Coimbra – Portugal

17/2/933
Meu querido amigo:

Saúde e paz! Muitos e muitos parabéns, porque afinal ser avô na sua idade não é sinal de velhice, mas de gozar o prazer de ver dilatada e continuada a sua vida!

Mando hoje uns livros: os que viu, e outro que não viu ainda, enquanto não mando coisa nova e valiosa.

Li o seu artigo na *Voz.* Se lhe tivesse escrito imediatamente, dir--lhe-ia a minha impressão. Horas depois tornou-se impossível, porque me converti em *lugar onde* dos que dizem que sim, dos que dizem que não, dos que dizem ora sim, ora não e concluem pelo talvez. O mais elementar dever inibe-me opinar – a não ser pessoalmente e *coram populo.* Não o faço [v] porque não tenho um facto decisivo. Não fui ver o meu epistolário de D. Carolina, mas creio que nunca me escreveu a tal respeito. Isto que lhe digo revela-lhe que terei de ser o fiel depositário de artigos e contra-artigos, e portanto nem da minha boca, nem da minha pena sairá nada que se dê aos contendores a sensação de parcialidade. No meu caso, o meu amigo faria o mesmo. Continuo a trabalhar, vendo muito perto a despedida do capítulo sobre a cultura filosófica. Ficou muita coisa no tinteiro, mas já começa a servir de base a um livro, aliás diversamente disposto.

Cordial e afectuosamente,

Joaquim de Carvalho

XCVIII

Prof. Joaquim de Carvalho   ct: 10-29-4-5-24
Universidade de Coimbra
Coimbra – Portugal

28/2/933
Meu querido amigo:
Saúde e paz! Com meu irmão e dois filhos regressei ontem à noite de uma excursão pela Beira alta, na qual perdi 3 dias para o estudo, mas bem ganhos para os olhos e para a saúde. Hoje, de manhã, reservo logo as boas horas para lhe escrever, pois a sua última cultura, merece-as inteiramente. Antes de mais deixe-me dizer-lhe que quando li a sua resposta a Agostinho de Campos[148] escrevi a este meu amigo e hoje colega uma longa epístola, da qual ele publicou um *post-scriptum* ao artigo – «A um mascarado», no *Diário de Notícias*, de 23 do corrente, umas linhas, que *todo lo dicen*. Como é possível que tenha de intervir na polémica, que vejo generalizar-se,

---

[148] Agostinho de Campos (1870-1944), amigo da família de Joaquim de Carvalho, era professor de Filologia românica em Coimbra (até 1938) acabando a carreira em Lisboa. J. de C. não apreciava particularmente o estro ensaístico da sua lavra.

para esse momento – se for caso disso, – reservo a opinião que se *publica*. Nesse ponto concreto – *e isto é particular* – [v] parece--me que o meu amigo está no bom caminho. Mas deixemos isto e vamos aos *Lusiadae*. Li a sua «Cultura» a caminho da Universidade, e tive a sensação devastadora de um bombardeamento de artilharia. Só destroços, no fim de tudo. À noite, porém, saboreei por graça sua umas duas horas de breve investigação erudita – e com pra-zer, porque revivi com agrado os anos já distantes em que convivi com os humanistas, e deste mergulho no séc. XVI e com apelo ao que sabia concluí que o bombardeamento não tinha os resultados que a primeira leitura me tinham feito descortinar. O 1.º ponto que me impressionou foi a disparidade de sentido de *lusiadae* em Rhodigino[149] e em [André de] Resende; naquele feminino e lasci-vo; neste viril, e épico. Logo, a palavra sofreu um câmbio, e era este câmbio um sentido novo, que urgia conhecer historicamente, na sua origem e paternidade. Estabelecido isto, pareceu-me peça fundamental apurar quem era esse Fernando Coronel. Um era meu conhecido; mas investigando verifiquei que há outro.

O 1.ª era o segoviano Francisco Fernando Coronel, irmão de Luís Nunes Coronel e de António Coronel, lógicos os dois últimos, e [fl2] professor no Colégio de Montaigu; o 2.º fora um Fernando de los Rios Coronel, que em 1605 escrevera um *Uso del astrolábio*. Inclinei-me logo para o 1.º, pela cronologia, e por assinar F. Coronel, quando o uso castelhano lhe ditaria que assinasse primeiro o nome do pai – e portanto F. de los Rios.

Estabelecida esta base, começou a bruxulear uma luzinha, a qual me conduziu à seguinte hipótese: Pelos colégios de Santa Bárbara e de Montaigu se repartiu a maior parte dos estudantes que frequenta-ram Paris no séc. XVI; e se F.do Coronel fora professor em Montaigu, como os irmãos, necessariamente se relacionou com portugueses

---

149 Ou Celius, Luís Celio Rhodigino, autor de *Lecionum Antiquarum libri XXX*.

v. g. Francisco de Melo, D. Martinho de Portugal e quiçá com A[ndré]. de Resende. Ora Resende emprega a primeira vez *Lusiadae* na *Oratio pro rostris*[150] e sou levado a crer que, pelo estupendo arroubo dos descobridores e pela louvaminha a D. João III, a palavra *lusiadae* nasceu com sentido épico e masculino neste meio humanista de Paris. É que os versos de F. Coronel nos advertem que a palavra não fora [2v] expurgada apenas pelos humanistas Resende e Coelho, mas por um espanhol no mesmo sentido, que não é o de Rhodigino. A esta luz, pois, a sua descoberta não destrói inteiramente as opiniões de D. Carolina e de J[osé]. M[aria]. Roiz [Rodrigues], mas impõe o problema da originalidade da mudança de sentido, e então pergunta-se: é a Coronel ou a Resende que cabe a originalidade da mudança de sentido? Creio que os versos de Coronel são posteriores a Resende. Eis as razões. Foi em 1553 ou 1554 que segundo P[edro]. [de] Azevedo[151] saiu a tradução francesa do livro I de Castanheda e é legítimo supor que Coronel que, como tantos franceses, conheceu neste livro a sensação de assombro[,] tivesse escrito os versos espontaneamente ou a rogo de Nic[olau]. [de] Grouchy[152]. Eles só poderiam ter sido escritos depois de 1551, e é legítimo pensar que Grouchy os tivesse dado a Castanheda que devia ter conhecido em Coimbra. Como Castanheda sofreu moralmente com as críticas aos livros I e II e os versos de Coronel lhe eram lisonjeiros, compreende-se que os publicasse no livro IV, como réplica das críticas. Em conclusão: os versos de Coronel são posteriores a Resende, e o emprego da

---

[150] Lisboa, Germam Galhard, 1534. A *GEPB* reproduz o frontispício do raríssimo opúsculo (vol. 25, p. 232) do qual à época se conheciam apenas dois exemplares.

[151] Pedro de Azevedo (1875-1928) paleógrafo, arquivista, medievalista; numa nota em *O Instituto* J. de C. registara que "pessoalmente, Pedro de Azevedo perdurará na minha saudade e gratíssima memória como um dos mais ilustres e dedicados colaboradores da obra colectiva que planeei e ardidamente espero realizar na Imprensa da Universidade de Coimbra".

[152] Ou Nicolaus Gruchius Rothomagensis, foi um dos «mestres franceses» que André de Gouveia trouxe para Portugal, quando, em 1547, vier dirigir o Colégio das Artes em Coimbra.

palavra em sentido idêntico faz-me suspeitar, não da influência de [fl3] Resende em Coronel, mas que ambos sofreram a influência do meio humanista de Paris, afeito a Vives e Erasmo. É neste meio que, ao que suponho, surgirá a palavra. Que singular *lysiades*; ora eu já encontrei Lysia e Campos Elísios no séc. XVI – citação diversa da do Dr. J[osé]. M[aria]. Roiz [Rodrigues] e mais antiga – 1519, salvo erro de memória – e não poderia mergulhar na terra chamada Lysia o nome dos habitantes *Lysíadae* e *lusiadae*? Há um trânsito fonético do grego para o latim, segundo me parece, e sendo assim, Rhodigino, não explica nem o sentido, nem a própria forma. Crítica à crítica é esta carta; mas o meu amigo pondo o problema fez bem, e se tiver de responder e intervir direi isto tudo – decantado, apurado pelo aparato, que deixei no tinteiro, por não querer transformar a epístola em artigo.

Teve o meu amigo a fortuna de colocar o problema em termos novos; mas a sua conclusão parece-me apressada e hipercrítica. Os livros seguirão em breve.

Cordialmente,

Joaquim de Carvalho

Prof. Joaquim de Carvalho   ct: 10-29-4-5-25
Universidade de Coimbra
Coimbra – Portugal

30/3/933
Meu prezado amigo:

Saúde e paz! Mando neste correio o n.º da *Presença*, e a separata *Itinerário* de Monetarius[153]. Não tenho escrito a ninguém,
porque tenho passado mal. Careci de fazer um esforço, à última
hora, para dispor o meu artigo da *História de Portugal* de harmonia com as exigências da paginação, e daí, talvez, pelo excesso
de estar sentado durante muitas horas, uma crise fígado. A coisa
com o repouso e dieta já marcha melhor agora. Nesse artigo chamo
a sua atenção sobre Pedro Hispano. Não disse tudo quanto tinha
a dizer, mas creio ter posto o problema com clareza e respondido
objectivamente às ideias de Simonin.

[v] Zangado como, e porquê? Talvez aí vá no próximo mês. Irei
à Torre do Tombo, se me demorar dois dias.

Qualquer dia lhe mandarei coisas novas. Vejo pelos jornais que
a Imprensa Nacional vai, de acordo com a Biblioteca Nacional
e Academia, empreender uma obra similar à da Imprensa da
Universidade. Oxalá assim seja!

Cordialmente,

Joaquim de Carvalho

---

[153] Trata-se do relato do périplo (1494-95) do médico de Nuremberga, Monetarius,
ao afastar-se da peste que grassava na sua cidade, atravessando a Suíça e chegando
à Península Ibérica.

C

Prof. Joaquim de Carvalho

Universidade de Coimbra

Coimbra – Portugal

ct: 10-29-4-5-26

12/5/933

Meu prezado amigo:

Saúde e paz! Devo-lhe uma carta há tanto tempo! Primeiro, a necessidade de escrever umas coisas – das quais uma talvez lhe interesse, sobre a influência da filosofia de Hartmann em Antero, e depois os estragos da jantarada oferecida pela reitoria no dia dos doutoramentos do Ag[ostinho]. de Campos e V[ergílio]. Correia, de que ainda não estou completamente bom. Tem razão nos seus pêsames? Talvez. Claro que não sou nem poderei ser um político, mas no desvairamento da nossa sociedade parece-me um dever moral elementar a propaganda do liberalismo, ao qual sou fiel e julgo essencial a uma sociedade civilizada. Uma única coisa me magoará: o personalismo, seja pró ou [v] seja contra, e é por isto, que aceito dubitativamente os seus pêsames. Vejo nos jornais que o seu curso se reúne aqui em breve. Vem cá? Mandei dois livros, que espero tenha recebido. A publicação da revista do Arquivo de Guimarães é sinal de que vai organizar a sua vida na terra natal?

Cordialmente,

Joaquim de Carvalho

Prof. Joaquim de Carvalho   ct: 10-29-4-5-27
Universidade de Coimbra
Coimbra – Portugal

31/5/933

Meu querido amigo:

Saúde e paz! Não quis responder à sua carta, aliás desnecessária, sem previamente receber de Lisboa umas notícias. E digo desnecessária, porque sei quais são as obrigações da amizade, que vive de actos e não de palavras. Espero que se não repitam ditos e comentários desagradáveis entre amigos e já agora deixe-me dizer-lhe que se os ecos me desagradaram não me desagradou menos a sua atitude para com o H[ernâni]. Cidade[154], que é um perfeito cavalheiro. O meu amigo deve tê-lo magoado, e injustamente, porque na intenção e na acção ele foi correctíssimo. A posição dele, como a minha, é sem dúvida delicada, e permanentemente sofremos o [v] choque do dever impessoal, de solidariedade por ideias, com a descida à realidade, e os amigos de um e outro, mormente os que respiraram os ares das redacções, não devem esquecer que este choque é para nós cruel. Avivá-lo, não é porventura ferir ainda mais a uma sensibilidade, aliás sem pôr à prova uma amizade? A amizade, por natureza pessoal, só vive e cresce com pequeninas indulgências. E se é certo que aos amigos cumpre evitar que estas tenham lugar, o saber-se que assim se pensa e pratica afasta a suspicácia, que é o cancro da amizade. Com ânimo idêntico ao do seu, lhe escrevo esta carta,

---

[154] Hernâni Cidade (1887-1975), catedrático da Faculdade de Letras de Lisboa, por esta época era co-director do *Diário Liberal*, com Mário de Azevedo Gomes e J. de C. Note-se que AP se queixava a J. de C. de ser atacado sistematicamente no *DL*.

e na esperança que ela seja a primeira e última no nosso já largo –
e oxalá possamos dizer larguíssimo daqui a muitos anos – epistolário.

Afectuosamente,

Joaquim de Carvalho

CII

Prof. Joaquim de Carvalho   ct: 10-29-4-5-28
Universidade de Coimbra
Coimbra – Portugal

14/6/933

Meu prezado amigo:

Saúde e paz! Representando a minha Faculdade, fui a Guimarães.
Linda terra, lindo sítio! Dei por bem empregados os três dias que
lá passei, tanto mais que a comemoração sarmentina correu muito
bem. Só nos primeiros dias de Julho, após a cobrança, poderei dar-
-lhe uma resposta precisa. Agora, limito-me a afirmar-lhe que desejo
enviar o máximo. Os livreiros, porém, invocam a crise para pedir
adiamentos, mas como se venderam bastantes exemplares, espero
ter em tranches.

Grata e afectuosamente,

Joaquim de Carvalho

Prof. Joaquim de Carvalho   ct: 10-29-4-5-42
Universidade de Coimbra
Coimbra – Portugal

22/6/933
Meu querido amigo:
Baldados todos os esforços para obter o *Clenardo* / 2.º volume.
A edição foi do Cerejeira, e de pequena tiragem. Por o ser, é que
é que ele fez a 2.ª, assaz melhor nalguns pontos. Quanto aos dispersos de M[artins]. Sarmento[156] lá lhe irá ter quando concluso. Devem
faltar ainda umas 100 páginas. Neste momento, sem autorização
expressa do compilador – já que o autor morreu e não tem herdeiros
do nome – não posso, nem devo enviar-lhe os exemplares. Tenho
castigado exemplarmente os pequeninos casos de inconfidência –
eu e o C. Nazareth, aliás, sem importância.

Qualquer dia aí recebe umas coisas. Aguardemos o novo orçamento para comprar o papel para o seu livro.

Cordialmente

Joaquim de Carvalho

---

[155] Lapso de ordenamento na catalogação.

[156] Francisco Martins Sarmento (1833-1899), arqueólogo e erudito vimaranense
mais conhecido pela exploração da Citânia de Briteiros.

Prof. Joaquim de Carvalho   ct: 10-29-4-5-29
Universidade de Coimbra
Coimbra – Portugal

25/7/933
Meu prezado amigo:
Saúde e paz! Depois da canseira dos actos, uma gripe. Cá arribei, não de todo, refeito ainda. É desejo meu ver se lhe arranjo mais, por conta dos *Vínculos*. Se a venda der neste semestre, lá lhe irá ter mais alguma coisa.

Li ontem a sua «Cultura» sobre o Prior do Crato estudante. Fui eu quem publicou as tais *Memórias...* que saíram no *Boletim da Biblioteca*, e que na verdade são importantes, sobretudo para história do ensino segundo os métodos e ideias lovanienses. Contos largos: mas o que quero dizer-lhe é que as suas dúvidas são de fácil resolução. *S. Marcos* – é o convento de S. Marcos, em S. Silvestre, a dois passos de Coimbra; e o colégio dos Jerónimos, ao largo do Castelo, era o colégio que deu o nome à rua de S. Jerónimo e cujo edifício pertence hoje ao Hospital da Universidade. Quando agora for a Guimarães vá ao jardim do Convento [de Santa Marinha] da Costa e, numa parede lá verá uma lápide comemorativa da estadia do D. António no Colégio [v] da Costa. Quando há anos estudei o humanismo e suas fontes, parei em tudo isto, e para o público acentuei o carácter novo do ensino que os Jerónimos introduziram – o método lovaniense – o que se explica porque tanto Diogo de Murça como Brás de Barros foram estudantes em Louvain, e o primeiro com brilho. Vou ver se compram esse volume das Cartas de D. João III. Se não o puderem comprar, há-de fazer-me o favor de me emprestar o seu exemplar em Novembro. Penso na reunião dos meus estudos e artigos sobre o séc. XVI, e quero dar-lhe o aparato e desenvolvimento de fontes esclarecidas por novos ares[157]. Estarei aqui até 2 de Agosto. Depois, Praia de Buarcos. Quando vai para Guimarães? Tenciono estar nos Palheiros durante os dois meses. Já está brochada a *Miscelânea* dedicada a D. Carolina. Em Outubro aí lhe vai ter; e não vai antes, porque o meu amigo dá logo à língua e à pena, e eu só em Outubro tenho dinheiro para fazer a expedição, o que vai ser uma ruína, porque cada exemplar só pode ser expedido como encomenda postal, tal o seu peso.

Cordialmente,

Joaquim de Carvalho

CV

Imprensa da Universidade   ct: 10-29-4-5-30
de Coimbra

26/7/933

Meu prezado amigo:

Que sua filha se restabeleça depressa e seu filho, no novo lar, lhe dê alegrias!

A sua carta surpreendeu-me e não me surpreendeu. Surpreendeu-me pelo facto – porque nunca me passou pela cabeça que tivesse pensado em destruir esta respeitável cara, peça singular e característica do nosso país; e não me surpreendeu porque conhecendo o G[ustavo]. [Cordeiro] Ramos há anos, antes de ser ministro, não confundi a pessoa com o ministro. Se este era apaixonado, até mesmo faccioso, eu não levava isto para o outro campo. Eu todo o caso eu sou uma [v] pessoa justa, não esqueço nunca o que significa ou impõe gratidão – dá-se mesmo o caso de ser *post-mortem*

---

[157] Leitura dubitativa da palavra, que pode ser a abreviatura defectiva de *autores*.

ou no infortúnio que eu honro os amigos, jamais os importunando quando no galarim – e se me consente pergunto-lhe o que houve e como houve. Sou indiscreto? Bastar-me-á então a sua palavra, mas se puder fazer um pouco de história muito me contentaria. Escrevo a correr

Cordialmente,

Joaquim de Carvalho

P. S. Só vou na 5.ª feira da próxima semana para os Palheiros. Em Setembro tenho para lhe mandar uma montanha de livros.

CVI

29/7/933   ct: 10-29-4-5-31

Meu prezado amigo:

Recebi a sua carta, que muito agradeço. Responderei amanhã, para Guimarães, não é verdade? Mandei a *Miscelânea* C[arolina]. Mich[aëllis]. Está no domínio público: pode pois escrever acerca dela, se entender, e quando entender. A sua carta deixou-me estupefacto[158]. Contos largos. Podia supor tudo, menos daquelas paragens,

Cordialmente,

Joaquim de Carvalho

---

[158] AP advertia J. de C. que o ministro Gustavo Cordeiro Ramos tentava resistir, em pleno Conselho de ministros, às invectivas de Manuel Rodrigues, que encontravam eco em Salazar. Cf. «Cartas de Alfredo Pimenta...», art. e ob. cit., p. 994; também nota *infra*.

Prof. Joaquim de Carvalho   ct: 10-29-4-5-32
Universidade de Coimbra
Coimbra – Portugal

1/8/933
Meu querido amigo:
Que tenha chegado bem e as férias lhe sejam agradáveis.

Reservo para uma cavaqueira, em Lisboa, a explicação profunda da atitude do homem da justiça[159]. Surpreendeu-me em todo o caso, porque aqui, foi um momento nesse satélite, por minha mão – a pedido dele, claro – fez a sua entrada na política, acompanhando o Á[lvaro]. de Castro[160], etc. etc.

Contos largos, mas confesso que fiquei triste e enojado, tanto mais que, por intermédio do meu querido Mag[alhães]. Colaço[161], ele dizia coisas e quando da morte do querido amigo me caiu nos braços, no abraço sentido, julguei ver a expressão de uma destas amizades que a tudo resistem. Isto é que me fere: o ter-me ludibriado. Parto 5.ª feira para os Palheiros, e lá trabalharei se o corpinho não pedir descanso e o mar estiver bravo. No [v] remanso, quer dizer

---

[159] Referência ao ministro da Justiça, Manuel Rodrigues Júnior (1889-1946), catedrático de Direito em Coimbra e antigo correligionário de Carvalho no Partido Republicano de Reconstituição Nacional, liderado por Álvaro de Castro. A nota, de encomenda, parece, na *Grande Enciclopédia Portuguesa Brasileira*, de que terá vivido "completamente afastado das lutas partidárias" até aceitar o convite para ingressar em 1926 no primeiro governo da ditadura (Mendes Cabeçadas) como titular da Justiça é desprovido de qualquer verosimilhança: e desmentida por completo pela correspondência que Álvaro de Castro dirige a J. de C. e pelo depoimento que este, *aqui mesmo,* confidencia a AP.

[160] Álvaro de Castro (1878-1928), militar republicano, fundou com Sá Cardoso o PRRN, em 1920, em dissidência com os «Democráticos», ao qual J. de C. aderiu em Coimbra, sendo aí o seu dirigente mais prestigiado.

[161] J. M. Teles de Magalhães Colaço (1893-1931), catedrático em Direito em Coimbra e alvo do processo saneador de 1919, distinguiu-se nos campos do direito administrativo e constitucional.

1 quilómetro de natação, e claro que isto pede raposeira longa e afastamento de livros.

Vamos à *Miscelânea*: ao tempo eu não o conhecia, nem ninguém indicou o seu nome. R. Pombo[162] foi o único colaborador trazido pelo Remédios: dos outros, mais ou menos, tenho eu a responsabilidade, e confesso que tendo recusado alguns artigos não tive coragem de recusar a prosa de Afrânio [Peixoto][163]. Hoje arrependo-me; mas olhe que há vantagem em que nestas coisas desponte o mau para fazer avultar o bom, e habituar as pessoas ao confronto.

Não tenho lido os seus artigos; mas aqui para nós, D[uarte]. Leite[164] exagera na negação dos conhecimentos científicos do Infante. Vou escrever acerca disto, tanto mais que nem cheguei a agradecer-lhe o livro sobre o Brasil, que ele me mandou há meses. Adeus.

Afectuosamente,

Joaquim de Carvalho

---

[162] J. F. Rocha Pombo (1857-1933), advogado, político e historiador brasileiro, autor entre outras obras, de uma *História do Brasil* e de uma *História de S. Paulo*.

[163] Afrânio Peixoto (1876-1947), médico, publicista, político, ensaísta e historiador brasileiro, particularmente interessado nos estudos camonianos: *Dicionário dos Lusíadas* (1924), *Dinamene* (1925), *Camões e o Brasil* (1926); e da *História da literatura brasileira* (1931).

[164] Duarte Leite (1864-1950), matemático de formação, professor do Politécnico do Porto, historiador da expansão e dos descobrimentos de renome, político republicano e diplomata, sustentou em *Coisas de vária história*, para o que interessa no esclarecimento do debate, que o objectivo oriental mais distante do Infante D. Henrique fora "a Índia etiópica, à qual imaginava chegar por terra".

Prof. Joaquim de Carvalho   ct: 10-29-4-5-33
Universidade de Coimbra
Coimbra – Portugal

Praia de Buarcos, 59.
10/8/933
Meu querido amigo:
Saúde e paz! Tenho passado mal, apoquentado mesmo, porque ao banhar-me, no segundo dia, e quando nadava, tive uma vertigem. Para um nadador, isto é terrível. Hoje, após uma pausa de dias, vou experimentar de novo a capacidade de resistência às salsas ondas. E como tem passado?

No Infante há, pelo menos, o sentido inteligente de escolher colaboradores competentes: é isto natural num ignorante? Eu creio ter sido o primeiro a notar que ele fez uma verdadeira *reforma* da Universidade, e num sentido diverso da que o Infante D. Pedro sugeria. Nesta reforma pode ver-se um indício da sua cultura. Quanto ao plano das Índias tenho dúvidas, embora os factos que o Bensaúde[165] coligiu tenham a sua [v] importância. Eu tenho mesmo responsabilidade na tese do Bensaúde, como aliás ele confessou na réplica ao D[uarte]. Leite – a quem ainda não escrevi.

---

[165] Joaquim Bensaúde (1859-1952), recompilaria os textos da sua tese sobre os planos do Infante (os de "conquistar os mares para esmagar na Índia e no Mar Vermelho o poderio comercial do Istão") em *A cruzada do infante D. Henrique* (1942); sobre a relação de Carvalho com os historiadores da expansão leia-se a correspondência e o estudo introdutório *in* Marinho dos Santos, José & Azevedo e Silva, José Manuel (2004), *A Historiografia dos Descobrimentos através da correspondência entre alguns dos seus vultos*, Coimbra, Imprensa da Universidade.

No estudo sobre P[edro]. Hispano citei-o, a si, inicialmente[166]. Como tenciono publicar, em capítulo, em livro, com aparato e desenvolvimento, lá o citarei de novo, com mais pormenor. Creio que pus alguma ordem naquela barafunda, e mesmo que seja falsa a minha hipótese, que não creio, essa páginas terão o mérito de servir de esquema para quem estudar o tema. Se no próximo ano eu reger o *cursillo* de História da Filosofia em Portugal, dilatarei o capítulo em profundidade e extensão. Seja como for, a questão foi posta noutros termos, e sempre é uma vantagem por bem os problemas, mesmo que as soluções sejam discutíveis. A parte referente a S.to António, Infante D. Pedro e D. Duarte, creio ter também alguma novidade.

–

[fl2] O 2.º volume dos *Estudos* tinha]m[emperrado por falta de papel e de dinheiro para o comprar. Quando saí de Coimbra deixei dito que no dia 6 do corrente encomendamos à fábrica (Viúva Macieira) as 10 resmas suficientes para as férias e mais alguma coisa. O trabalho assim deve ser feito, e portanto qualquer dia destes aí terá as provas. No domingo, por portador, recomendarei isto e outras coisas.

Quanto à *Miscelânea*, o R[icardo]. Jorge[167] não tem razão. Recebeu a epístola latina em 1925 (ou 24?) e lembro-me perfeitamente de

---

[166] No problema, sobre as diversas referências e fontes medievais de Pedro Hispano (o lógico, o médico, o pontífice), de saber se corresponderiam a uma ou a várias pessoas, homónimas, desde 1898 Stapper, consolidara a tese da unicidade identitária, porém, acrescenta Carvalho, até H. D. Simonin ter recuperado a tese da pluralidade, "do que se fez eco em Portugal o Dr. Alfredo Pimenta, e considerando a tese da identidade como «solução preguiçosa», tentou reanimar os argumentos de Nicolau António e dos bibliógrafos dominicanos de uma forma que não se nos afigura convincente" (*OC*, III, 258).

[167] Ricardo de Almeida Jorge (1858-1939), médico higienista, um dos introdutores do conceito de saúde pública sobretudo associado à epidemiologia, também se dedicou à crítica e à ensaística histórico-literária e a temas de história da saúde. Carvalho relevaria, no quadro da historiografia cultural portuguesa, não só o seu legado do rigor positivista, síntono com a sua época, mas "a combinação do exame e actual do objecto

que no Ministério da Instrução, no gabinete do Santos Silva então ministro[168], quando lá fui tratar de qualquer coisa da Imprensa ou da Faculdade, já não recordo, encontrei o R. Jorge e lhe falei na coisa. Por sinal que se desculpou. Só ele é o culpado. Ainda não lhe mandei o volume – o que só farei em Outubro, e para o poder fazer [2v] terei de pedir a alguém que lho leve a casa, ou mande buscar no local – talvez, Faculdade de Letras. Não há possibilidade de distribuição individual, porque não poderei dispor de mais de 1.000$00 para a distribuição, o que mal chega para o estrangeiro. Quando lhe escrever anunciando o 1.º volume, lamentarei a sua ausência, da qual só ele é culpado. Decerto não calculava que o volume saísse como saiu, apesar dos senãos.

Ponho ponto, desejando-lhe bem-estar. Se meu irmão[169] aqui passar uns dias, talvez aí vá. Ele tem automóvel e falamos vagamente numa excursão ao Minho, porque como bom tio da América, quer premiar os meus filhos mais velhos com uma passeata.

Afectuosamente

Joaquim de Carvalho

com a respectiva consideração histórica" que as suas páginas patenteariam, exigindo "o concurso da atitude científica com a historiográfica" (cf. OC, V, 209-2013).

[168] Eduardo Santos Silva (1879-1960), médico e político republicano, em 1925-26 foi deputado e ministro da Instrução.

[169] Júlio de Carvalho, médico e irmão mais velho de J. de C.

Prof. Joaquim de Carvalho   ct: 10-29-4-5-34
Universidade de Coimbra
Coimbra – Portugal

Praia de Buarcos, 59.

3/9/933

Meu querido amigo:

Saúde e paz! Fui ontem a Coimbra e não me esqueci de averiguar a razão da demora das provas. É a eterna falta de papel, porém fiquei convencido pelo que me disse o Nazareth que em breve aí as terá para ocupação de férias.

Li e reli o seu *Martins Sarmento*, de ritmo académico. Passou em revista – e bem – toda a obra característica do seu patrício; julgou--a e deu-lhe situação no tempo. Completamente? Creio que não, porque deixou na sombra as correntes europeias, na arqueologia sobretudo, de que Sarmento foi, não direi reflexo, mas representante. Colocou-se no ponto de vista português, e a esta luz nasceu parece de geração espontânea; porém creio – e foi V[ergílio]. Correia quem no-lo acentuou – que ele quis ser o Schliemann[170] português, e na metódica e problemática da grande arqueologia [v] da Europa do seu tempo colheu ele as sugestões para a exploração do seu quintal. Mas isto é nada: arrepios tive no seu cepticismo que *nunc et semper* me põe os nervos em vibração. Se não se subjuga à verdade, para quê trabalhar? Os factos não importam; o que importa é a dimensão que se dá aos factos, e é neste trabalho do espírito que reside o erro, a verdade ou a probabilidade. Devemos afirmar cegamente

---

[170] Heinrich Schliemann (1822-1890), considerado o «pai» da moderna arqueologia, este arqueólogo e historiador alemão é sobretudo conhecido por ter escavado e tentado identificar a Tróia homérica e se ter especializado na arqueologia micénica, desde logo, identificando e escavando a cidade de Micenas.

a verdade ou negá-la contundentemente, como corolário de uma teoria do conhecimento, não será desconhecer o problema da verdade, que é um problema crítico? Neste ponto estamos sempre em discórdia, e eu pendularmente a objectar. Agora a nota pessoal: consente-me que lhe diga que não devia desfear o seu trabalho com as alusões pessoais, ou anti-pessoais? Pessoalmente, estas coisas desagradam-me sempre. Na polémica, sim: na exposição, não. E o meu amigo não fazia naquela hora polémica. De tudo o que li e ouvi sobre Sarmento, no centenário, foi o seu trabalho e o do V. Correia os que mais me agradaram. Direi mesmo, os únicos. Cada um no seu ponto de vista, embora coincidentes aquém e além. Eu trabalho com pausa.

Afectuosamente

Joaquim de Carvalho

CX

Prof. Joaquim de Carvalho   ct: 10-29-4-5-35
Universidade de Coimbra
Coimbra – Portugal

Praia de Buarcos, 59.
24/9/933
Meu querido amigo:
Pela última vez lhe espero escrever acerca das ofensivas graçolas, a seu respeito, saídas no jornal de que faço parte. Última vez, repito, e todos estão de acordo; porém estamos longe, e isso explica tudo. Creio ser nosso dever fazer jornalismo sem combate pessoal, e mesmo que mais ninguém o faça, deve fazer o jornal, a que me liga uma quota de responsabilidade. Há na minha repulsa muito de amizade, mas há também uma atitude geral e impessoal para todos. Como poderemos civilizar este povo se lhe propiciamos o ácido sulfúrico?

Vou para Coimbra no dia 3 ou 6.

Afect.^{te}

Joaquim de Carvalho

CXI

Prof. Joaquim de Carvalho   ct: 10-29-4-5-36

Universidade de Coimbra

Coimbra – Portugal

15/10/933

Meu prezado amigo:

Saúde e paz! Regressei no dia 3, porém tive tais cuidados, arrelias e fadigas, que pus de banda o meu correio pessoal. Demora-se
ainda aí?

Falei ontem com o Simões Ventura, meu compadre e colega.
Ele é rígido no seu dever, e em breve terá uma retumbante prova
disso; disse-me, porém, que fará os pontos por forma que os rapazes não se atrapalhem, cuidará sobretudo da nitidez da tradução,
e se tiver 9 ½ lhes dará os 10. Eis tudo. Disse ao rapaz que viesse
falar-me na véspera do exame, e isto será suficiente para o animar.
Oxalá assim seja. Se se demorar aí, mandar-lhe-ei os novos livros.

Cordialmente

Joaquim de Carvalho

Prof. Joaquim de Carvalho   ct: 10-29-4-5-37
Universidade de Coimbra
Coimbra – Portugal

25/10/933
Meu prezado amigo:
A correr: duas palavras apenas para lhe dizer rotundamente
que a Imprensa da Universidade não tem responsabilidade material
nem moral no caso do Nazareth. Quando regressei aqui no dia 3 do
corrente esperava-me essa estupenda e inacreditável coisa da fuga
do Nazareth. A polícia tudo apurou, eu por minha parte também fiz
um inquérito para um governo pessoal, e de tudo isto se conhece
que o jornal foi feito numa tipografia da Sofia – onde a polícia
apreendeu as fôrmas – e que, possivelmente, o Nazareth iria provar.
Pelo menos creio ser esta a sua responsabilidade. Como calculará
ao assombro sucedeu a [v] inquietação pela casa, e sobretudo moral,
porque me indignava a ideia de que alguém pensasse que eu, que
tenho coragem das minhas opiniões, que as subscrevo, poderia ser
um colaborador e patrocinador de coisas anónimas, mormente num
estabelecimento público, que eu devotadamente quero, pela obra
cultural que me permite realizar. Custou-me muito convencer-me
da actuação do Nazareth, tanto mais que me estava substituindo,
mas a verdade nua a crua é que ele não embarcou na aventura
mais do que a sua responsabilidade pessoal. Aqui, tudo se excluiu
rapidamente, não carecendo a polícia, sequer, de me ouvir; mas
é evidente que Nazareth e Imprensa são ideias associadas, e daí
esse boato que lhe chegou, [fl2] e certamente está fazendo a roda
de Lisboa. Esse boato se desfará, porém deixa um rastro de sus-
peição que me ofende. Como foi o escantado velho levado a isto?
Não sei, nem suspeito, mas parece fora de dúvida que o A[rmando].

Cortesão[171] se envolveu na coisa. Aqui tem a verdade nua. A coisa foi descoberta na véspera ou no próprio dia do meu regresso aqui e desde 4 dias antes que o Nazareth se ausentara. Quando cheguei e fui informado no dia seguinte do que se passara fiquei assombrado, e para que a vida da oficina nada sofresse tive de ser director das oficinas, distribuindo o trabalho, coisa que ainda faço, embora o Nazareth já tenha substituto. Escrevo à pressa, mas aí fica o essencial. Recebeu os livros?

Afectuosamente,

Joaquim de Carvalho

CXIII[172]

Prof. Joaquim de Carvalho   ct: 10-29-4-5-38
Universidade de Coimbra
Coimbra – Portugal

1/11/933
Meu querido amigo:
A correr:
É verdade, sim senhor: não assinei a representação[173] e fiz muito bem. Se o meu amigo a tivesse lido não escreveria o que escreveu, porque *sendo justa na declaração do problema muito actual* [174][,]

---

[171] Armando Cortesão (1891-1977), engenheiro agrónomo de formação, foi um notável historiador na área dos descobrimentos náuticos e da Cartografia antiga. Nesta narrativa ele desempenha um papel capital, uma vez que se lhe atribui directa responsabilidade pela actuação policial que culminaria com o encerramento da Imprensa da Universidade.

[172] Aspecto psicológico significante: o traço forte e a tinta cheia com que Carvalho carregou a pena.

[173] A célebre petição universitária que exigia melhores condições remuneratórias, científicas e pedagógicas e da qual, com A. Quintanilha, Carvalho se desvinculou.

[174] Sublinhado a lápis vermelho.

é terrivelmente insensata noutros pontos. Hoje quasi todos estão aborrecidos. Eu não assinei com estes fundamentos:

1.º) Pelo período 2.º: «Desiludidos há muito pela eficácia dos meios puramente burocráticos para este efeito, ainda os mais consagrados pela tradição e pelo prestígio secular das velhas instituições universitárias, muitos catedráticos [v] da Universidade de Coimbra, na justa compreensão do novo espírito social da hora que passa, optam pela acção directa, e como trabalhadores do espírito e proletários intelectuais que se orgulham de ser, representam...».

Nunca poderei subscrever esta linguagem, a que só falta o adjectivo *consciente* para ser marxista. De resto, não posso admitir que uma Universidade vá para a *acção directa* e se declare *proletária* intelectual. Se eu fosse ministro das duas uma: ou aceitava a mensagem, e demitia o reitor, ou conservava o reitor e não recebia a mensagem. Isto é um sintoma terrível da loucura colectiva.

2.º) Não posso admitir que uma Universidade portuguesa venha declarar que quer organizar-se em função da [fl2] investigação científica: o país o que precisa é de médicos, advogados bons, etc., e é marginalmente que deve fazer-se e amparar-se a cientificação. Esta deve ser cultivada, como as orquídeas, e não é com os nossos cursos de alunos primários que iremos fazer Herculanos e Pasteurs.

3.º) Não achei digno que a Universidade, que colaborou nas reformas do G[ustavo]. [Cordeiro] Ramos[175] viesse declarar 3 dias depois dele cair, que se devia rasgar tudo o que está feito. O que está feito é mau mas não era a hora e a forma de o dizer aquela que foi escolhida.

4.º) A má redacção e o tom polémico da mesma.

---

175 Gustavo Cordeiro Ramos (1888-1974), catedrático da Faculdade de Letras de Lisboa, foi por várias vezes ministro da Instrução, nos governos ditatoriais de Vicente de Freitas, Domingos de Oliveira e Salazar, tendo sido exonerado pelo ditador vitalício a 24-VII-1933.

Estes são os argumentos principais. Dois não dias antes de ir [2v] para Buarcos, eu e o Fézas Vital[176] tínhamos declarado que não assinaríamos o papel. Cortaram ainda umas coisas, sobretudo a referência aos professores atraídos pelo *capitalismo*, e o Vital assinou, sobretudo porque sendo director da Faculdade de Direito quis isolar--se dos seus colegas. Eu porém mantive-me e de Buarcos fiz ver os inconvenientes. Já não puderam modificar, e o resultado foi este: a Universidade daqui de zabumba e as outras Universidades caladinhas como ratos. Ao ministro escrevi uma carta dizendo-lhe que me parecia sem mais passo na Universidade, e por isso não me associava, e esta carta foi-lhe entregue no momento em que recebeu a mensagem pelo C[abral]. Moncada. Já vê, por isto, como houve entre nós cavalheirismo.

Há, porém, na mensagem uma coisa digna: a [fl3] repulsa pela actual exuberância de cadeiras. Há pouco, precisamente, cheguei a meio de um artigo em que quero dizer o que há de valor na mensagem, calando as razões graves que me levara a não a assinar. Concordo com o diagnóstico do mal, e discordo da opinião acerca da missão da Universidade. É esta a súmula do meu artigo: é escrito no ponto de vista de Robinson.

Aqui tem a correr as minhas razões. As dos outros desconheço-as

Até breve. Cordialmente,

Joaquim de Carvalho

P.S. Com o meu artigo talvez ressurja a questão. O que é interessante notar é o silêncio das outras Universidades. Enterramento[177] e triste para Coimbra. Não me pesa, porém, a consciência, porque adverti a tempo.

---

[176] Domingos Fézas Vital (1888-1953), catedrático de Direito em Coimbra, onde foi vice-reitor e reitor, transferiu-se para Lisboa, dirigente da Acção Católica e lugar-tenente do duque de Bragança.

[177] No manuscrito: *interramento*.

Prof. Joaquim de Carvalho   ct: 10-29-4-5-39
Universidade de Coimbra
Coimbra – Portugal

12/11/933

Meu querido amigo:

Saúde e paz! Só hoje lhe posso escrever: os actos e outros que fazeres roubaram-me toda a semana. Em primeiro lugar quero agradecer-lhe o seu artigo da *Voz*, o qual me enterneceu. Eu tenho a consciência clara de que sirvo como posso o nosso país, e se mais não faço com a minha assinatura pessoal é porque não tenho mais forças; porém a vibração compreensiva e simpática deste esforço é um consolo, e cordialmente lho agradeço.

Nesse mesmo dia publiquei um artigo. Creio que fui justo. Procurei fazer silêncio sobre as notas irritantes, e procurei sobretudo desviar os golpes para a actual organização, em vez de recaírem sobre a Universidade e fazer com que a discussão tivesse necessariamente [v] de incidir sobre os problemas sociais. Consegui-o? O artigo do Moncada, no *Século* de hoje, deu-me esta alegria. Ele que foi o responsável de tudo isto só depois de mim compreendeu que este era o nosso dever de mestres. Se, após as primeiras escritas, tivesse posto a questão em termos elevados não assistiríamos àquela vergonha. Deixou-se cair na criticazita mais ou menos pessoal e refutativa, o que foi um erro e um pecado para um professor. O artigo que acabo de ler, se por um lado me agradou, por outro entristeceu-me, porque me pareceu – e é – o *compte-rendu* do livro do [Ortega y] Gasset[178] – *La mission de la Universidad*. Agora quero escrever outro

---

[178] Até à guerra civil, J. Ortega y Gasset (1883-1955) foi a grande referência da cultura filosófica hispânica na obra de J. de C.

artigo, no qual direi várias coisas e sobretudo esta: que nós, professores de Coimbra, herdeiros de seis séculos de história, temos uma experiência que [fl2] nos obriga a não cair de cócoras perante a primeira novidade bem apresentada. Agradou-lhe aquele meu artigo? Desta nova discussão sairá a Universidade honrada. Sobre ela incidem hoje ódios e paixões, cujo alcance se não pode prever, e é claro que farei tudo para que as paixões se acalmem e se volvam, podendo ser, em compreensão. Uma vez mais creio ter feito um bom serviço à Universidade e se houver nova discussão não consentirei que ela decaia no reles.

Li a sua *Cultura* sobre o erasmismo de G[il]. Vicente. Pôs muito bem o problema: essa distinção do anseio de reforma e de certa licença de linguagem do intento de nova religiosidade é verdadeira. Como sábio, Erasmo nada influiu em G. Vicente; mas não teria este conhecido [2v] alguma coisa dos escritos do estupendo trabalhador, directa (por tradução) ou indirectamente? Há uma tese erasmista – a da irreversibilidade dos méritos – que não sei se Gil Vicente aceitou; e não sei, nem agora tenho tempo para apurar. Só lamentei que não citasse o M[arcel]. Bataillon[179], sobretudo o seu grande artigo na *Miscelânea* C. Michaëllis e o *Erasm et la cour de Portugal*. Seja como for, o seu artigo é muito equilibrado e além deste senão bibliográfico, um outro senão: o de notar se em Portugal houve ou não uma interpretação de Erasmo, a qual pode não corresponder ao verdadeiro Erasmo. Pode e não corresponder, segundo creio actualmente.

Houve falta de papel: o seu livro agora vai marchar.

Cordialmente,

Joaquim de Carvalho

---

[179] Marcel Bataillon (1895-1977), erasmiano e hispanista de renome, privou de perto com J. de C.

P. S. O sobrinho do Ramos formou-se ontem. Dê os parabéns ao tio. Eu fiz o que pude, com a lei nas mãos e o bom-senso na cabeça.

CXV

Prof. Joaquim de Carvalho   ct: 10-29-4-5-40
Universidade de Coimbra
Coimbra – Portugal

7/12/933
Meu querido amigo:

Isto tem sido uma barafunda: aulas, retóricas sobre Montaigne, deveres de civilidades com hóspedes... e soma total: falta de tempo para as epístolas. Aí vai a correr:

1.º) Muito bem esse achado: Falei a Plattard[180]: desconhece esse incidente biográfico. Parece-me que o melhor é publicar no *Instituto*, fazendo-se separata. É mais económico e difunde-se amplamente. Concorda?

2.º) Os opúsculos de Battelli[181] e Bataillon já não existem como separata[182]. Mandar-lhes-ei as folhas da revista.

[v] 3.º) O seu livro agora marchará, porque há papel para umas folhas.

Escrevo a correr. Cordialmente,

Joaquim de Carvalho

---

[180] No centenário de Montaigne em 1933 na Universidade de Coimbra, com Joaquim de Carvalho e Sílvio Lima, Jean Plattard (1873-1939) conferenciara sobre o seu mais recente livro *Montaigne et son temps* (Paris, 1933); entretanto, Joaquim de Carvalho patrocinou a tradução de Agostinho da Silva de três dos *Ensaios* de Montaigne (Imprensa da Universidade, 1933). *Do professorado, Da educação das crianças e da Arte de Discutir.*

[181] Forma escrita abreviada, correspondente a Guido Battelli (1869-1955), estudioso da cultura portuguesa e seu expositor em Itália, apaixonado divulgador da obra de Florbela Espanca.

[182] G. Battelli e M. Bataillon haviam publicado em *O Instituto* (79, 1930, 1) os artigos «Parisio Cataldo Siculo» (pp. 189-202) e «Damião de Goes et Reginald Pole» (pp. 21-27) aos quais provavelmente a alusão é devida.

Prof. Joaquim de Carvalho   ct: 10-29-4-5-41
Universidade de Coimbra
Coimbra – Portugal

23/12/933

Que o Natal seja alegre em sua casa e o Novo-Ano próspero!

Li o seu opúsculo – *A quem pertence a casa de Bragança?*, tendo mandado entregar, pouco depois do recebimento, o exemplar destinado ao Merêa. Compreendo absolutamente a sua posição; se eu fosse monárquico acompanhá-lo-ia. Diz uma coisa que estou farto de dizer: a ditadura nacionalizou definitivamente a República. Essa será, talvez, a sua maior herança, e agora, quer queiramos quer não, temos de pensar republicanamente os nossos problemas nacionais.

Quando o meu amigo endossa o vínculo a D. Duarte Nuno[183] sente-se o monárquico que não quer ver morrer o seu príncipe na miséria; isto é digno; mas deixe-me [v] dizer-lhe que juridicamente não me parece convincente a sua argumentação. O vínculo estava ou não ligado à dinastia? Voltamos sempre à questão crucial da legitimidade de D. Miguel – e D. Miguel foi intruso, e que o não tivesse sido, D. Manuel[184] não podia, honradamente, como rei que jurara a Carta, transmitir ao seu adversário político um vínculo, ligado pelos factos e pela continuidade da lei à persistência do que ele simbolizava. A ditadura fez o que devia; porém o seu protesto é digno, é lógico, e quem como eu, só ama e aprecia as atitudes

---

[183] Duarte Nuno de Bragança (1907-1976), embora por desterrada linha miguelina, reivindicara ser o 23.º duque de Bragança e o presuntivo herdeiro do trono português extinto pela República. A questão da legitimidade, trata-se de uma polémica que alimentou as hostes monárquicas até ao 25 de abril de 1974.

[184] D. Manuel II (1889-1932), o último monarca português por quem Joaquim de Carvalho nutria funda simpatia na qualidade de erudito bibliófilo e estudioso do livro antigo português.

políticas nobres e coerentes, não pode deixar e lhe reconhecer a amargura – embora, se governasse, fizesse o que a ditadura fez. O livro do sobrinho do Remédios[185] foi edição pessoal. Quando encontrar o rapaz peço-lhe um exemplar. Li a correr as provas últimas dos *Ensaios*, em que fala de S.^{to} António. Não tem razão, quanto à erudição. Percorra, se tiver vagar, o meu artigo da *História* do Peres, e lá verá o catálogo das citações que ocorrem nos *Sermões*. Dizem algo, segundo creio. Afectuosamente,

Joaquim de Carvalho

1934

CXVII

Prof. Joaquim de Carvalho   ct: 10-29-4-5-43
Universidade de Coimbra
Coimbra – Portugal

17/1/934   <u>Particular</u>
Meu prezado amigo:
Três aulas diariamente, respectiva preparação, Imprensa e ainda por cima trabalhos de e encomenda para o [Damião] Peres, não são coisas que deixem tempo livre. Por isso não tenho respondido. Hoje, porém, devo escrever-lhe porque se passa algo de muito sério. Ontem o J[osé]. M[aria]. Roiz [Rodrigues] anunciava no *D[iário]. de Notícias* que faria uma rectificação, e com efeito hoje recebi um postal perguntando-me como o podia publicar – se em apêndice à

---

[185] Mário Mendes dos Remédios de Sousa Brandão (1900-1995) em 1933 editara o II volume de *O Colégio das Artes*, tese de doutoramento que completava a de licenciatura (1924), o I volume do título.

Tese V, se à parte. Disse-lhe que no próximo n.º (5), não podia a sair a *Tese V* e portanto me enviasse a rectificação para ser publicada à parte. Fui logo à oficina, e como verá pelas provas inclusas, a sua carta à redacção estava já quasi composta. Dei ordem para se suspender]em[a composição por me parecer honrado e crucial a [v] a seguinte solução que lhe proponho: a sua carta não sai no próximo número. Nesse só sai a rectificação. Se esta satisfazer a sua dignidade tudo termina; se houver omissões, o meu amigo mandará nova carta, que será publicada no número imediato.

Parece-me uma solução digna. De Coimbra ninguém avisou o J[osé]. M[aria]. Roiz [Rodrigues], e não fazia sentido que no mesmo número saíssem a sua carta e a rectificação. A fórmula que proponho, sobre ser digna, está de harmonia com as praxes jornalísticas. Antes de lha propor conversei com dois colegas de bom-senso, que acharam bem.

Compreende a minha posição. Respeito o Dr. J[osé]. M[aria]. Roiz [Rodrigues]; sou seu amigo, e para um e para outro tenho evidentemente o maior cuidado em que não sejam diminuídos moralmente. Aquela fórmula creio que põe a questão em termos dignos, para ele e para si. Se a rectificação não for completa, dirá então de sua justiça. Que me diz?

Cordialmente

Joaquim de Carvalho

Prof. Joaquim de Carvalho   ct: 10-29-4-5-45
Universidade de Coimbra
Coimbra – Portugal

30/1/934
Meu prezado amigo:
A correr:
1) Sobre Zurara; tenho capítulo redigido. Emperrei em livro, pois tem dente de coelho. Quando tiver vagar concluirei. Quando?
2) não é edição nossa o novo livro do Dr. J. Leite.
3) não senhor, não quis publicar qualquer artigo contra P[ereira]. da Rosa[187]. O que quero é fazer a minha *Confissão à Pátria Eterna*,

---

[186] Erro no ordenamento da catalogação.

[187] Pereira da Rosa, director do antigo jornal republicano *O Século*, agora situacionista converso, atacou de flanco o jornal do reviralho, *Diário Liberal*, o qual Joaquim de Carvalho, com Hernâni Cidade e Azevedo Gomes co-dirigia, desde 1933, colaborado por Mário Salgueiro, João de Barros, Celestino David, Emílio Costa, A. Pereira de Carvalho, Mário Monteiro, Herculano Nunes, Bourbon e Menezes, V. Nemésio, Brito Camacho, Norton de Matos, António Pereira de Magalhães, Jaime Brasil, Duarte Leite, António Botelho Moniz, J. Perpétuo da Cruz, Tomás da Fonseca e António Sérgio. Suspensa a publicação do *DL* no n.º 190, a 4 de Fevereiro de 1933, reaparece a 13 de Maio desse ano, sob um conselho directivo que integra Evaristo de Carvalho, M. Azevedo Gomes, Hernâni Cidade, Carlos Lopes de Alpoim, João Ribeiro Gomes e Joaquim de Carvalho. Terminará no n.º 436 (25-I-1934). Será significativo, nesta fase, o debate do papel dos intelectuais e a defesa da intervenção cívica dos *clercs*. Joaquim de Carvalho assinará os polémicos e certeiros artigos sobre democracia e liberalismo.

Alvo de processo judicial, movido por delação do *Século* de Pereira da Rosa, o *DL* seria encerrado, com instrução de processo penal, sendo judicialmente acusada a direcção, dentre ela, Joaquim de Carvalho, Hernâni Cidade e Mário de Azevedo Gomes. Instaurado em Julho de 1934, no mesmo mês em que se anuncia a liquidação em Coimbra da Imprensa da Universidade, o pleito contra o conselho directivo do jornal, pretextava matéria noticiosa considerada difamatória pelo *Século*, em torno de vários escândalos económicos que a governação tentava camuflar, nomeadamente as peças jornalísticas "O caso do Conde de Monte Real e da Companhia Nacional de Navegação","O grande escândalo do Cabo Mondego", "Novo Contrato da Companhia dos Telefones" e " Um caso com o banco Lisboa e Açores". Em Fevereiro de 1935, o Tribunal de primeira instância condenara em penas materiais e de prisão efectiva os alegados "caluniadores". Interpondo recurso da decisão judicial, o *Diário Liberal* levou pois não posso consentir que me apresentem ao País como «adepto de Moscovo» e agente da «dissolução nacional». Porém, primeiro há que aguardar o desmiolar dos acontecimentos, por dignidade e altivez. Depois falarei.

4) o seu livro emperrou na falta de papel. Agora, vinho novo, vai marchar, e marchará melhor, porque estão a acabar 2 livros impressos nesse papel.

5) o livro segue.

[v] 6) li a sua *Cultura*, e em resposta: espero a leitura da sua carta à redacção do *Instituto... Demi-mot.*

7) Nunca o nosso país viveu em tamanha confusão. Isto é horrível! Onde o sentimento da continuidade sem o qual as Pátrias se lançam em aventuras perigosas? Onde o princípio cristão da coexistência mútua no espaço, isto é, nas nossas fronteiras? Estamos colocando os problemas em termos extremistas – o que me confrange e apavora.

8) O meu lema actual: nem César, nem Pompeu. Escrevo a correr; digo-lhe no entanto que jamais senti tão profundamente o dever moral e patriótico de falar como *liberdadeiro* [a], burguês e defensor da classe-média.

Cordialmente

Joaquim de Carvalho

a) Nunca pensou no dito de Tocqueville – o sufrágio universal é o melhor instrumento de conservação social? Pense nele.

---

o processo ao Tribunal da Relação, sendo o acórdão absolvitório de todos os réus, proferido em Janeiro de 1936.

Prof. Joaquim de Carvalho   ct: 10-29-4-5-44
Universidade de Coimbra
Coimbra – Portugal

17/2/934 [189]
Meu prezado amigo:
Vim doente do enterro do M[anuel]. [da Silva] Gaio, e foi na cama
que recebi a sua carta, que logo mandei para a Imprensa. Sempre
diria que receberá as provas. Li a carta mística de F[rei]. D[iogo].de
Murça, que teve e fortuna de publicar; é valiosa, sobretudo pelos
informes pedagógicos. Método de ensaio – o de Lovaina: organização
escolar, a dos colégios de Paris. Esta é a grande novidade da carta,
que utilizarei quando reunir em volume os estudantes que tenho
perto do século XVI. Em Fr. Diogo está reclamado grande estudo,
já que foi o grande reformador da Universidade e da sua ordem – a
mais favorecida no século XVI. Levantei-me hoje, ainda combalido
    Grata e cordialmente

                                            Joaquim de Carvalho

---

[188] Erro no ordenamento da catalogação.

[189] Lapso na datação de Carvalho que escrevera «17-I-1934». Manuel da Silva Gaio
(1860-1934), que fizera a ponte entre os sectores intelectuais nacionalistas (com
a *Chave Dourada*, em 1916) e republicanos (com a posterior adesão às iniciativas
culturais oposicionistas, em plena ditadura), morrera a 11 desse mês de fevereiro.

Prof. Joaquim de Carvalho   ct: 10-29-4-5-46
Universidade de Coimbra
Coimbra – Portugal

13/3/934
Meu querido amigo:
Dispunha-me justamente a escrever-lhe, quando o correio me trouxe as suas cartas. Escrevia-lhe sobre a sua carta ao Instituto para lhe dizer o seguinte:

1) No n.º I, em que ela devia sair, prele o Dr. J[osé]. M[aria]. Roiz [Rodrigues] outra errata. Segue a folha neste correio.

2) Há quatro dias recebi dele novo original respondendo ao seu último folhetim acerca das deturpações.

3) O Dr. J[osé]. M[aria]. [Rodrigues] foi director do jornal, como eu sou, lá escreveu os grandes trabalhos camonianos; pensamos, quando ele morrer, em lhe dedicar um volume, e diga-me agora se algumas expressões da sua carta, sobretudo no fecho, não são para nós arrepiantes. O meu amigo tem razão: porém leva-a muito longe, e põe-a a nu, cruamente. É o que sentimos.

[v] É claro que o meu amigo tem o direito, e eu o dever, de não consentir que não seja maltratado; porém, perante os factos novos – nova errata e novo artigo – eu creio que o sensato é o meu amigo esquecer a publicação do n.º 1 e do n.º 2 do *Instituto*, e depois dizer de sua justiça, sem expressões que diminuam o nosso velho colega e amigo e sem que a probidade pessoal sofra diminuição. Se concordar, rogo, peço, imploro, que atenue as expressões finais da sua carta. Em todo o caso, repito, o sensato é reservar-se para o final depois de publicado o artigo de réplica ao seu folhetim. Nunca escreveria ao Dr. J. Maria sobre isto: escrever-lhe-ei, porém, quando ler as provas. Já vê que não posso ser mais equânime.

[fl2] Já tinha pensado nessa colectânea camoniana, precisamente pelo sentimento de equanimidade. O meu liberalismo insubornável e tranquilo é desta força; por isso quero ser, numa sociedade de desvairados e passionais, o homem da convivência e do respeito de cada um. Ao reunir os artigos, parece-me que deve publicar as cartas acerca do Rhodigino e os artigos que esse folhetim suscitou: R[icardo]. Jorge e o estudante de Lovaina, que recorde.

Não há nenhum dos livros que deseja. Da *Imagem da vida cristã*[190] tenho eu revisto quasi todo o 1.º volume. Vamos cá a ver se sai este ano. Prepare, sim, o novo original camoniano, mas mande-mo só em Junho. A Imprensa está a abarrotar de trabalho, e ultimamente tínhamos [2v] muito serviço oficial.

Diga-me quanto antes o que pensa acerca da carta ao *Instituto*. O n.º está preso agora por isto. Insisto: fique com a palavra para o fim, e aguarde a réplica ao folhetim.

Afectuosamente

Joaquim de Carvalho

---

[190] Não é itálico no texto. Trata-se da *Imagem da vida Cristã*, escrita entre 1563 e 1572 por Frei Heitor Pinto (1525-1584), cuja edição contemporânea do P. Alves Correia só sairia pela Sá da Costa, em Lisboa, em 1940.

Prof. Joaquim de Carvalho   ct: 10-29-4-5-47
Universidade de Coimbra
Coimbra – Portugal

28/3/934
Querido amigo:

Tenho estado doente, com gripe. Depois veio a urgentíssima necessidade de escrever duas coisas: uma, já concluída, sobre Antero e Hartmann[191], e outra de mágoa, o prefácio para um livro do Carlos Correia da Silva[192]. Por isso não lhe escrevi, nem lhe escrevo ainda hoje, acerca da sua réplica a M. de Carvalho. Vamos à carta de hoje:

1) Cruz Malpique. Não conheço. Mandou-me o original há dois anos, pareceu-me que era o moral da sua geração, e publiquei-lho[193]. Sei apenas que é professor do Liceu de Angra.

2) Os textos de *Direito Visigótico* foram publicados pela Faculdade de Direito. Se tiver pressa, peço-os ao Moncada; se não, eu lhos pedirei quando o encontrar, só depois de férias. Na Imprensa não há exemplares. Feliz Páscoa! Afectuosamente

Joaquim de Carvalho

---

[191] Trata-se de «Antero de Quental e a filosofia de Eduardo de Hartmann», editado em Lisboa no *In Memoriam de Delfim Guimarães* (1934).

[192] «Carlos Eugénio Correia da Silva» *in Vita Brevis*, Coimbra, Imprensa da Universidade, 1934.

[193] Manuel Cruz Malpique (1902-1992) professor liceal de Filosofia, licenciado em Direito e Filosofia por Lisboa (1928). O livro referido trata-se de *Introdução à vida intelectual*, Coimbra, Imprensa da Universidade, 1934, um conjunto de ensaios metódicos, dedicado a Joaquim de Carvalho, Carlos Moreira da Costa Pinto e António Sérgio.

Prof. Joaquim de Carvalho   ct: 10-29-4-5-48
Universidade de Coimbra
Coimbra – Portugal

27/4/934
Meu prezado amigo:

Tem razão! Este silêncio já é indecoroso. Passei mal as férias, sempre engripado, e alguns dias de cama. Depois a inapetência para qualquer esforço e uma certa cabulite, confesso. Que quer que lhe diga acerca da sua réplica? Admirei a rapidez da resposta, e sobretudo a copiosa informação. Continuo a dizer que compreendo a sua atitude, mas a verdade é que há sua ponta de ridículo em uma República sustentar um príncipe herdeiro, e sobretudo esquecimento de interesses de uma viúva. Historicamente, juridicamente, estará tudo muito certo: mas a verdade é que o direito dos príncipes não é eterno e os povos podem constituir novo direito quando quiserem, assim como escolher os seus governantes. Não [v] concordará, de certo, e desta discordância vem tudo o mais. Com efeito, não citei a tradução do Saisset. Eu não a possuo, e quando da última estada em Paris quis comprar um exemplar. O Vrin pediu-me 300 ou 400 francos!! Conheço-a, porém, por me haver emprestado o M[atos]. Romão[194], mas hoje tem pouca importância, depois que Freudenthal fixou o texto holandês. Eu não tinha que a citar visto L[úcio]. de Azevedo não a ter utilizado[195], e por esta razão não citei também a 1.ª tradução francesa, apesar de existir aqui. Não tenho a tradução

---

[194] J. A. Matos Romão, da geração anterior (n. 1882), catedrático de Letras em Lisboa após ter ingressado no concurso que eliminou Leonardo Coimbra e António Sérgio, instalou e dirigiu aí o Laboratório de Psicologia Experimental.

[195] Lúcio de Azevedo traduzira de João Colerus (n. 1643), *Vida de Bento Espinosa*, que Joaquim de Carvalho prefaciara (Coimbra, IU, 1934).

de Saisset[196] e por isso não posso dizer em que consta a disparidade. Se houver erro, é de Saisset. O livro de Erdmann[197] começou
a ser traduzido no Boletim do *Instituto* ou na *Biblos*. Creio que o
tradutor era o Lopes de Almeida[198]; é possível que tenha desistido.
Falar-lhe-ei. Há volumes esgotados das obras de G. Teixeira[199]. Tenho
insistido pela continuação dos seus *Estudos*. O Nazareth regulava
muito bem o trabalho; a falta que ele faz! Só eu sei. Vai receber em
breve duas coisas.

Grata e cordialmente

Joaquim de Carvalho

CXXIII

Prof. Joaquim de Carvalho   ct: 10-29-4-5-49
Universidade de Coimbra
Coimbra – Portugal

20/5/934
Querido amigo:
Não tem razão. Amanhã procurarei a circular-convite, e verá como
a ideia da *Miscelânea* J[osé]. Leite [de Vasconcelos] já é antiga e –
acrescento – foi assinada por pessoas mais ou menos indicadas pelo

---

[196] Émile Saisset (1814-1863) fora o tradutor francês das obras de Espinosa
(1843), reeditadas em 1903..

[197] Carl Erdmann medievalista alemão com vários estudos sobre os primórdios
portugueses editara *Das papsitum und Portugal im ersten Jaharbundert der portu-
guisichen Geschichte*, (Berlim, 1928).

[198] Traduzido por J. Providência Costa que compilou os excertos em 1935 sob o
título *O Papado e Portugal no primeiro século da história portuguesa*.

[199] Gomes Teixeira (1851-1933) falecera há pouco; as suas *Obras sobre Matemática*
fariam haviam sido editadas em Coimbra, em 7 vols. (1904-1915).

homenageado. Em breves dias terá ensejo de verificar que não é esquecido.

O seu livro está com efeito parado, por haver necessidade absoluta de acabar umas coisas para a Exposição Colonial. Acabarão até ao meado de Junho, e depois recomeçará, pois desejo que saia em Novembro. Vai em meio, não é verdade? O livro de C[arlos]. Eugénio [Correia da Silva] é, com efeito, impressionante, e as cartas que publico estupendas. Foi uma grande perda. Eu bem lhe escrevi[200], apelando para o antigo graduado da Universidade, a fim de colaborar nas publicações do 4.º Centenário. Afectuosamente,

Joaquim de Carvalho

P. S. Vou entrar nos dias trágicos. Talvez 500 exercícios.

CXXIV

10/7/934   ct: 10-29-4-5-50

Querido amigo:

Amanhã ou depois escreverei com vagar. Perdoe. Não me te sido possível: diariamente 10-20 cartas, actos e apoquentações pelo pessoal. O seu livro é dos que deverá ficar concluso em 30 de Agosto.

---

[200] Na morte de Carlos Eugénio Correia da Silva (Paço d´Arcos), o jovem professor da Faculdade de Letras de Lisboa que ele, com Mendes dos Remédios, convidara para a congénere de Coimbra, escreveu Joaquim de Carvalho das mais belas peças de admiração, tolerante e angustiada, da sua lavra (cf. *OC*, V, 167 e ss.) sobre "aquele que fora jubilosa esperança da ciência das letras e do renome da pátria, levando como cortejo amargurado o luto inconsolável da família, as orações dos crentes, que ele ajudara a afervorar, a dor dos amigos, a saudade dos companheiros de jornalismo, o respeito dos ilustrados e o respeito dos colegas no magistério". Joaquim de Carvalho não só editou o volume monográfico a Correia da Silva dedicado, *Vita Brevis* (Imprensa da Universidade, 1934), como de autoria de Correia da Silva, *Ensaio sobre os latinismos de Os Lusíadas* (1931) e *Jornada de um crente* (1931), como o livro de sonetos *Visão imperfeita dum parnaso cristão* (1932).

Não demore as provas que em breve desabarão sobre a sua mesa. Até amanhã.

Afectuosamente

Joaquim de Carvalho

Prof. Joaquim de Carvalho   ct: 10-29-4-5-51
Universidade de Coimbra
Coimbra – Portugal

12/7/934
Querido amigo:

Muito obrigado por tudo. Creia que nunca esquecerei o que me diz e sobretudo o que não me diz e faz. Eu também sou assim – aliás[,] estrutura de todos os homens independentes. Poderei provar-lho um dia, fazendo e não dizendo? Talvez.

De tudo isto, parece-me concluir:

1) que a origem, daqui, resultou da inveja e o ressentimento pessoal

2) que a semente caiu bem no ânimo do César, e assim se transformou de pessoal em política.

3) que ao agradável destas coisas alguns pensaram no útil, que lhes adviria

O que se passou na Universidade é reles. Tenho vergonha de lho louvar. Basta que lhe diga que houve e há quem duvide que se trate da extinção de um organismo universitário. É claro que isto é precisado pelos que nunca trabalharam, [v] e sofrem a raiva impotente pela situação dos que trabalham. Nada valem, mas são quem manda]m[. Bastaria a demissão do Sousa Pinto para provar a injustiça e inconveniência da medida. Mas isto tudo é já história, e a verdade é que a Imprensa fechará, se é que o terreno se não salgue, para extirpar qualquer renascença. Dei ordem para adiantar – até acabar o seu livro. Quero que seja o último a sair. Depois? Não sei ainda o destino. Em Agosto será resolvido pelo governo, e se eu puder concorrer, no caso de ir parar à Imprensa Nacional para que a oficina de Lisboa o remunere, não farei mais que o meu dever. Não lhe posso descrever a mágoa que senti quando abruptamente recebi a notícia. Senti que ruíam os melhores anos da minha vida e as mais queridas ilusões e devoções. Depois veio a calma. Agora encaro a frio a minha vida, que naturalmente terá de ser a de um grilheta da pena. Abraça-o cordialmente o seu

Joaquim de Carvalho

P.S. O livro do Jardim não existe na Imprensa. A quantidade e qualidade das cartas que[201] tenho recebido parecem provar que a medida foi mal recebida

[fl1] P. S. Se puder envio-lhe os livros acabados, entre os quais há um notabilíssimo do Artur Montenegro.

CXXVI

Prof. Joaquim de Carvalho   ct: 10-29-4-5-52
Universidade de Coimbra
Coimbra – Portugal

20/7/934
Querido amigo:
Muitos e muitos parabéns! É uma consagração que o honra e oxalá lhe abra o caminho de outras, que à satisfação moral juntem

---

[201] Trata-se de *Tratado de Finanças,* de A. S. Pereira Jardim, impresso na IU em 1904.

247

a boa paga! Não me diz que *Friburgo* é. Suponho que seja a Universidade suíça. Se assim for, deve acentuar a feição históri-co-religiosa; se, porém, for a Universidade alemã, deve colocar o acento na idade média, sem esquecer aliás a parte eclesiástica. Nesta última Universidade [,] Finke[202] fez escola notabilíssima de medievalistas e hispanizantes, e para cimentar o aplauso e pôr-se de acordo com o auditório creio que deve insistir na histó-ria medieval da Igreja nas relações com a sociedade portuguesa. É tudo o que posso dizer-lhe. Pense porém na questão da língua. O francês, em *Friburgo u. B.* seria péssima recomendação. Antes o espanhol, e talvez possa falar em português. Na Suíça não me parece possível.

Afectuosamente

Joaquim de Carvalho

CXXVII

Prof. Joaquim de Carvalho   ct: 10-29-4-5-53
Universidade de Coimbra
Coimbra – Portugal

10/8/934

Querido amigo:

Má notícia: o seu livro não pode de forma alguma estar con-cluso no dia 25 do corrente. Desejo, porém, que ele figure no espólio que legarei – não sei ainda a quem, nem como – e por

---

[202] Heinrich Johannes Finke (1855-1938), historiador da Igreja e medievalista (*Papsttum und Untergang des Templeordens* (1907), foi um dos mais reputados hispanistas do seu tempo, sendo doutor *honoris causa* por várias universidades es-panholas e é bem o representante do espírito católico, do qual integrou o Zentrum, à revelia de Weimar ou da sua política cultural.

isso ocorre-me o seguinte: fechar-se já com o artigo em composição e sair o volume assim:

Estudos Filosóficos e Críticos, Vol. II – parte I

Concorda? Não sabemos o que virá, e por aquilo decerto que os jornais publicam acerca da Imprensa da Universidade é legítimo pensar que nunca mais viria a concluir-se. Diga-me na volta do correio o seu parecer.

Afectuosamente

Joaquim de Carvalho

CXXVIII

Prof. Joaquim de Carvalho   ct: 10-29-4-5-54
Universidade de Coimbra
Coimbra – Portugal

1/9/934
Querido amigo:
Com efeito, consumou-se a coisa. O cair da tarde de ontem foi crudelíssimo: todo o pessoal me caiu nos braços a chorar. Foi uma despedida fúnebre, e para além da tortura de ver marchar para o desemprego 50 pessoas, ou antes famílias, o sentimento amargo de que algo morria em Portugal. Sei que o Homem foi feito para o Boléo[203], mas há boléos que nunca se esquecem e deixam um vinco para sempre. Este é desses. O seu livro? Só sei dizer-lhe que vou ser seu advogado, para que a Imprensa Nacional o continue. Por isso não lhe mando o original; há folhas para imprimir. Tudo está acautelado. Tenho a convicção [v] de que ele será acabado, mas a última palavra só lha darei em Outubro, depois de falar com

---

[203] *Private joke* com o nome de Paiva Boléo, docente nas Letras em Coimbra.

o delegado da Imprensa Nacional que comigo terá de resolver este e outros assuntos. Deixe o caso nas minhas mãos: fica seguro.

Vou 2ª feira para Buarcos (Palheiros). Lá estarei até 4 — 6 de Outubro. Escrevo à pressa. Se o seu artigo não for publicado, pode dar-mo?

Cordialmente,

Joaquim de Carvalho

CXXIX

Prof. Joaquim de Carvalho   ct: 10-29-4-5-55
Universidade de Coimbra
Coimbra – Portugal

Praia de Buarcos
10/9/934
Meu querido amigo:

Mil agradecimentos pelo seu folhetim do *Notícias* sobre a Imprensa da Universidade. Quando terminei a leitura senti a alegria das apologias, que não a tristeza dos epitáfios. Amanhã ou depois, em Coimbra ou em qualquer outra cidade terá de ressurgir um organismo com feição idêntica. Sempre assim foi em Portugal desde 1537, e sê-lo-á necessariamente amanhã, passado o eclipse. E a razão é simples. É que não é possível, pela carência do mercado e da expansão da nossa língua, que o editor particular, à maneira da França ou da Alemanha, acometa a publicação do que interessando à comunidade e à continuidade das gerações não encontre comparação remuneradora no breve espaço de meia dúzia de anos. Se ressurgir fora da Coimbra, a Universidade vegetará muda: passo para o seu silêncio e atrofia, senão morte.

[v] Observo no seu artigo 3 coisas:

1) Remédios não foi nunca director da Imprensa. Antes de Q[uim]. Martins[204] foi Sousa Gomes[205], porém Remédios, com G[onçalves]. Guimarães[206],animara-o à publicação do *Canc[ioneiro].de Resende* e nas crónicas de Goa. Foi, pois, S. Gomes quem começou – porém fracamente.

2) O meu cepticismo. Alto lá! Não sou céptico. Fui apenas o *regisseur*, preparando a arena para os outros fazerem as habilidades. Este era o meu dever. Se quiser saber a minha atitude e sua fundamentação leia o que Renan diz no *Avenir de la science* sobre a função das pequenas tipografias sábias. Aí verá a explicitação filosófica – ou se quiser outra razão, pense nos humanistas do séc. XVI, *doublés* de artistas ou artífices, que ao imprimir diziam consigo *sic etiam do ceo.* Foi uma forma de ensino a que eu fiz: respeito pela inteligência alheia; cuidado na inversão dos papéis: ardor no desejo de mostrar que o nosso País é civilizado, e como tal não entoa uma única melodia, mas é um coral de vozes diversas; que sobre todos há a Pátria comum, que nenhum exprime [fl2] na sua essência própria, e todos concorrem para a dignificarem; que à fidelidade àquilo de sempre cumpre dar lugar à inovação juvenil e à heterodoxia solitária; que era dever que o nosso País concorresse com os demais com os grandes corpos – Escritores Portugueses – Cronistas, etc. – que todos os grandes países possuem, etc. Sei, como ninguém, onde estão os defeitos; mas esses defeitos, pense bem, são os da grei e sobretudo relevantes das carências e dos lapsos da nossa cultura actual.

Um ponto do meu programa não teve grande realização: a incorporação na nossa língua das grandes obras científicas de hoje

---

[204] Joaquim Martins Teixeira de Carvalho (1861-1921), o homónimo predecessor de J. de C. na direcção da Imprensa da Universidade, historiador de Arte e docente de Medicina.

[205] F. J. Sousa Gomes (1860-1911), catedrático de Química na antiga Faculdade de Filosofia.

[206] A. J. Gonçalves Guimarães (1850-1919), catedrático de Mineralogia na antiga Faculdade de Filosofia e latinista, dirigira a colecção editorial «Jóias Literárias».

e das obras filosóficas de sempre. Pedi, insisti, para que me dessem dinheiro para pagar *aliud*: nada. Por isso, a obra teve feição histórico-literária, e lamento o facto duplamente: primeiro porque urge dar um banho de exactidão científica à nossa palavrosa – e excessivamente erudita – cultura; segundo, porque só mediante esta europeização poderemos reconquistar a mentalidade brasileira [2v] [,] veja os frutos da *R[evis]ta de Occidente*: a Espanha reconquistando dia a dia as cumeeiras da inteligência sul americana, e por irradiação a sua literatura surtia mantendo clientela. Ou fazemos isto ou o Brasil definitivamente nos esquecerá. Não é a perfumaria do J[úlio]. Dantas nem as observações médias, e às vezes sumativas do A[gostinho]. de Campos, que trarão ao redil o brasileiro. Veja, demais, como eles nos estão inundando. Já sei, foi a minha falta: a culpa, porém, não me pertence.

3) Insistiu nas divisões do catálogo, o qual fora coisa provisória. Simples lista. O catálogo surgiria daqui a anos, quando à maneira de Oxford, eu pudesse exibir coisa europeia. Esqueceu [,] demais, o auxílio prestado às sociedades científicas. Isto, porém, não o podia saber.

Estas adversativas nada são. O importante, o grande, o inolvidável reside no sentido de justiça do seu artigo. Bem-haja! No último dia de trabalho da Imprensa conclui-se: *Estudos sobre o Romanceiro*, de D. Carolina [Michaëllis], estudo de Quirino da Fonseca[207], e um livro de Saavedra Machado[208] sobre Bordalo Pinheiro. Foi algo – dia cheio de um moribundo.

Cordialmente

Joaquim de Carvalho

---

[207] Henrique Quirino da Fonseca (1868-1939), oficial da Marinha e historiador náutico.

[208] João Saavedra Machado (1887-1950), pintor, humorista e publicista, chegou a colaborar com Manuel Gustavo Bordalo Pinheiro em *A Paródia* (1906), e escreveria sobre Rafael, sob a chancela da IU, *O labor e as mulheres no desenho artístico de RBP* (1934).

Prof. Joaquim de Carvalho   ct: 10-29-4-5-56
Universidade de Coimbra
Coimbra – Portugal

R. de S. Cristóvão
1/10/934
Querido amigo:
Instalei-me ontem nesta sua casa. As impertinências da mudança não me deram tempo para coisas sérias; por isso só amanhã começarei a ler o seu livro. No domingo conto escrever-lhe. Essa solução da Imprensa Nacional é, neste momento, a única viável, pois me parece que gorarão outras tentativas. Aproveite-a, pois; daqui informarei o melhor que puder. Escrevo à pressa. Até breve.
Afectuosamente

Joaquim de Carvalho

P. S. Vai receber os *Romances Velhos*, de D. Carolina, irei pedir ao Quirino da Fonseca que lhe mande a *Caravela*.

Prof. Joaquim de Carvalho   ct: 10-29-4-5-57
Universidade de Coimbra
Coimbra – Portugal

R. de S. Cristóvão
11/10/934
Meu querido amigo:

Regressei há quatro dias. Comecei logo a faina da mudança da casa – R. de S. Cristóvão, aqui, a dois passos da Imprensa. Estou arrasado, e a coisa vai em meio! A livraria é um trambolho, para quem não tem casa própria! Como passou as férias? Eu trabalhei num artigo para a *História* do [Damião] Peres, sobre 1820-1828 e fiz uma comunicação para o Congresso de História das Ciências, que não cheguei a ler. Ocupava-me da introdução das teorias de Newton em Portugal. Será publicada nas actas do Congresso. No Congresso houve uma discussão interessantíssima sobre o problema da unidade da ciência – e da história das ciências. Frederico Enriques[209], Henri Berr[210], Reymond[211] (lógico e historiador) e eu participámos na discussão. Por momentos tive a sensação de se realizar aqui uma sessão da Sociedade Francesa de Filosofia. Se [v] tivesse assistido gostaria, apesar de ouvir algumas coisas estranhas.

---

[209] Federico Enriques (1871-1946), catedrático de matemática em Bolonha, director da *Revista di scienza*, autor do consagrado estudo *Significado da história do pensamento científico* (depois traduzido em Portugal, Inquérito, 1940).

[210] H. Berr (1863-1954), filósofo e historiador francês, fundador da *Revue de Synthèse Historique* (1900, após 1931 apenas *Revue de Synthèse)* tentando a primeira descompartimentação dos saberes a que o historicismo positivista havia conduzido as ciências sociais e em resposta à sua própria proposta de tese doutoral: *L'Avenir de la philosophie. Esquisse d'une synthèse des connaissances fondée sur l'histoire.* Paris, Hachette, 1899 (reed. da tese).

[211] Arnold Reymond, historiador das ciências e catedrático em Neuchâtel e Lausanne onde influenciaria Piaget no problema da historicidade dos conceitos científicos, autor de *L'Éducation et la pédagogie expérimentales* e *Introduction à la logique dialéctique.*

Com efeito, falei no dia 20 de Setembro com o director da Imprensa Nacional. Está hesitante, por forma que só daqui a muito tempo ele resolverá o destino dos seus *Novos Estudos*. O Decreto é vago; não lhe dá um critério para descriminar as obras, por forma que, como bom burocrata, hesita. Vamos lá a ver se em breve lhe posso transmitir a resposta que desejo. Aguardo, com gula, a sua *História*. Dissentiremos, necessariamente, e até em público e raso. Não li ainda esse livro sobre *O idealismo kantiano*, embora o tivesse adquirido para o meu Instituto. Será difícil ultrapassar o Paulsen[212] – clássico e por assim dizer definitivo. Irei lê-lo. Na impossibilidade de lhe mandar livros, pedi a autores que lhe enviassem. O primeiro que vai satisfazer o pedido é o Dr. A[rtur]. Montenegro[213]. Honro-me de haver publicado este livro – *A conquista do Direito em Roma* – e quero crer que a leitura lhe vai proporcionar uma excelente *Cultura*. É uma obra rara [fl2] em Portugal pela fundamentação, e apesar da concisão, de deliciosa leitura. História que descreve, porém guia para uma ideia, que considero verdadeira. Verá.

Não se esqueça de me dizer o dia certo – e hora – em que passará em Coimbra. Quero ir à Estação. Vou regressar à faina.

Cordialmente

Joaquim de Carvalho

---

[212] Friedrich Paulsen (1846-1908) participou no movimento neokantiano, dele se afastando, no sentido de Schopenhauer, no entendimento da concepção da vontade e dos factores irracionais que a moldam (*Philosophia militans*, 1900-01)

[213] Artur Pinto de Miranda Montenegro (1871-1941), catedrático de Direito Romano e de Direito Constitucional em Coimbra, ministro no gabinete de José Luciano de Castro (1905), monárquico convicto, professor particular de D. Manuel II, transitaria para a Faculdade de Direito de Lisboa em 1913. Carvalho elogiará o autor na recensão, em o *Diabo* (9-XII-1934), da obra *A conquista do Direito na sociedade Romana*, porquanto "quis apenas fazer obra de sistematização histórica e evitou, portanto, a apologia e a censura. Cumpriu o seu dever de historiador; e daí o encanto do seu livro como construção intelectual" (*OC*, VIII, 323).

Prof. *Joaquim de Carvalho*   ct: 10-29-4-5-58
Universidade de Coimbra
Coimbra – Portugal

19/10/934
Querido amigo:

Não me libertei ainda dos horrores da mudança! Em meados da próxima semana conto dormir já na nova casa – Rua de S. Cristóvão. Não escreva ao Salazar. Parece estar na forja qualquer coisa que salve a continuidade intelectual da Imprensa. Aguardemos pois, uma quinzena de dias, e depois veremos. A Imprensa Nacional não ficou com liberdade de movimentos editoriais, tanto pelo que respeita ao espólio da Imprensa [da Universidade] como de livros de sua iniciativa. Por isso, a sua carta será *burocraticamente* inútil: não há maneira, actual, de lhe dar seguimento. Nestas condições era praticamente inútil e o que convém e urge – é a continuação do seu livro. A minha acção é hoje nula. Figuro na Comissão, mas decorativamente.

[v] Lamento a sua decisão em não ir a Friburgo. Faz mal. Saía do roupeiro, e por outro lado dava ao País a sensação de que saía com todas as honras. Economicamente, demais, ser-lhe-ia vantajosa, e intelectualmente só lucrava com esse duche de Europa. O meu amigo lá sabe, mas não o felicito.

Tenho *in mente*, com D[uarte]. Leite e H[ernâni]. Cidade como associados na Direcção, uma *História da cultura portuguesa*. Grande livro, de publicação fascicular, a um tempo para ganhar dinheiro e fazer obra útil. Quando a coisa tiver editor e estiver organizada nas suas partes, dir-lhe-ei de minha justiça. A colaboração será remunerada – e bem. Só assim sairá. Isto, por enquanto, é particular.

Grata e cordialmente

Joaquim de Carvalho

ct: 10-29-4-5-59

26/10/934

Querido amigo:

Que tenha regressado bem!

Não me foi possível ir à Estação: de manhã, pelo serviço de exames, à noite, por exigências familiares. Recebeu já o livro do Dr. Montenegro? E do Quirino da Fonseca, sobre a *Caravela*?

Afectuosamente

Joaquim de Carvalho

CXXXIV [EXCERTO PUBLICADO][214]

16/11/934

Querido Amigo:

[...] Posto isto, vamos conversar um pouco acerca da sua História: pedagogicamente, tecnicamente, cientificamente.

Pedagogicamente, as matérias estão bem repartidas, em todo o caso, lançarão confusão no espírito dos alunos os Henrique II e Pedro V, sem saberem quem foi Henrique I e Pedro IV.

Tecnicamente a grande inovação é a inserção de passos das fontes. Coisa utilíssima que creio nunca ter sido praticada entre nós, e que urge transportar para a história literária.

Cientificamente, discutível.

Em primeiro lugar, o meu amigo faz acima de tudo história política. Deixou na sombra a história social, e as instituições. A este

---

[214] A carta, que constitui a prometida resposta de Carvalho, não se encontra no espólio: o excerto foi publicado por Alfredo Pimenta em *Os meus «Elementos de História de Portugal» e a crítica* (Lisboa, 1935) e republicada em Joaquim de Carvalho, *OC*, VIII, 141-142.

propósito, creio ser necessário conjugar o seu plano com o que Merêa e D. Peres seguiram no seu livro escolar. Uma nação é um quadro de interesses, ideias e sentimentos; o fecho da abóbada, o regime, o governante, etc. é relativamente secundário na formação do sentimento da comunidade, e o espírito de continuidade, mais profundo do que à primeira vista parece, apreende-se melhor mediante a história social e das instituições. Demais, e em segundo lugar, assim como inovou tecnicamente – e oxalá o exemplo continue e frutifique, poderia também inovar fazendo do *Zeitgeist* – do espírito do tempo ou do século, o centro donde irradiam a política, os interesses, os sentimentos, que definem, periodicamente, a nossa comunidade. Ligou-se muito às dinastias; cumpria ter presente o *ethos* e o *pathos* de cada época. Em terceiro lugar, e isto é que é mais grave, sobretudo na Contra-reforma e no Liberalismo, o meu amigo faz dizer, de alto, em voz grossa à História, o que se segreda baixíssimo em política de hoje – e isto, talvez o defeito inerente ao trabalho histórico, faz do seu livro uma apologia e um manifesto, sobretudo no século XIX.

Não o aplaudo, nem o sigo nestes juízos, e até me parece que, civicamente, é um canhão de 42, aumentando muito a nossa confusão civil. O século XIX, a era da burguesia, que com todos os seus defeitos, trouxe ao País os benefícios do bem-estar material, e deu-lhe uma forma de inteligência, que eu considero um dos títulos da nossa Glória, tratado assim, é pelo menos injusto, e cientificamente obra de paixão. O seu livro está, por isso, destinado a ser um livro combatido e combativo; eu lamento isto, mas que ao menos do barulho fique a coisa positiva e excelente que ele tem: a clareza, a ordenação, a associação do juízo de hoje à fonte de sempre.

Aqui tem o meu juízo – a um tempo de pai, cujos filhos estudam em escolas oficiais, e de membro da República das Letras.

Grata e afectuosamente

Prof. Joaquim de Carvalho   ct: 10-29-4-5-60
Universidade de Coimbra
Coimbra – Portugal

20/11/934

Meu querido amigo:

Ao acabar de ler a sua carta, ao cair da tarde de ontem, marquei logo a pessoa que o sobressaltou com a insensata informação, porque só podia ter sido directa ou indirectamente, certa pessoa. Em duas palavras eu conto a coisa. Antes de eu receber o seu livro, um jovem colega meu adquiriu-o e pouco depois encontrávamo-nos em serviço de exames. Deu-me a notícia da compra, e perguntando-me se já o havia lido disse-lhe que não. Abrira-o apenas, e logo observara que a referência a Henrique II o impressionou pois a sua experiência de professor de colégios o havia advertido de que os rapazes ficam sempre confundidos com esses saltos, como sempre notara a propósito de D. Pedro IV e D. Pedro V. Nada mais me disse, e falando com [v] aquela pessoa eu referi o dito, a propósito da possibilidade do seu livro ser oficialmente aprovado, pois é frequente as priminhas pedagógicas decidirem os membros das comissões. Esta mesma pessoa é sua amiga, e vendo no dito, exageradamente, por uma tendência amplificadora, o que ele não continha, directa ou indirectamente, mas insensatamente, em qualquer caso, levou-o ao seu conhecimento. Aqui tem a grande coisa, que se passa apenas entre três pessoas, e foi sempre no início e na referência, coisa meramente individual. Como falei do seu livro apenas com o A. Xavier[215],

---

[215] Provavelmente trata-se de Alberto Xavier, escritor e jurista, que, mais velho (n. 1881) do que J. de C,. com ele mantinha relações de camaradagem republicana desde os tempos de Coimbra subsequentes à célebre greve de 1907, na qual o historiador não participou, porém, por não ser ainda universitário.

o A[gostinho]. de Campos e aquela pessoa, não me foi difícil determinar a origem. Aqui tem o relato preciso e fiel. Agora um juízo: A pessoa foi insensata, e no fundo ferveu em pouca água, mas porque a origem do dito o poderia interessar a si, advertiu-o, não, porém, por mal, creio; mas escusava muito bem de amplificar uma coisa, no fundo sem importância, porque não devia desconhecer da honradez de quem disse a observação, no fundo sensata. Nada de novo sobre a Imprensa Nacional. Vamos lá a ver no que dá a representação da minha Faculdade. Seria outra coisa. Afectuosamente

Joaquim de Carvalho

P. S. Acabo de receber a sua carta: responder-lhe-ei com vagar.

CXXXVI

Prof. Joaquim de Carvalho   ct: 10-29-4-5-61
Universidade de Coimbra
Coimbra – Portugal

23/12/934
Meu querido amigo:
Boas-festas, e que o novo ano lhe seja feliz e próspero!
Esteve aqui há dias o delegado da Imprensa Nacional, que está à frente da Imprensa da Universidade. Falei-lhe no seu livro, advertiu-o da vantagem em ser concluído, e disse-me que nada há ainda resolvido. Creio, porém, por outra via, ser possível que os livros se concluam sob outra direcção. A ver vamos...Eu trabalho, faço lições com cuidado e pela Páscoa lhe mandarei qualquer coisa que se leia.
Grata e afectuosamente

Joaquim de Carvalho

1935

Prof. Joaquim de Carvalho   ct: 10-29-4-5-62
Universidade de Coimbra
Coimbra – Portugal

19/10/935
Meu prezado amigo:
Parabéns. Ignorava que o 2.º volume dos seus *Estudos...*, estivesse acabado; suspeitava até, pelo contrário, que permanecia
no estado em que o deixei. Cá o fico esperando com interesse e
com alegria resignada. Nas férias, que passei na Figueira, na casa
paterna, raras vezes li o *Diário de Notícias*. Rustiquei sobretudo,
e era pelo *[Primeiro de] Janeiro* que sabia o que se passava no
mundo. Passou-me, por isso, o seu folhetim sobre a *Cartografia*,
que aliás ainda não recebi nem vi. Neste Inverno, porém, requi-
sitarei o exemplar à Biblioteca, e em breve neste local procurarei
o seu folhetim. [v] Fui nomeado, com efeito, presidente da Comissão
de livros de história e geografia; mas ao regressar a Coimbra,
quando soube o serviço que me esperava, assim de aulas, como
de exames, pedi escusa, que amanhã ou depois renovarei, visto
não ter recebido ainda resposta. Demais a edição académica das
obras de Pedro Nunes, e os vários volumes comemorativos da 4.º
centenário da Universidade ocupam-me as horas livres, por forma
que não posso desempenhar-me daquela comissão. O seu livro
é o único apresentado a concurso, no respectivo grupo. Estou a
acabar o artigo sobre 1820 para a *História* do Peres; o rumo da
Europa, pela ascendência que a Inglaterra logrou [f12] comandan-
do os acontecimentos e dirigindo a opinião, dá por vezes ao meu
trabalho a sugestão da actualidade.

Que tenha passado bem as férias.

Afectuosamente,

Joaquim de Carvalho

Prof. Joaquim de Carvalho   ct: 10-29-4-5-63
Universidade de Coimbra
Coimbra – Portugal

17/11/935

Meu prezado amigo:

Passei os últimos quinze dias na faina dos exames: 6 horas diárias, que me roubaram disposição física e moral para qualquer trabalho à margem.

Ainda não estou de todo livre, porém começo a respirar desde anteontem. Aproveitando o alívio, comecei a ler os seus *Novos Estudos*, cuja oferta muito agradeço. É claro que, uma vez mais, admiro a variedade da sua erudição, assim como a autonomia crítica; porém nem sempre as suas [v] argumentações me convenceram. Não posso de forma alguma transigir com o cepticismo do prefácio, nem tampouco com a sua noção de saber; pontos são estes que por demais tenho discrepado nas cartas. Quanto aos artigos reli agora os que mais se reportavam aos meus estudos: e se é certo que neles vi deduções, observações e referências bibliográficas claras e valiosas, não menos certo é que nem sempre as suas conclusões me convenceram. Assim, sobre S.to António, notadamente quanto à erudição. Está feito o estudo das fontes dos sermões autênticos: revela larga erudição, e além disso o estilo mental dos sermões assentava [fl2] nas citações, quando não em apóstrofes algo demagógicas ou no popularismo de imagens realistas. Quanto à atitude mística, não é fácil ter uma opinião, mas *grosso modo* foi augustiniano, no sentido que a palavra teve da idade média. A nota final sobre S.^{to} António e Dante é precisa e exacta; isso mesmo disse a M. Cid, quando estudei o assunto, que ficou arrumado de vez. Sobre P[edro]. Hisp[ano]. também não me convencem, embora não diga o mesmo acerca do erasmismo de G[il]. Vicente. A sua argumentação pareceu-me justa, e a sugestão digna de exame. Levo ainda muitos capítulos por ler; o que lhe asseguro é que os lerei com atenção. Agradeço-lhe muito [2v] o envio da crítica à Cartografia; não li o livro, mas a crítica, sobre ser corajosa, pareceu-me equânime. [Armando] Cortesão trabalhou muito e com ardor; resta-me verificar se ele tratou bem os problemas propriamente científicos, que não apenas de erudição. A questão da Junta de Badajoz, por exemplo, põe delicados problemas científicos, de física e de cosmografia; a ver vamos como ele os tratou. Quanto às publicações comemorativas do centenário da Universidade: o grandioso plano passou a planozito, sem ensanchas; se o novo ano, e novo orçamento, permitirem que se alargue, claro que não desisto da primitiva ideia, e aí receberá o convite bem como os Drs. [António] Baião e L[aranjo]. Coelho. O ministro não me aceitou a escusa: dentro de uma semana começarão as sessões da comissão.

Grata e afectuosamente

Joaquim de Carvalho

1936

Prof. Joaquim de Carvalho   ct: 10-29-4-5-64
Universidade de Coimbra
Coimbra – Portugal

20/1/936
Meu prezado amigo:
Informam-me, o que aliás eu já suspeitava, que esses volumes
do *Instituto* estão esgotados; não posso, pois, servi-lo como desejaria. O seu livro vai ser examinado, mas suponho que só nas
entradas do próximo mês. Para boa ordem dos trabalhos determi-
nei que cada vogal elaborasse um relatório, que é lido, apreciado
e discutido sem sessão. O relatório final, quasi sempre de minha
redacção, exara, como é óbvio, as observações aprovadas. Este sistema, [v] o único que me parece sério e conscienscioso, mormente na
hipótese de exclusão, é materialmente moroso e tem causado agas-
tamentos, notadamente dos vogais. Não vi os relatórios dos outros
grupos, mas quero crer que eles não serão mais minuciosos, precisos
e ponderados do que aqueles que eu tenho subscrito. Ora do seu
livro só um vogal elaborou o relatório; o outro está trabalhando,
e como temos dedicado dois - três dias da semana ao exame de dois
compêndios – ainda hoje tivemos larga sessão, que também ultima
o relatório – ele desculpa-se, e com razão, com a falta de tempo.
Logo que este vogal [fl2] conclua o seu relatório, começarão as
reuniões, que se estenderão certamente por três ou quatro sessões,
pois como eu lhe disse exijo que cada observação seja apreciada
ou rejeitada. Hoje acabou-se um compêndio da 3.ª classe; a seguir
os volumes do mesmo autor. Depois terá de entrar o seu ou outro
que foi distribuído pela mesma altura. Este serviço tem-me roubado

muito tempo e só me tem dado aborrecimentos. O seu livro tem tido venda? O sistema de vendas da Imprensa Nacional dificulta a venda; é seguro, mas enterra os livros. Afect.^{mte}

Joaquim de Carvalho

S/ DATA^{216}

CXL

Imprensa da Universidade   ct: 10-29-4-5-67
de Coimbra

Meu prezado amigo:

Peço-lhe o favor de me agradar e responder à carta junta – e quanto antes, tanto no que respeita a [António] Sardinha e R[am].^{os} de Almeida. Escrevo a correr. Tenho andado doente.

Cordialmente

Joaquim de Carvalho

P. S. Peça a devolução da carta e se puder fale ao Fidelino. Ele saberá do que se trata?

---

216 Além de bilhetes de apresentação ou de pêsames: (1942), ct: 10-29-4-5-65: «JOAQUIM DE CARVALHO / PROFESSOR DA UNIVERSIDADE DE COIMBRA, com afectuosa gratidão»; e.«*A FAMÍLIA DE MANUEL JOSÉ DE CARVALHO AGRADECE RECONHECIDAMENTE*»; ct: 10-29-4-5-66: «Cumprimenta-o cordialmente JOAQUIM DE CARVALHO / PROFESSOR DA UNIVERSIDADE DE COIMBRA / envia o postal junto, com muito prazer».

Imprensa da Universidade   ct: 10-29-4-5-68
de Coimbra

Meu prezado amigo:

A correr! Vai receber; quanto? Ainda não sei. O tesoureiro teve uma hemorragia cerebral; está substituído desde há três dias, e claro que tem de pôr em dia a escrita utilizada. Eu com actos das 9 às 17; um horror?

Cordial e afectuosamente

Joaquim de Carvalho

ANEXO

QUATRO CARTAS DE JOAQUIM DE CARVALHO A ANTÓNIO SARDINHA[1]

I

Revista da Universidade de Coimbra
Redacção

4/7/923

Meu Ex.mo Amigo.

Perdoe-me este longo silêncio; mas que quer? Não desejava agradecer-lhe a sua oferta, que muito me penhorou, sem lhe dizer algo da minha justiça; mas esta lufa-lufa em que vivo mal me consentiu ler alguns dos sonetos toledanos[2], que tiveram o delicioso condão de me fazerem reviver as horas que passei nessa perturbante cidade,

---

[1] *Espólio António Sardinha*, Biblioteca João Paulo II, Universidade Católica Portuguesa, Lisboa; agradeço a notícia e envio das fotocópias dos originais a Sérgio Campos Matos, professor da Universidade de Lisboa, distinto amigo. Pelo teor da apresentação protocolar percebe-se que seriam mais as cartas enviadas, mas apenas estas se conservaram.

[2] Referência à colectânea dos poemas de exílio de António Sardinha (1887-1925), *Na Corte da Saudade - Sonetos de Toledo* (Coimbra, 1922), muito apreciada à época nos sectores tradicionalistas pelos matizes de lirismo nacionalista, obra que o poeta e doutrinário monárquico compusera na maior parte em Espanha, onde se refugiara após o malogro da dupla intentona integralista de Monsanto e do «Reino do Norte» ou da «Traulitânia», em 1919, *putch* ou contra-ofensiva monárquica após o derrube do sidonismo.

além de me proporcionarem uns momentos de prazer. Mandei já os seus livros para a Figueira, onde vagarosamente os lerei. Desculpe--me, pois, mas não leve à conta de pouca estima e consideração este adiamento. Envio-lhe neste correio o meu 1º livro[3] – pobre livro, que eu estimo justamente por ser o primeiro, que não pela forma como o escrevi. Hoje faria algo de diferente, no desenvolvimento, sobretudo, mas em todo o caso lá está uma ideia – o da naciona-lidade em filosofia, a que sou e serei fiel. Tenho um outro sobre Leão Hebreu[4], mas já está esgotado – porque a tiragem foi menor, e teve maior procura, sobretudo no estrangeiro. No prelo tenho umas coisas, que, mal publicadas, lá lhe irão ter. Havemos tam-bém de pensar numa ed[ição]. a fazer pela Imprensa, e que o meu Exmo Amigo, reverá e prefaciará. Diga-me o que deseja fazer, o autor ou livro seu predilecto, porque gostosamente o veria como meu colaborador nas ed[ições]. da Imprensa. Se tiver também documentos, etc., cuja publicação lhe seja agradável, honrar-me-ia enviando-mos para serem publicados numa revista – [v] *Arquivo de História e Bibliografa* – que está no prelo[5]. Tem a pretensão de, mais ou menos, continuar o *Arquivo Histórico*, de Braamcamp, embora seja meu intuito convertê-la em *rendez-vous* de lusófilos, publicando os respectivos estudos nas suas línguas. Há necessidade de uma revista que europeíze as nossas coisas, e a melhor forma é ainda a de recorrer ao estrangeiro e às línguas estrangeiras, sobretudo. Vamos a ver se o consigo. De Espanhóis tenho boas promessas, o seu amigo

---

[3] *António de Gouveia e o aristotelismo da Renascença*. Vol. I., *António de Gouveia e Pedro Ramo*, Coimbra, França Amado Editor, 1916. E a única obra de Carvalho que consta da livraria de António Sardinha, cujo catálogo é editado on-line pela UCP-BJP II.

[4] *Leão Hebreu, filósofo (Para a História do Platonismo no Renascimento)*, Coimbra, Imprensa da Universidade, 1918.

[5] A imprimir o I volume, o *Arquivo de História e Bibliografia* (1923-1926) só seria integralmente compilado por Jorge Peixoto (1976, Lisboa, Imprensa Nacional – CM, 2 vols). Pretendia prosseguir, em Coimbra, o esforço do *Boletim de Bibliographia Portugueza e Revista dos Archivos nacionaes* (1880).

D. António Ballesteros[6], por ex[emplo]., e não me faltam também franceses e alemães.

Creia na minha profunda estima e grande apreço e mande ao seu m.[to] grato e ad.[or]

Joaquim de Carvalho

II

Figueira da Foz
Pinhal
12/8/924

Meu Ex.[mo] Amigo

Devolvida de Coimbra, recebi hoje a sua carta, que m[ui][to] agradeço e m[ui] [to] prazer me deu. A sua lembrança de uma antologia política do século XVII é interessante, mas permita-me dizer-lhe que m[ui]to mais o seria o *corpus* dos nossos historiadores de *re politica* ou *regia*. O Farinha[7], se a memória me não mente, desbravou já o caminho com os 3 vol[umes]. da *Filosofia de Príncipes*, cuja compilação hoje se poderá alargar e rectificar. O séc[ulo]. 17,

---

[6] António Ballesteros Beretta (1880-1949) historiador medievalista e americanista, catedrático em Sevilha e Madrid, publicou, a partir de 1914, a monumental *Historia de España y su influencia en la Historia Universal*, obra que influirá, no leitura de um comum substrato histórico-literário, com Pelayo e com Pidal, e na análise histórico-política com o marquês de Quintanar e o conde de Romañones, nas teses do hispanismo *dual* de António Sardinha, mormente após 1919 (*A Aliança Peninsular*, 1924, e *À Lareira de Castela*, ed. post. 1943) e nas teses pan-hispanistas de autores sul-americanos. O Hispanismo, em duas palavras, é um projecto de aliança peninsular, sob a égide tradicionalista, antiparlamentar e monárquica, no qual Sardinha vislumbrara a futuro da civilização ocidental, numa estratégia de reagrupar num bloco as nacionalidades saídas das colonizações portuguesa e espanhola (pan-hispanismo).

[7] P.[e] Bento José de Sousa Farinha (morreu em Lisboa, 1820), dos primeiros sócios da Academia de Ciências de Lisboa, leccionou em Évora e foi professor régio de Filosofia, publicara em 3 tomos a *Filosofia de Príncipes* (1786, 1789 e 1790).

considerado sob o ponto de vista da doutrina ou teoria política, é realmente pouco conhecido, senão desconhecido; mas quero crer, pelo que li, que no ponto de vista português seriam mais interessantes, os séc[ulos]. 15 e 16 e o final do 18. Nós, nesse capítulo, repercutimos as ideias do estrangeiro, mas no séc[ulo]. 17, mais que nenhum outro período. A *Politica de Dios*, por ex[emplo]., foi lidíssima e inspirou vários, *v[erbis]. g[ratia].*, D. F. M. de Melo[8], e dá-se até o caso estranho de intelectualmente dependermos de Espanha, quando a nação bravamente se batia pela restauração. Penso em Novembro começar com a colectânea de papéis relativos à restauração – a chamar-se Colecção de D. João IV – que continuaria com D. Afonso VI. Os manifestos, relações, sermões, etc. são raros, pelo qual, além de que se torna necessária a sua ordenação em corpo. O corolário lógico desta papelada histórica é a compilação das obras teóricas, e nesse ponto o meu amigo fazia um grande serviço à nossa cultura, mormente alargando o quadro. O meu intuito, nestes assuntos, é proceder à Raiodenenpa[9], porque só assim, interna e externamente se poderá dar ao leitor a visão da continuidade histórico-cultural portuguesa, do mesmo modo que se facilita o trabalho ao crítico. Seja como for, não deve abandonar-se a sua ideia, tanto mais que eu laboro mais com impressões, que com juízos seguros [v], pois não estudei esse assunto no séc[ulo]. 17, como o estudei nos séc[ulos]. 15 e 18. A compilação dos escritos e extractos sobre a invasão francesa é m[ui]to bem lembrada, e vamos prestar essa homenagem a D. Peres. Lamento saber tão tarde esta ideia sua, porque me passaram pelas

---

[8] D. Francisco Manuel de Melo (1608-1666), oriundo da alta aristocracia, escritor devoto da filosofia agostiniana, expoente bilingue da literatura portuguesa-castelhana do século XVII, tal como, no vernáculo, António Vieira e, como o profeta jesuíta, um dos mais entusiastas restauracionistas antes e depois de 1640. Joaquim de Carvalho reeditaria (1931) na Imprensa da Universidade, *Epanáforas de Vária História Portuguesa* (1660), revisto e anotado pelo seu melhor biógrafo (1914, 1933, 1966), o especialista inglês Edgar Prestage.

[9] Parece-nos a transcrição literal: máquina de reproduzir?

mãos os papéis do B[is].P° Azeredo Coutinho[10] que o Dr. Pita possui. Tive-os 3-4 meses em minha casa, li-os todos e justamente dos que mais me prenderam a atenção foram umas cartas, etc, relativos à invasão nessa cidade, e em Beja. Havia papéis do B[is].P°, de Cenáculo[11], do comandante de Badajoz, etc (e dos franceses), que eu não copiei. Se soubesse que lhe seria útil copiando-os, teria feito esse serviço, por extenso ou extracto. Esses papéis serão leiloados em Lisboa, e no catálogo chamarei a sua tenção, indicando-lhos, pois conservo de memória os assuntos. Esse volume será o 2° relativo à invasão, pois está no prelo a correspondência do intendente da polícia (Lagarde)[12], e penso na compilação dos principais folhetos – proclamação, etc., tal como a restauração. Em S[etemb]ro, quando regressar a Coimbra, poderemos começar e seria bom para evitar demoras, ordenar a lista dos *Boletins* da S[ociedade]. de G[eografia]., que devo requisitar para a Imprensa. Escusa de fazer cópias, porque será composta do Impresso. Eu não conheço com extractos, mas basta-me o seu juízo. Quanto ao assunto – Filipe II em Elvas – o melhor seria publicá-lo em artigo no *Arquivo de História e Bibliografa*, cujo 1.° vol[ume]. deve sair, talvez em Janeiro. Destino-o a continuar o *Arquivo* de Braancamp publicando forais, artigos críticos, e larga colaboração de lusófilos

---

[10] D. José Joaquim da Cunha de Azeredo Coutinho (1742-1821), nascido no Brasil, bispo de Pernambuco, Olinda (1794), após a revolução de 1820 foi eleito deputado pela província do Rio de Janeiro às Cortes Constituintes de 1821. Entre 1806-1813, bispo de Elvas, viveu na casa da quinta que depois, a partir de 1921, António Sardinha iria habitar e à qual há referências no final da seguinte carta de Joaquim de Carvalho. Sobre ela escreve Sardinha, "vivo numa quinta de gloriosas tradições episcopais com suas altas e copadas árvores, com seu doce e regalado sossego (...) entre parreiras bucólicas e linfas cristalinas", rememorando o episódio da «guerra de Hissope», que Cruz e Silva escrevera sobre um outro prelado que ali também vivera, Lourenço de Lencastre – *De vita et moribus*, Lisboa, Ferin, 1931, 27-31.

[11] Frei Manuel do Cenáculo Vilas Boas (1724-1824), franciscano, lente de teologia em Coimbra, bispo de Beja e arcebispo de Évora, foi preso nesta cidade e encarcerado em Beja, quando o general Loison esmagou a insurreição popular eborense.

[12] Pierre F. M. D. Lagarde (1768-1848), intendente geral da polícia enviado para Lisboa, em 1808, por Napoleão. J. de C. editava, de António Ferrão, *A 1ª Invasão Francesa (A invasão de Junot através dos documentos da Intendência Geral da Polícia. 1807-1808)*, IU, 1925.

e estrangeiros. Estimará saber que no 1.º vol[ume]. saem já as cartas de Vicente Nogueira[13] – há tantos anos reclamadas e que para os seus estudos do séc[ulo]. 17 m[ui]^{to} interessarão. Outrossim, começarão a publicar-se os papéis da Mesa Censória. O meu artigo versa sobre o que Fernando Colon possui de *re lusitana*, o que é importantíssimo, pois lá aprendi, na Columbina[14], aspectos ignorados de uma cultura scientífica e filosófica do séc[ulo]. 16.

Que passe bem são os desejos do seu ad.^{or} e ami.º m.^{to} ob.º

Joaquim de Carvalho

---

[13] D. Vicente Nogueira (1586-1654) escritor e fidalgo, foi diplomata (ou agente secreto) junto da Santa Sé. O *Arquivo de História a Bibliografia* editaria, publicadas por A. J. Lopes da Silva, as cartas de V. N., em grande maioria dirigidas, a partir de 1646, ao marquês de Nisa, mas também a D. João IV.

[14] A Columbina, ou *Fernandina* como se escrevia no século XVI, integra uma secção da Biblioteca Capitular da Catedral de Sevilha, na Galeria del Lagarto. Fernando Colombo (n. em Córdova em 1488, filho natural de Cristóvão Colombo e Beatriz Henriques) fora seu fundador com o apoio de Carlos V. O referido texto de Carvalho trata-se de «Excerpta Bibliographica ex Bibliotheca Columbina» e integrou o *Arquivo de História e Bibliografa* e terá sido, precisamente, por o não ter concluído que a revista nunca saiu compilada a não ser em fascículos ou separatas parcelares. O próprio Joaquim de Carvalho nesse artigo narra as circunstâncias desta expedição: "Em Julho de 1923 solicitámos ao Ministro da Instrução Pública – ao tempo o Exmo Sr. Dr. João Camoesas – para a conveniência de ser examinada a Biblioteca Columbina no ponto de vista da cultura nacional. As razões que invocámos calaram fundo no espírito deste distinto homem público, que por generosa confiança nos cometeu esse honroso encargo". Carvalho, que neste ano de 1924 se deslocara à Andaluzia, depararia com uma epístola desconhecida de Nicolau Clenardo a Fernando Colombo, com o tratado inédito de Abraão Zacuto, *De la influencia del cielo*, e documentos e textos sobre os filósofos portugueses Gomes Hispano e Pedro Margalho (*OC*, VIII-257-319). Esta inquirição seria preciosa quando atribuir, em 1949, senão a autoria escrita, a compilação do *Secreto de los Secretos de Astrologia*, a partir do *registrum*, n.º 4129, da livraria de Colon.: «A propósito da atribuição de *Secreto de los Secretos de Astrologia*, ao Infante D. Henrique», *OC*, IV, 135-184.
Publicando a carta de Clenardo, com estudo prévio [*O Instituto*, vol. 75, n.º 2, 1926] onde evidencia a obra do humanista, educador do Infante D. Henrique, o futuro cardeal-rei, e do reorganizador dos estudos linguísticos em Portugal após 1533, mormente na reabilitação do latim como língua coloquial e viva nas lições e introduzindo o estudo das *Décadas*, de Tito Lívio. Joaquim de Carvalho dedicará o estudo, em "lastimosa evocação", a Adolfo Bonilla y San Martin, o «Mirandola espanhol» e autor da fundamental *Luís Vives y la filosofia del renascimiento* (1903), entretanto falecido e em honra do qual, ainda em vida deste, escrevera as páginas "com espírito gentil e ânimo reverente ao saber e ao afecto do insigne colega da madrilena Faculdade de Filosofia e Letras, acorrendo ao convite de camaradas de estudo e de profissão para conviver naquele livro congratulatório" (*OC*, III, 26).

III

Figueira da Foz
Pinhal
18/8/924

Meu Exmo Amigo.

Recebo a sua carta, justamente na ocasião em que diariamente ponho em ordem a correspondência e faço as respostas, e com prazer e boa disposição de caturrar. Antes de mais agradeço-lhe a resposta, e fico esperando a nota dos Boletins da S[ociedade]. de Geografia. Em Outubro ou Novembro começaremos com esse trabalho.

Realmente a colectânea dos papéis relativos à restauração é para absorver uma vida... que não aproveite o labor alheio. Dá-se o caso de na Biblioteca da Univ[ersidade]. haver uma colecção de D. João 4º, constituída por manifestos, relações, sermões, falas de embaixadores, relações destes no estrangeiro, etc. [,] que é notável, e mais completa que o catálogo destes papéis que o Brito Aranha publicou no *Dic[ionário]. Bibliográfico*, s. l. Relações. São predominantemente papéis militares, políticos e literários – e não tratados da *re regia* ou *politica*. Bastará, pois, organizar cronologicamente a lista dos papéis, dividindo-os em cada ano por nações – militar, política, livraria e parenética – para se fazer a publicação, visto o mais difícil – a existência dos folhetos – estar feita. O trabalho é, pois, predominantemente de revisão, e este espero confiá-lo a quem seja competente, entendendo-me talvez com a comissão 1.º de Dezembro. Caso p[ar]ª pensar, e ainda para conferir com idêntica colecção na livraria da T[orre]. do Tombo. O manifesto do Pais Viegas saiu, porém, este ano[15], isoladamente, p[ar]ª comemorar a data faustosa. Eu não me

---

[15] Talvez estivesse já impresso (daí na capa do opúsculo constar a data: 1923), mas o *Manifesto do Reino de Portugal no qual se declara o direito, causas e o modo que teve*

273

expliquei bem, e daí o seu juízo, absolutamente natural. Reincido, pois, em julgar conveniente a organização do *Corpus* de tratadistas do poder político – muito embora ser[em] do séc. 17, porventura os maiores escritores e difusores – [e] se faça uma antologia. Há neste momento 3 coisas a distinguir: *a)* papéis de importância histórico-literária (os que a Imprensa anunciou e breve começaremos e a que aludi), *b)* papéis polémicos, ou apologéticos de D. João IV (Sousa Macedo[16], Fr. F.co de S.to Agostinho de Macedo[17], críticas do Caramuel[18], etc. etc. Há na B[ibliotec]a da Fac[uldade] de Letras de Coimbra alguns livros desta tendência) e cujo assunto não foi ainda estudado. Não merecem, porém, reedição – a maioria mesmo são em latim e castelhano – mas antes estudo crítico e bibliográfico. *c)* Papéis versando os conceitos do poder político. Estes é que têm valor, sob vários aspectos e é neste grupo que se deve fazer a colectânea ou a antologia.

A *Filosofia dos Príncipes*, creio ser constituída realmente por 5 vol[umes]. Li há anos alguns dos tratadistas – Lourenço de Cáceres[19], *v. g.*, servindo-me de ex(emplares). da B[iblioteca]. da Univ[ersidade].;

---

para eximir-se ao rei de Castela e tomar a voz de D. João IV, só seria prefaciado por Joaquim de Carvalho em Novembro de 1924, portanto, em data ulterior a esta carta. António Pais Viegas (morreu em 1650), a identidade do autor do opúsculo oficialmente dado por anónimo na edição de Paulo Craesbeek (1641), fora secretário e confidente de D. João IV: e é mesmo Caramuel quem em 1642 lhe atribui a autoria do Manifesto.

[16] Em 1642, António de Sousa de Macedo (1606-1682), escritor, diplomata, jurisconsulto, depois secretário de Estado de Afonso VI, dá ao prelo, em Londres, a réplica restauracionista à Respuesta (infra n.) de Caramuel: João Caramuel Lobkowitz... Convencido en su libro intitulado «Philipus prudens» Caroli V (...) Y en su respuesta al manifesto del Reyno de Portugal (...).

[17] Frei Francisco de Santo Agostinho de Macedo (Coimbra, 1596- Pádua, 1681), jesuíta que deixou a S. J., professor de filosofia em Madrid, escreveu um Manifesto (1640) aclamando D. João IV como rei legítimo; teve papel muito activo, com António de Sousa de Macedo, junto dos embaixadores para escorar a posição da Casa de Bragança.

[18] Trata-se de João Caramuel Lobkowitz (1606-1682), abade de Melrosa, autor de uma obra panegírica e jurídica, contra as pretensões restauracionistas, Respuesta al Manifesto del Reyno de Portugal, Antuérpia, na oficina Plantiana de Baltasar Moreto, 1642.

[19] Lourenço de Cáceres (1490-1531), secretário do infante D. Luís, filho de D. Manuel, escreveu um tratado manuscrito, inédito, Sobre trabalhos dos Reis, e Doutrina ao Infante Dom Luís sobre as condições e as partes que há-de ter um Bom Príncipe, no século XVII e republicado no I vol. (1786) da Filosofia de Príncipes, de Farinha.

mas não tenho presente o n.º de volumes. Verei isso em 8^{bro}.
O que sei é que no séc. 15, há que reeditar a *Virtuosa Bemfeitoria*,
revista pelo códice de Vizeu, extractar o *Leal Conselheiro, Crónicas*
de Azurara, especialmente a de Ceuta, onde há uma fala de D. João
I de importância para o [ilegível, rasurado] e, se a memória não
me atraiçoa, há 2 papéis inéditos nos Alcobacences. As fontes de
deste período são os *De regímini principium* de S. Tomás e Egídio
Romano e o *Policraticus* de João de Salisbury, e as conclusões a
que o Merêa chegou são realmente exactas. No entanto, a despeito
desta influência, os problemas eram vividos e não apenas resultados do discretear da gente culta, – o que lhes dá, pois, um aspecto
de realidade nacional.

Não conheço, como disse na carta, os tratadistas do séc. 17,
dum ponto de vista do estudo ponderado. D. F[rancisco]. M[anuel].
de Melo é o que mais tenho lido[20]; mas sinto que a verdadeira
tese é, não a da *unidade* peninsular, que o génio tão espanhol
de Menéndez y Pelayo[21] fez impor à cultura castelhana actual e

---

[20] É vasta e informada a literatura restauracionista de D. Francisco Manuel:
Declaración por el Reyno de Portugal (1638), *Demonstración por el Ryno de Portugal*
(1644), *Eco politico responde en Portugal a la voz de Castilla* (1645), *Manifesto de
Portugal*, 1647, além de ter escrito uma curiosa (e muito oportuna, então e agora)
e muitas vezes reeditada na Catalunha, *Historia de los movimientos y séparación
de Cataluña* (Lisboa, 1645). As *Epanáforas* (supracit.) representam, pela «pauta da
verdade», um olhar cruzado, o do partidário das instituições portuguesas e o do
historiador: como escreve na *Epanaph. Trágica*, "espero que por defeito da verdade,
não deixe minha história de merecer tão alto 'nome'. O historiador Francisco Manuel
de Melo deixou manuscrita e truncada uma biografia de D. João IV postumamente
editada no Brasil (1940) com o nome de *Tácito português* (...), e cuja edição mereceu
na revista *Brasília* a Joaquim de Carvalho uma saborosa crítica (*OC*, VIII, 379-383).

[21] Marcelino Menéndez y Pelayo nos três volumes (integrando oito livros) da
Historia de los Heterodoxos Españoles (1880-1882), vasculhando autores e materiais
documentais tradicionalmente ignorados, relevantes de uma «cultura desprezada», des-
tituiria a tese, improvada, daqueles que negavam o valor especificamente filosófico às
letras e à cultura espanhola. Esta inquirição, ou tentativa de reconstituição analítica
de uma «história intelectual», teria particular influência na arquitectura maior da historiografia filosófica de Joaquim de Carvalho, que alguns autores, como Pina Martins,
não deixaram de cotejar. Mas a tese de Pelayo (nota *infra*) da falha da autonomia
literária e intelectual da cultura portuguesa (*Letras y literatos Portugueses*, 1876) seria
desconstruída na obra do figueirense.

talvez excessivamente penetrou já na nossa própria cultura, mas o da [fl2] influência. Contra a tese, que é deletéria e que T[eófilo]. Braga[22] pressentiu e felizmente combateu com vigor, temos o juízo de estrangeiros, que sempre distinguiram, a nossa actividade cultural da espanhola, embora a apreciassem, por ex., nos vários jornais do séc. 17 e sobretudo 18 – *Acta da Academia, Nouvelles de la Republique des Lettres*, etc. Demais no caso, dada a unidade de cultura e predomínio teológico, e relevante influência do tomismo, que absorveu todas as ordens religiosas, tanto em Portugal e Espanha, é natural que as fontes ideológicas sendo as mesmas levassem a resultados mais ou menos idênticos. Os exemplos de Suárez[23] e Molina[24] provam a unidade de acção jesuítica, interessada em dominar na teologia conimbricense, como já dominavam nos comentários do Colégio das Artes, que tanta fortuna tiveram e crédito trouxeram a Portugal mas que pelo nosso sequestro foram mais tarde prejudiciais – em acreditar a recente Uni[versidade]. de Évora. O caso de Serafim de

---

[22] Teófilo Braga (1843-1924), o difusor entre nós do comteano *Système*, mais do que do *Cours de Philosophie Positive*, primeiro-ministro da República em ditadura (1910-1911), literato, polígrafo e historiador da literatura que "tanto se admirou a si próprio que pouco faltou para se adornar com a auréola da inspiração profética", dotado de "coragem cívica, com a dignidade austera de conduta", "com amor sem limites à terra natal", reivindicara "para o porteguesismo a plena autonomia contra a absorção castelhanizante, designadamente de Menéndez y Pelayo" que entendia dever negar-se «a existência de uma literatura portuguesa distinta da espanhola, mas não a de uma rica e poderosa literatura regional irmã da castelhana e da limosina igual a ela em certos géneros e em alguns superior» (cf. *OC*, III, 525-533).

[23] Francisco Suárez (1548-1617), *Doctor eximius*, professor e filósofo da Segunda Escolástica, do qual Carvalho, apesar de cerrar a crítica aos critérios de verdade e de erro nas *Disputationes metaphysicae* (*OC*, I, 117-147), relevava "o esforço genial do filósofo granadino no sentido de arrancar a Metafísica à tradição dispersiva da glosa e de sistematizar a respectiva problemática, especialmente na Ontologia, c num corpo coerente e consistente. É um facto assente e reconhecido, como é um outro facto assente, embora ainda não tratado com o desenvolvimento que merece, a necessidade de ter presente o pensamento de Suárez, especialmente nos países da Reforma, para a compreensão da filosofia moderna até Kant, sem esquecer incidências ulteriores, designadamente em Schopenhauer" (*OC*, VIII, 11).

[24] Luís de Molina (1536-1600), jesuíta tal como Francisco Suárez, discípulo e depois opositor de Pedro da Fonseca, seria um dos mestres filósofos e teólogos da Segunda Escolástica.

Freitas[25] prova apenas que havia sob os Filipes maiores facilidades na deslocação dos prof[essores]. portugueses – creio que ele em Coimbra foi apenas opositor e não ordinário, catedrático – e o Fr. de S. Tomás nasceu em Lisboa talvez por acaso, porque o pai creio que era alemão ou austríaco – em todo o caso estrangeiro, e cedo foi para Espanha. Ver unidade peninsular no domínio da cultura filosófica escolástica, é talvez ver mal, porque a escolástica foi sempre universal e é em parte por isto que a filosofia medieval não nos apresenta uma coloração nacional – o que não acontece nas literaturas. Portugal e Espanha tiveram uma idêntica formação espiritual e filosófica até o P.e Feijoo[26] no séc. 18; o predomínio do tomismo verifica-se nos 2 países e os problemas culturais eram idênticos. Por isso dizia-se que havia «unidade»; porém esta expressão é opinosa, mormente hoje, dada a concepção unitária – e cíclica – do que se chama o génio peninsular. Contra este conceito é que eu me insurjo, porque o reputo falso, tendencioso [fl.2v] e *ad usum* do patriotismo castelhano. A sua carta dá-me umas notícias que eu não sabia, mas sinto que deve ser assim, e realmente a síntese a que chegou parece verdadeira. Como não estudei esse período, nada posso dizer de prova ou assentimento. Quando chegarei lá? Nem eu sei, se *ars longa*!! Encetei apenas o estudo do maquiavelismo (*Il Principe*) no nosso séc. 16, mas suspendi, e com pena, porque o Bispo Osório[27] é nesse ponto figura relevante – como em outros.

---

[25] Serafim de Freitas, doutorado em cânones em Coimbra (1595) e rumando a Valhadolid foi opositor do célebre Hugo Grócio e da sua teoria do *mare liberum*, contra a qual escreveu *De justo Imperio Lusitanorum Asiatico adversus Hugonis Grotii Batavi mare liberum* (V., 1625); seria catedrático de Cânones naquela universidade de 1605 a 1626, ano em que falece.

[26] Frei Bento Jerónimo Feyjóo y Montenegro (1676-1764), beneditino e catedrático de Teologia tomista, polígrafo, um iluminista católico auto-intitulado «cidadão livre da república das letras», no seu polémico *Teatro crítico* (8 vols., 1726-1740) há referências constantes a autores portugueses.

[27] D. Jerónimo Osório (1506-1580), bispo do Algarve e catedrático em Coimbra, um dos expoentes do humanismo português na época da Renascença, latinista e tratadista político (*De gloria Libri*), educador de D. António Prior do Crato, fora tido

[//] Realmente fiquei admirando o Bispo Azeredo Coutinho. Li centenas de papéis, e justamente sobre o Seminário de Olinda há dezenas de papéis autógrafos, e relatórios dos padres e directores enviados quando era bispo nessa cidade. Se não fora o seu feitio questionador seria mais simpático. Foi um dos primeiros a insurgir-se contra as teorias do Rousseau e revol[ução]. francesa, num folheto publicado em francês. O Brasil merece-lhe sempre um carinho especial – embora de lá viessem talvez os maiores desgostos. Se resolverem comprar os papéis, como são muitos, dir-lhe-ei os que mais lhe convirão, se não for a Lisboa examiná-los – o que era melhor. Lá figura a relação da prata que foi para a casa da moeda, pertencente à mitra, salvo o erro, e a aquisição dos franceses ou do governo da restauração – o que já não sei dizer. Esses papéis davam-lhe uma boa monografia – e ele merece-a por tudo. É possível que os brasileiros disputem. Eu tenho o raríssimo folheto, com os estatutos do seminário, que adquiri no livreiro Pires, quando pensava na organização de uma biblioteca pedagógica. Quero dizer-lhe – já me esquecia – que fiquei com a impressão de ele ser o espírito santo do D. F.co de Lemos[28] – seu parente (tio?). Pelo menos preocuparam-no correntes universitárias, e o resultado das suas lucubrações forneci[a]-as ao celebrado e pomposo reitor. O catálogo está a ser organizado pelo Matos Sequeira[29], e é possível que [eu] o desenvolva e pormenorize os papéis.

---

por Montaigne como *non mispresable hostorien latin de nos siècles* e foi estudado e citado por Bacon e por Leibniz.

[28] D. Francisco de Lemos de Faria Pereira Coutinho (1735-1822), nasceu no Brasil (Jacotinga - Rio de Janeiro), bispo de Coimbra e poderoso reitor-reformador (1770-1777; e 1799-1821). Homem de todos os regimes, do Absolutismo ao Liberalismo, de todas repressões, da Inquisição à Revolução, de todas as crenças, da Igreja à Maçonaria, atravessou a vida universitária e política do país como um transatlântico – sem naufragar.

[29] Gustavo Matos Sequeira (1880-1962) olissipógrafo, escritor de temas vários, historiador de arte (mormente em dois dos *Inventários* artísticos da SNBA), autor, crítico e cenógrafo teatral, comissário da Propaganda da Aliança Republicano-Socialista, em 1931, será afecto à férrea *política do espírito* de Salazar.

[fl3] Ponho ponto nesta já longa caturreira, que as férias consentem, e desejo-lhe vivamente que goze por largos anos as sombras dessas árvores, que têm uma pequena e curiosa história, e não lhe aconteça nem sofra os cuidados que o Bispo Coutinho ai sofreu. Por inquietos e incertos que os nossos tempos sejam, quero crer que nos pouparam as vicissitudes que os antigos padeceram, e para que possamos viver no melhor dos p[a]raísos bastará apenas que os políticos tenham juízo, saibam zelar a coisa pública, e façam retemperar a nação num novo ideal de expansão atlântica. Há sinais que não falham, e a despeito do desvairamento público sente-se o palpitar de uma nação e a confiança no futuro. É para isto que vale a pena trabalhar, e todos nós, afinal, por vias diversas nos havemos ainda de encontrar no mesmo ponto. Disponha do seu ad.or e amigo atento

Joaquim de Carvalho

IV

Samaral, L.da
Direcção
Lisboa

Lisboa 8 de Dezembro de 1924
Meu caro António Sardinha
Só hoje pude rabiscar as linhas que junto lhe envio e que traduzem o que eu disse ou pensei – no seu banquete de homenagem[30].

---

[30] Carta da maior relevância ao revelar a presença de Joaquim de Carvalho no banquete de homenagem – pensamos que será aquele de 26 de outubro de 1924 – que ao autor de *Ao Princípio era o Verbo* e por ocasião da saída do livro foi prestada, sobretudo pelos seus camaradas de armas integralistas, mas na qual se incorporaram muitos outros, distantes do programa monárquico e corporativo, como é o caso. Diga-se que aqueles que se sintonizavam com a *Seara Nova*, entre eles Carvalho, que sempre manterá de resto com o colectivo da revista uma

Estou lendo com toda a atenção o *Ao Princípio era o Verbo* e conto poder em breve escrever-lhe longamente e *conversar* muito consigo a esse respeito[31]. Desde já, o abraço, e, como sou um estudioso que pode apreciar a sua grande erudição, envio-lhe a expressão da minha grande admiração pelas suas altas qualidades de trabalho ao serviço de uma bela inteligência. [v] Não respondi logo porque estive muito tomado com a minha oração de *sapientia*.

Saudade do seu

admirador e amigo

Joaquim de Carvalho

universitária distância, mantinham ainda, antes das duras polémicas do seiscentismo e realismo, são relacionamento intelectual, e, em 1923, António Sérgio e Sardinha tinham ombreado no projecto efémero da publicação *Homens Livres*. Infelizmente não se sabe o paradeiro das notas ou do texto do discurso de Joaquim de Carvalho.

[31] Conversa finda: um mês e dois dias após a expedição da carta morria inesperadamente, com septicemia, António Sardinha, aos 37 anos, na sua Casa do Bispo, em Elvas.

www.ingramcontent.com/pod-product-compliance
Lightning Source LLC
Chambersburg PA
CBHW051145030726
47504CB00004B/1047